Heinrich Campendonk

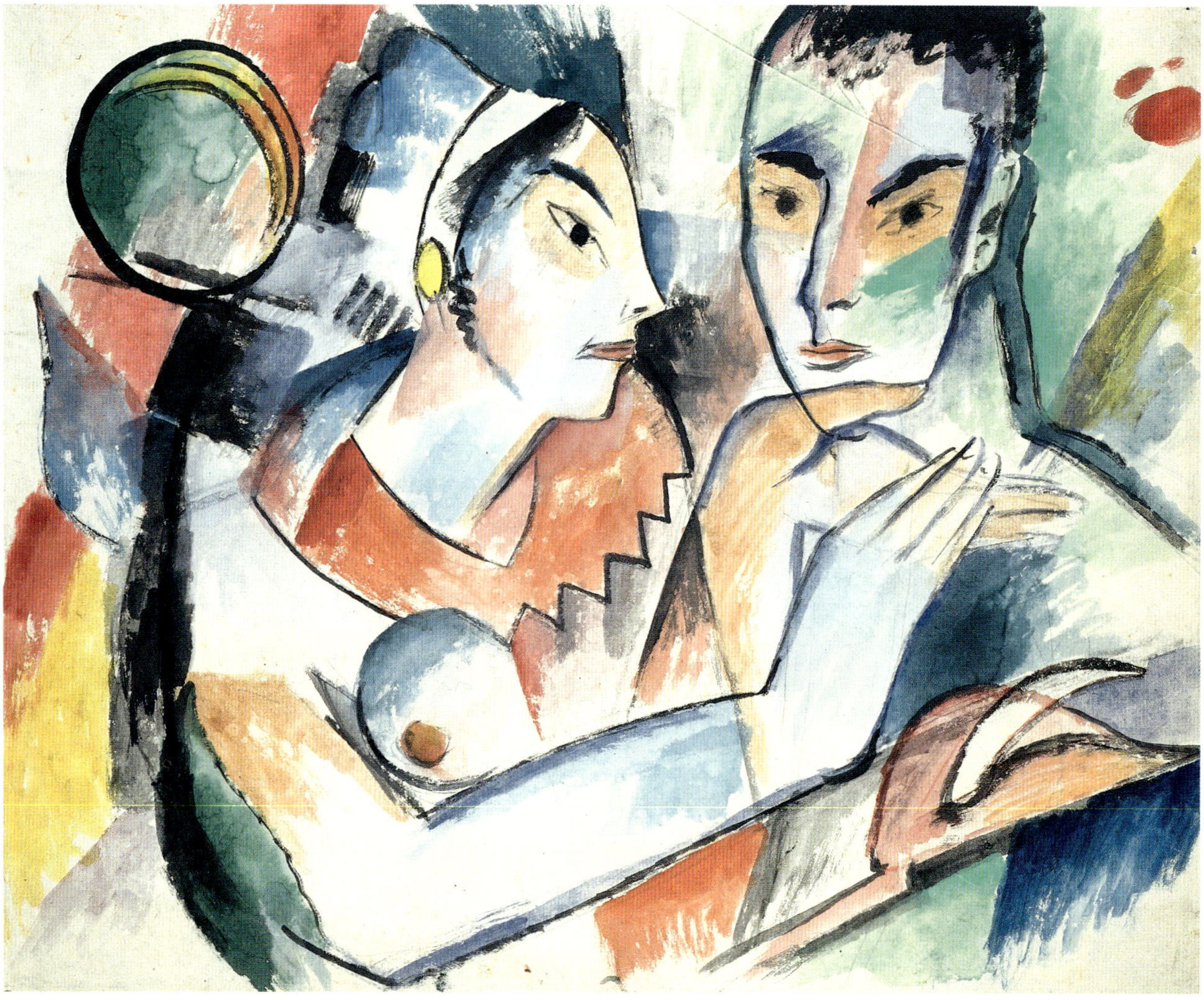

Ein Maler des Blauen Reiter

HEINRICH CAMPENDONK

Kaiser Wilhelm Museum Krefeld

Städtische Galerie im Lenbachhaus München

Impressum

Dieses Buch erscheint zur Ausstellung „Heinrich Campendonk – Ein Maler des Blauen Reiter"
24. 9. 1989 – 26. 11. 1989 Kaiser Wilhelm Museum, Krefeld
13. 12. 1989 – 14. 2. 1990 Städtische Galerie im Lenbachhaus, München

Ausstellung und Katalog: Sabine Röder
Wissenschaftliche Mitarbeit: Andrea Firmenich
Gestaltung: Volker Döhne
Fotos: Volker Döhne, Krefeld
Brigitte Wegner, Bielefeld
Kunsthalle Bielefeld
Haags Gemeentemuseum, Den Haag
Kunsthalle Bremen
Stedelijkmuseum Amsterdam
Anderland, Maising
Städtische Galerie im Lenbachhaus, München
Luc Schrobiltgen, Brüssel
accent studios, Saarbrücken
Kurpfälzisches Museum Heidelberg
Clemens-Sels-Museum, Neuss
Westfälisches Landesmuseum, Münster
Staatsgalerie Stuttgart
sowie Archive der Leihgeber
Gesamtherstellung: Richard Bacht GmbH, Essen

ISBN 3-926530-38-3

Abbildung auf dem Umschlag:
44 Der Rote Mäher, 1914

Abbildung im Haupttitel:
22 Liebespaar (Adda und Heinrich Campendonk), um 1912

Vorwort

Im Oktober 1911 schreibt Franz Marc in einem Brief an August Macke begeistert über die Arbeiten eines unbekannten jungen Malers aus Krefeld. „Famos" und „scharf" seien sie, und Macke möge sich doch ebenfalls für Campendonk einsetzen, damit er das Geld für die Reise nach München erhalte. August Macke und sein Vetter Helmuth, ein Studienfreund von Heinrich Campendonk, hatten bereits 1910 den Kontakt zu Marc hergestellt, der sich sogleich für die Gemälde Campendonks interessierte. Als Marc die erwähnten Zeilen an Macke schrieb, war Heinrich Campendonk gerade als Jüngster in den sich formierenden Freundeskreis des „Blauen Reiter" aufgenommen worden. Die beharrliche Fürsprache Marcs bei dem Düsseldorfer Galeristen Alfred Flechtheim und dem Sammler Bernhard Köhler, unterstützt von Macke und Kandinsky, verschafften dem jungen Künstler schließlich die nötigen finanziellen Mittel, um endgültig nach Sindelsdorf in die Nähe von Marc übersiedeln zu können.

Hier, inmitten einer idyllischen Natur und im geistigen Austausch mit Künstlerpersönlichkeiten wie Kandinsky und Marc, machte Campendonks künstlerische Arbeit einen großen Sprung nach vorn, und er erlebte in den folgenden Jahren eine intensive Schaffensphase von großer Kreativität. Erst 1922, als auch der langjährige Freund Paul Klee München verlassen hatte, entschloß sich Campendonk, nach Krefeld zurückzukehren, wo er sich neben seiner malerischen Arbeit Ausmalungen, Bühnenbildern und anderen kunstgewerblichen Aufträgen widmete. 1926 übernahm er das Lehramt für Glasmalerei an der Kunstakademie Düsseldorf, eine Tätigkeit, die er auch später im Exil an der Rijksacademie Amsterdam fortsetzte. Seine Gemälde und Zeichnungen hielt er von da an im verborgenen.

Trotzdem engagierte er sich weiterhin für die moderne Malerei, wie zum Beispiel durch seine Aktivitäten in der „Société Anonyme 1920". Die von Katherine S. Dreier und Marcel Duchamp gegründete internationale Vereinigung machte Campendonk in den USA schon frühzeitig bekannt. In Deutschland stand er jedoch zumindest seit dem Ende des Krieges im Schatten seiner berühmten Künstlerfreunde aus der Zeit des „Blauen Reiter". Daran konnten auch einzelne Ausstellungen und Publikationen – u. a. von Paul Wember und Mathias T. Engels –, die auf das Rheinland beschränkt blieben, nichts ändern.

Anläßlich des 100. Geburtstages von Campendonk möchten wir durch die hier zusammengestellte Ausstellung zur Korrektur dieser Einschätzung beitragen. Im Zentrum stehen die Gemälde und Zeichnungen des Künstlers, darunter besonders viele Aquarelle, aber auch Holzschnitte, Glasfenster und Bühnenbildmodelle sind zu sehen.

Das Fehlen einer wissenschaftlichen Aufarbeitung seines Werkes erschwerte bisher eine angemessene Würdigung des Malers Heinrich Campendonk. Die Lücke konnte glücklicherweise Andrea Firmenich schließen. Ihre seit kurzem vorliegende Dissertation über Campendonk umfaßt auch ein vollständiges Verzeichnis der malerischen Arbeiten des Künstlers.
Durch die aktive Mitarbeit von Andrea Firmenich war es nun zum erstenmal möglich, eine Ausstellung zusammenzustellen, die in einer gezielten Auswahl nicht nur einen Überblick über das Lebenswerk Campendonks bietet, sondern auch einige bisher unbekannte Arbeiten von hoher Qualität vorstellt. Ihr gilt daher unser besonderer Dank.
Ebenso möchten wir uns herzlich bei der Familie des Künstlers bedanken, die alle Phasen der Ausstellungsvorbereitungen mit Rat und Hilfe begleitet hat. Weitere Unterstützung erhielten wir von Professor Albert Troost, einem ehemaligen Schüler Campendonks, dessen beharrlicher Einsatz es uns ermöglichte, Werke aus dem Nachlaß des Künstlers auszuleihen. Helmut Grosse vom Theatermuseum Köln verdanken wir wertvolle Hinweise auf die bisher kaum bekannten Theaterarbeiten von Campendonk.
In erster Linie danken wir jedoch den zahlreichen privaten und öffentlichen Leihgebern, die unseren Leihwünschen in großzügigster Weise entsprochen haben und ohne deren Mithilfe wir diese wichtige Ausstellung niemals hätten verwirklichen können.
Das Land Nordrhein-Westfalen hat die Ausstellung mit einem namhaften Betrag gefördert, wofür wir ebenfalls unseren Dank aussprechen.

Sabine Röder — Armin Zweite

Krefelder Kunstmuseen — Städt. Galerie im Lenbachhaus, München

Inhaltsverzeichnis

16 Pferde im Garten, 1912

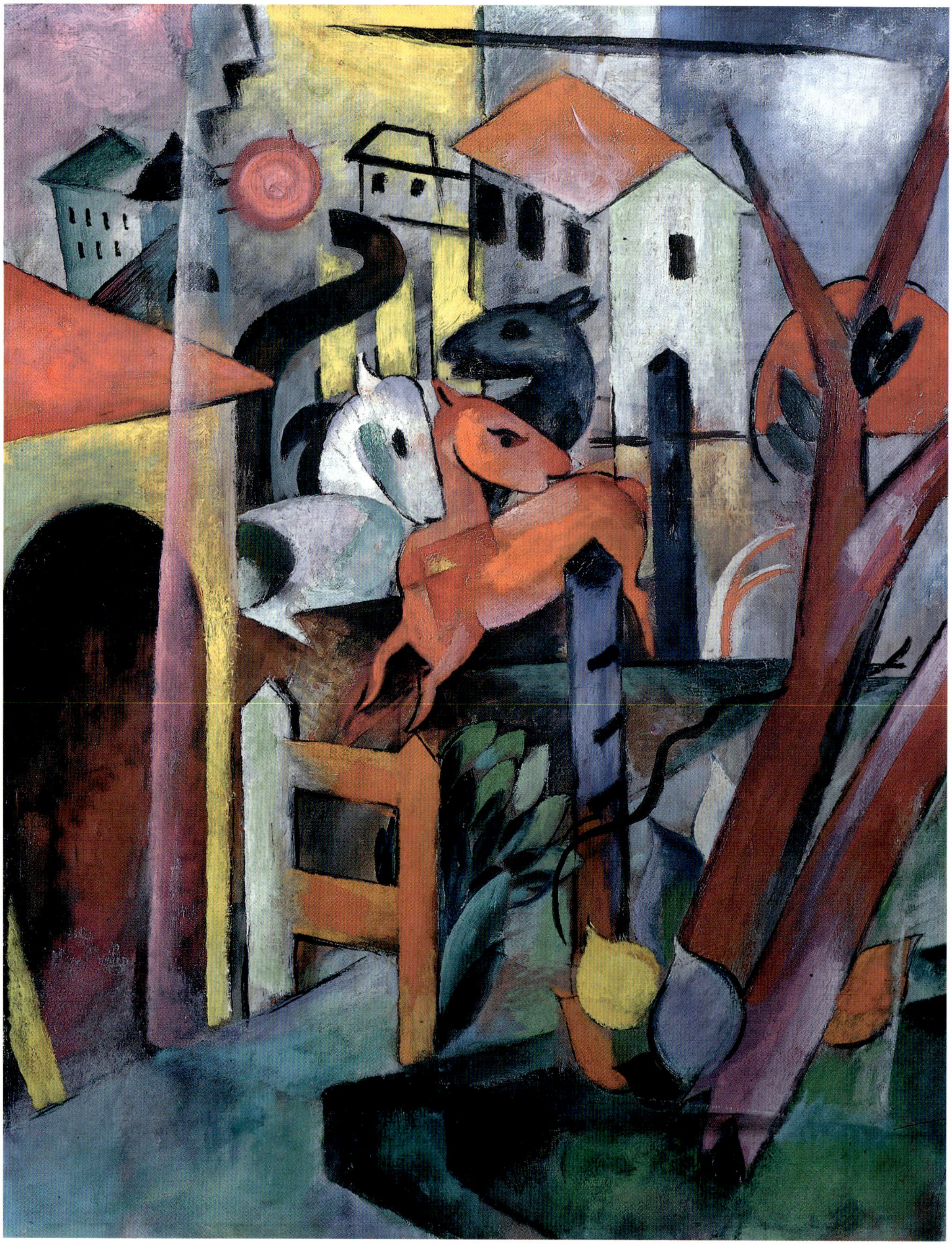

Andrea Firmenich

Heinrich Campendonk 1889–1957 · Eine Künstlerbiographie

Kindheit und Ausbildungszeit in Krefeld (1889–1911)

Heinrich Mathias Ernst Campendonk wurde am 3. November 1889 in Krefeld geboren. Er war das einzige Kind von Catharina und Heinrich Gottfried Campendonk, der ein kleines Agentur- und Kommissionsgeschäft in der Textilbranche betrieb.[1] Oft von finanziellen Sorgen geplagt, lebte die Familie sehr bescheiden. Im Rückblick sprach Heinrich Campendonk stets verbittert über die Lieblosigkeit, die er im Elternhaus habe erfahren müssen.
So versuchte der Junge früh, der bedrückenden häuslichen Atmosphäre zu entrinnen. Oft streifte er durch die Krefelder Bruchlandschaft, durch Wälder und Wiesen. Er liebte es, an den Tümpeln und Teichen der heimatlichen Landschaft farbenprächtige Fische zu beobachten.
In der Schule war ihm wenig Erfolg beschieden, so daß der Vater früh darauf drängte, daß sein Sohn die Oberrealschule vorzeitig beende, damit er bald einen ordentlichen Beruf erlerne. Er schickte den Fünfzehnjährigen 1904 auf die höhere Fachschule für Textilkunde in Krefeld, wohl mit der Absicht, Heinrich Dessinateur werden zu lassen, ein Berufsziel, das in der Textil- und Seidenstadt Krefeld nahelag. Schon nach einigen Monaten wechselte Heinrich auf die „Handwerker- und Kunstgewerbeschule zu Crefeld". Spätestens mit seinem Eintritt in die Kunstgewerbeschule im April 1905[2] scheint den Sechzehnjährigen der Wunsch geleitet zu haben, Künstler zu werden. Mit Freuden stellte Heinrich fest, um welch fortschrittliche und für damalige Verhältnisse moderne Einrichtung es sich bei der Kunstgewerbeschule Krefeld handelte.[3] Hier begegnete er dem niederländischen Künstler Johan Thorn Prikker, der an dieser Schule die Fächer Naturstudien und Lithographie unterrichtete. In ihm fand Heinrich seinen ersten Lehrer und unermüdlichen Förderer seines künstlerischen Talents.[4] Thorn Prikker eröffnete ihm die Welt der Malerei. Vielfältige Anregungen zur Auseinandersetzung mit Künstlern seiner Generation, aber auch Malern vergangener Epochen – vor allem Giotto, Fra Angelico, die Praeraphaeliten sowie Monet, Cézanne und van Gogh – rühren von der Verbindung zu Thorn Prikker her. In einem Brief hob Campendonk die Wichtigkeit Thorn Prikkers für seinen künstlerischen Werdegang sehr früh – 1908 – mit den schlichten Worten „Thorn Prikker bringt mir viel" hervor. Vor allem Heinrichs frühe systematische Auseinandersetzung mit der Natur als Vorbild seiner Malerei geht auf den Unterricht Thorn Prikkers zurück.
Auf der Kunstgewerbeschule schloß Campendonk bald Freundschaft mit Helmuth Macke, dem Vetter August Mackes, Walter Giskes und Will Wieger. Gemeinsam

bewunderten sie ihren Lehrer Thorn Prikker und begeisterten sich für die Kunst. Sie besuchten Kunstausstellungen,[5] unternahmen lange Wanderungen, malten gemeinsam und schmiedeten Zukunftspläne, begutachteten ihre Arbeiten und sparten nicht an Kritik und Anerkennung: „Wie Wieger das letzte Mal bei mir war ...", hielt Campendonk 1908 fest, „... begriff er nicht, wann ich noch so viel arbeiten konnte. ... Er fand das meiste gut und fand, daß ich für mein Alter viel zu weit (sei, d. Verf.) und zu viel wollte."
Im Frühjahr 1908 mieteten sich Campendonk und Giskes ein gemeinsames Atelier auf dem Land, wozu im Laufe des Sommers auch Helmuth Macke stieß. Durch die gegenseitige Kritik und vor allem durch die Ratschläge Thorn Prikkers machten sie große künstlerische Fortschritte. Für Heinrich war dies seit dem Sommer 1908 die einzige Möglichkeit zur Korrektur seiner Studien, denn er hatte auf Wunsch seiner Eltern die Kunstgewerbeschule verlassen müssen.
Im Februar 1909 löste sich die kleine Malergemeinschaft auf, da sich Macke und Giskes nicht mehr verstanden. Als Helmuth Macke im Frühjahr 1909 Krefeld verließ,[6] blieb Heinrich allein in der Moerser Straße zurück und sah seine Freunde nur noch selten. Anregungen erhielt Campendonk durch die 1908 geschlossene Freundschaft zu dem um neun Jahre älteren Krefelder Maler Heinrich Nauen, der damals in Berlin lebte. Bei seinen Besuchen in der Heimatstadt begutachtete Nauen Campendonks Arbeiten und diskutierte mit ihm über Kunst.
Eine für das Leben des jungen Künstlers entscheidende Begegnung brachte ihm 1905 die Bekanntschaft mit seiner um zwei Jahre älteren Mitschülerin der Kunstgewerbeschule Adelheid Deichmann aus Kleve. Die dunkelhaarige, lebhafte Adelheid, von Heinrich „Adda" genannt, wurde für lange Zeit Heinrichs engste Vertraute. Er sprach zu ihr in begeisterten Tönen von der Kunst, erläuterte ihr seine entstehenden Bilder und erteilte ihr vor allem häufig künstlerische Ratschläge. Adda bildete für lange Zeit den Mittelpunkt im Schaffen Heinrichs. „Ich träumte immer", vertraute er ihr 1909 an, „Dich einmal zu malen. Das müßte im Sommer sein, gegen den blauen Himmel und im hellroten Kleid. Das schwarze Haar würde ich in den tiefsten Farben malen, mit Preussischblau ..., dazu die rote Bluse würde das übrige Rot wegsaugen und das Gesicht würde gelblich-weiß bis dunkelgelb werden. Alle Farben würde ich steigern und all die Liebe, die ich zurückhalten muß, würde in dem Bild frei."
Die Jahre zwischen 1906 und 1910, die der junge Künstler zunächst auf der Kunstgewerbeschule, sodann „frei schaffend" mit der gelegentlichen korrigierenden Unterstützung Thorn Prikkers verbrachte, waren in gleichem Maße von jugend-

licher Euphorie über die Arbeit wie von Zweifeln und Hader, Angst und Mutlosigkeit begleitet. „... ich werde so schaffen, daß sie mich anerkennen müssen", schrieb Heinrich 1907 an Adda und drückte damit den Kampf um die Orientierung in der Malerei und um Anerkennung seines Tuns aus. Sein Versuch zur künstlerischen Persönlichkeitsfindung schlug sich im Experimentieren mit zahlreichen Techniken, in der Wahl vielfältiger Sujets und der Anlehnung an die verschiedensten Vorbilder nieder: „In der letzten Zeit habe ich fast nur gemalt, Landschaften, Stilleben, Porträts und werde ich jetzt unter Thorn Prikkers Korrektur größere Reliefs modellieren. ... Du würdest Dich wundern, nichts mehr von früher blieb übrig. Farbe neben Farbe, gleich einem Ausbruch, die Sonne im Kopfe und einen Orkan im Herzen. Die gewagtesten Farben kommen nebeneinander vor, schrecklich kaltes Grün neben Patzen Orange und Zinnober. Knallrot-gelbe Sonnenblumen mit roten Tupfen und glitzernden Messingdosen, Inneres im Strauchwerk, wodurch die Sonne in tausend Farben blitzt, man weiß nicht, was es ist, nur Farbenrausch. Wie trunken mal ich solche Dinge, immer malen, malen ...", berichtete Campendonk 1907. In der Motivwahl seiner frühen Werke und in seinen Briefen dieser Zeit spiegelt sich vor allem Campendonks intensive Auseinandersetzung mit dem Werk van Goghs wider: „Von Sonnenaufgang bis -untergang", schrieb er in einem Brief 1909, „stehe ich in der glühenden Sonne und male in wahnsinniger Hast, ohne Rücksicht, ich störe mich an nichts, halte mich an keine Technik und male nur das, was ich empfinde, ohne jegliches Beiwerk. Kaum einer wird an meiner Arbeit Gefallen finden, aber das alles ist für mich von ungeheurem Wert, ich möchte nur die nackte Empfindung malen. Die Großen haben es so gemacht, sie sind so persönlich geworden."
Im Herbst und Winter 1909/1910 wurde seine Stimmung trübsinniger. Nach der Aufgabe des gemeinsamen Ateliers war Campendonk in sein Elternhaus zurückgekehrt, fühlte sich dort aber mehr geduldet als geliebt. Um den Nörgeleien der Eltern über seine „brotlose Kunst" und den drückenden Schulden, die er zur Finanzierung des Malzubehörs auf sich genommen hatte, zu entgehen, bemühte er sich vergeblich um kleinere Aufträge. Seine Lage schien lange Monate hoffnungslos. Mitte April 1910 verließ Campendonk Krefeld und arbeitete als „Gehilfe des Historienmalers Professor Schnelle" bei der Ausmalung des Osnabrücker Domes. Der Professor übertrug ihm schnell mehr Verantwortung, so daß Heinrich Adda stolz berichten konnte: „Ich bin schon so weit, daß ich die beste Arbeit bekomme. Ich zeichne die Kartons (im Atelier) und im Dom male ich alle Bilder zu Ende (vor allem die Köpfe)." Die Freundschaft zu seinen Krefelder Kameraden lebte in der Zeit in Osnabrück erneut auf. Pfingsten besuchte ihn Helmuth Macke und kurz

43 Hohes Bild mit Pferden, um 1914

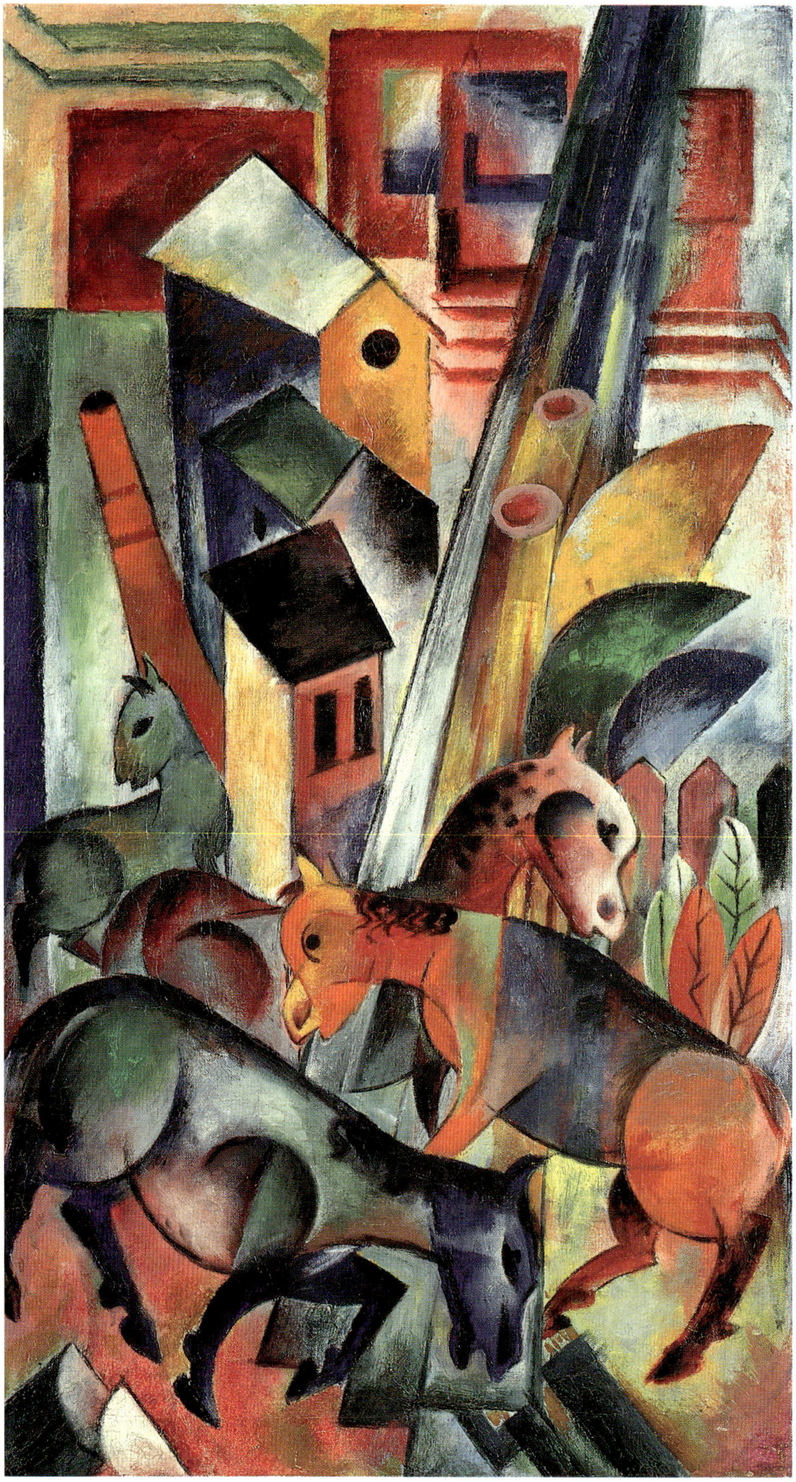

darauf Will Wieger. Im Juli 1910 sahen sich Campendonk, Helmuth Macke, Wieger und Nauen anläßlich der Ausstellung „Neukunst" im Kunstpalast in Düsseldorf, und in den beiden folgenden Monaten trafen sie sich zum gemeinsamen Malen in Orbroich.
In einem Osnabrücker Kabarett, wo Campendonk gelegentlich zeichnete, lernte er 1910 die Sängerin und Cellistin Cléo Robée kennen. Ihre Schönheit zog ihn bald so sehr in ihren Bann, daß er seine Studien vernachlässigte. Er brach die Beziehung zu der schönen Künstlerin jedoch bald wieder ab, da sie ihm zuviel „Unruhe in sein Leben" brachte. Anfang Oktober 1910 kündigte er und kehrte nach Krefeld zurück. Hier mietete er in der „Kirchstraße, Ecke Gartenstraße" ein großes Zimmer als Atelier. Seine finanzielle Situation verbesserte sich auch im Winter und Frühjahr 1910/1911 nicht: Um Material und Miete bezahlen zu können, bemühte sich Campendonk verzweifelt um Aufträge – meist vergeblich. Als die Schulden erneut ein bedrohliches Ausmaß annahmen, bat Heinrich Adda, Bilder, die er ihr geschenkt hatte, für ihn zu verkaufen. Auch die Hoffnung Campendonks, an der Ausstellung „Rheinischer und französischer Künstler" des Sonderbundes in Düsseldorf vom 20. Mai bis 2. Juli 1911 beteiligt und damit in der „rheinischen Kunstszene" bekannt und „anerkannt" zu werden, zerschlug sich. Seine Arbeiten wurden abgelehnt.
Trotz vieler Enttäuschungen, die Campendonk in den Jahren 1910 und 1911 hinnehmen mußte, und ungeachtet seiner unerfüllten Sehnsucht, sich mit Gleichgesinnten über seine Gedanken zur Kunst austauschen zu können, arbeitete er unentwegt an seinen Studien. Ihnen galt seine ganze Hingabe und Begeisterung: „... ich kann manchmal nicht den Morgen erwarten, um eine angefangene Arbeit weiterzubringen. Dann komme ich schon im Dunkeln auf meiner Bude an und beobachte, wie sich die Gegenstände ändern. Man muß ganz vertraut mit den Dingen werden, sozusagen auf Du und Du miteinander stehen." Ein solches Empfinden für die Dinge und seine Ansichten über die Werke französischer Impressionisten und Fauvisten glaubte er mit den Malern seiner Zeit zu teilen. Erneut bedauerte er seine künstlerische Isolation in Krefeld.
Im Frühsommer 1911 sehnte er sich stärker denn je danach, seiner Einsamkeit in Krefeld zu entrinnen. Seine Hoffnungen richtete er nun vor allem auf München und die Maler der „Neuen Künstlervereinigung", mit deren Mitgliedern er schon 1910 erste Kontakte geknüpft hatte. Helmuth und August Macke, die vom Tegernsee aus mit den Münchner Malern in Verbindung standen, hatten ihn damals aufgefordert, ihnen einige seiner Bilder zu senden. Heinrich berichtete Adda am 28. 1. 1910 von einem „kleinen Kreis von Leuten", mit denen er August und Helmuth Macke, den

Dichter Walter Schmidtbonn, den Berliner Fabrikanten und Sammler Bernhard Koehler meinte, der sich für ihn interessiere: „Die Leute ... möchten Dinge von mir sehen. ... In der ersten Woche des Februars denke ich eine Reihe von Arbeiten abgehen zu lassen, und möchte ich gerne das ‚Selbstbildnis', das Aquarell ‚Frau mit Garben' und die ‚Landschaft vom Geburtstag', die in Deinem Besitz sind, auch dahin haben." August Macke bewahrte diese Bilder eine Zeitlang bei sich auf.[7] Er zeigte sie vermutlich Franz Marc, denn im Juni 1911, als August Macke schon lange nach Bonn zurückgekehrt war, forderte die „Neue Künstlervereinigung" Campendonk auf, eine zweite Kollektion von Bildern zur Ansicht nach München zu senden. Vermutlich setzten sich Franz Marc und Helmuth Macke, der damals ebenfalls in Sindelsdorf lebte, für die Bilder Campendonks ein. Im Juni 1911 teilte Marc August Macke mit: „Helmuth hat Dir von Campendonk geschrieben. Ich war ganz überrascht über die Güte mancher seiner Arbeiten; es scheint ihm pekuniär sehr schlecht zu gehen. Vielleicht gelingt es Dir, den Deneken in Krefeld oder irgend jemand anderes für ihn mobil zu machen."[8] August Macke antwortete daraufhin: „Was Ihr von Campendonk schriebt, ist sehr gut und freut mich riesig. Sobald wir nach Krefeld fahren, besuche ich ihn."[9]

Zwei Monate später erhielt Heinrich die ungeduldig erwartete Antwort von Franz Marc: „Der erste lang erwartete Bescheid aus München kam heute morgen. – Ein sehr lieber Brief von Herrn Marc, der mir schreibt, ich solle weiter arbeiten und warten. – Sie seien mit Macht dabei, mir Geld zu verschaffen, was er aber doch für sehr schwer hielte. – Er lobt wieder fast alles von mir und scheut auch nicht zurück, einige Dinge, von denen ich freilich auch nicht überzeugt war, scharf zu verurteilen. ... Marc und seine Frau sowie eine Reihe anderer Leute glauben fest an mich und schwören mir wieder, alles zu tun, was sie können." Schließlich setzte sich auch Wassily Kandinsky, der bis Januar 1911 Mitglied der „Neuen Künstlervereinigung" gewesen war, für den jungen Maler ein, um dessen arge finanzielle Notlage lindern zu helfen. Erleichtert schrieb Campendonk im August 1911 an Adda: „In der vorigen Woche bekam ich eine sehr höfliche Einladung von Deneken. Kandinsky, mein unermüdlicher Förderer, hatte ihm einen sehr ernsten Brief geschrieben und mich sehr dringend empfohlen. ... Er will alles daran setzen, daß ich von der Stadt (Krefeld, d. Verf.) 100 M. monatlich bekomme. ... Dann soll ich den Sammler und Freund Kandinskys, den Bankier Flechtheim, in Düsseldorf besuchen, der mir meine langsam ins Tolle gewachsenen Schulden bezahlen soll und vielleicht auch wird. – Außerdem habe ich, sobald ich in München bin, einen Auftrag an einer kleinen russischen Kirche auszuführen und bekomme die feinsten Verbindungen."

20 Mann mit rotem Zylinder und Frau, um 1912

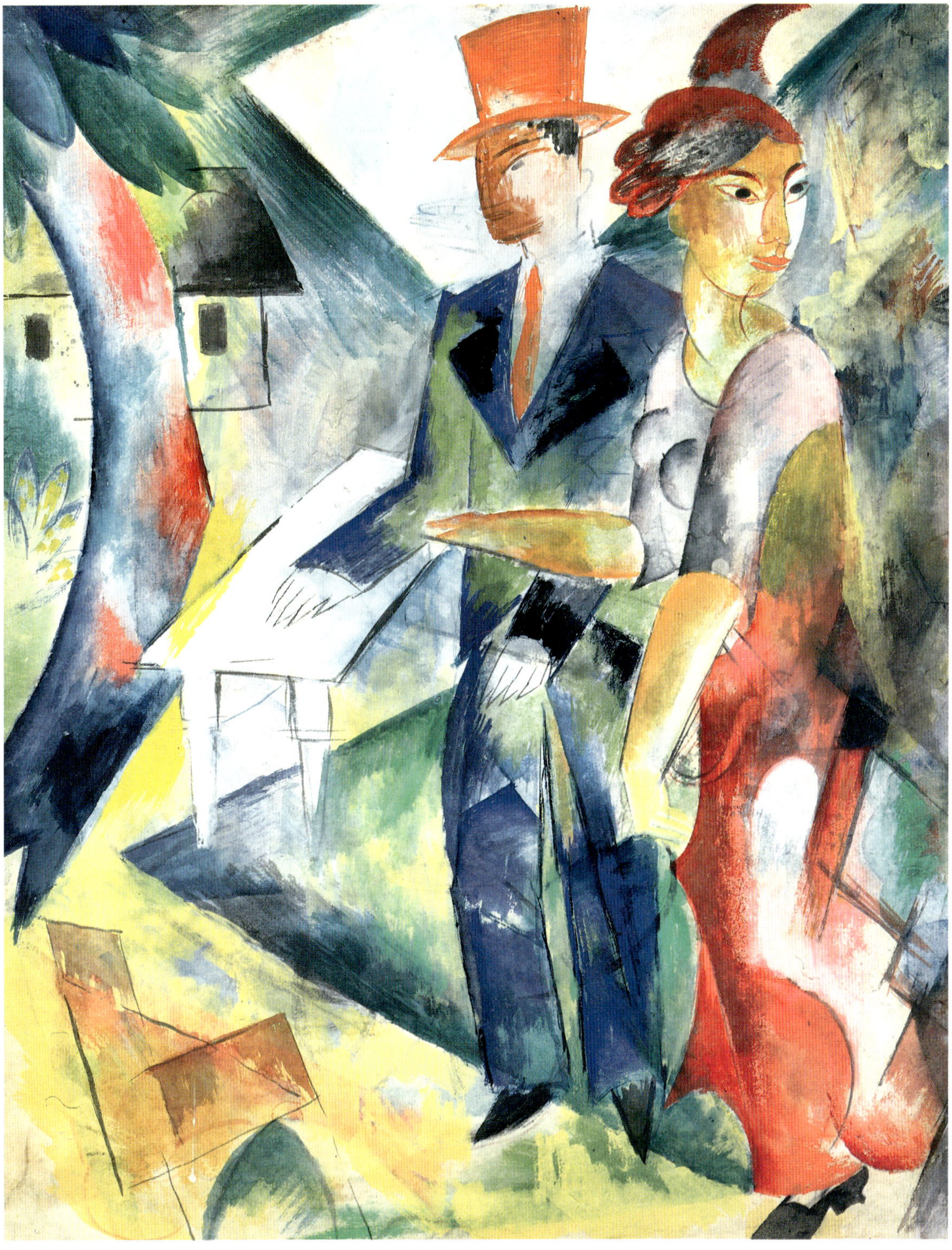

So kam der Kontakt zu Alfred Flechtheim dank der Vermittlung Kandinskys zustande, eine Verbindung, die Campendonk in den kommenden Jahren noch manches Mal vor dem finanziellen Ruin bewahrte.[10]
Im Spätsommer 1911 entschloß sich Heinrich Campendonk endgültig, Krefeld zu verlassen und in Nachbarschaft dieser Maler zu leben und zu arbeiten. Nichts hielt ihn mehr in Krefeld.

Die Sindelsdorfer Zeit im Kreis des „Blauen Reiter" (1911–1915)

Anfang Oktober 1911 brach Campendonk nach Bayern auf, nachdem ihm Alfred Flechtheim das Geld für die Reise gegeben und ihm garantiert hatte, „monatlich eine Zeichnung (Campendonks, d. Verf.) für 50 M. loszuschlagen." Damit war dem jungen Maler zunächst eine bescheidene Existenz gesichert.
Am 7. Oktober 1911 machte sich Campendonk auf den Weg. Zunächst besuchte er in Köln den Bruder Alfred Flechtheims, der ein Stilleben von ihm kaufte. Am Tag darauf lernte er in München einige seiner neuen Freunde kennen und schrieb enthusiastisch an Adda Deichmann: „In München traf ich morgens um sieben Uhr ein, traf eine Stunde später mit (Helmuth, d. Verf.) Macke zusammen. Nachmittags waren wir bei von Kandinsky, wo wir großartige Dinge sahen und neben einigen anderen Herrn auch Kuno Amiet kennenlernten. Montag waren wir im Salon Thannhauser und in der Pinakothek, lernten auch noch Erbslöh kennen. Abends fuhren wir mit Mackes Vetter nach Penzberg, wo Herr Marc uns im Wagen abholte, und es ging im Trab gen Sindelsdorf."
Helmuth Macke bot dem Freund in seiner Sindelsdorfer Wohnung Quartier an, wo Heinrich sogleich mit der Arbeit begann. Hinter dem Haus bot sich ihnen der Blick auf eine großartige Gebirgslandschaft hin zur Benediktenwand, zum Karwendel, zu Herzogstand und Heimgarten. Anders als ihre frühere Arbeitsgemeinschaft 1908 in Krefeld gestaltete sich ihr Zusammensein nun weniger fruchtbar. Bald bahnte sich ein Konflikt zwischen beiden Malern an, der neben anderen Ursachen dazu führte, daß Macke Ende Januar 1912 von Sindelsdorf nach Berlin übersiedelte. Im selben Monat kommentierte Campendonk diese Abreise nach Berlin recht barsch: „Helmuth Macke geht ... für längere Zeit, eventuell wohl für ganz weg nach Berlin. – Es ist sehr gut so, er störte mich in meiner Arbeit durch Faulenzen und überflüssiges Reden."
Zu dem nur ein paar Schritte entfernt wohnenden Marc[11] entwickelte Campendonk bald ein recht freundschaftliches Verhältnis. Schon im November 1911 ließ er

Adda wissen: „Was an Förderung notwendig ist, ist hier in einem Maße wie nirgends. Ist man einmal draussen, so soll man sich doch auch den besten Leuten anschließen. – Führer wie W. Kandinsky und Marc findest Du höchstens noch in Paris. – Alle Leute von Belang sind ihre Freunde und kommen hierher oder wir suchen sie auf. Ich stecke jetzt mitten drin und habe sogar durch gute Arbeiten verstanden zu imponieren."
Zu Beginn seines Aufenthaltes in Bayern kam Campendonk auch häufig mit August Macke zusammen, der von Oktober bis Ende November als Gast von Franz Marc in Sindelsdorf weilte. Auch ihm schloß er sich in Freundschaft an.
In Campendonks Nachbarschaft wohnten ferner der Freund Marcs, Jean Bloe Niestlé, und seine Freundin Marguerite Legros.
Über Marc lernte Campendonk auch Gabriele Münter und Wassiliy Kandinsky, die im nahegelegenen Murnau wohnten, kennen. Marc und Kandinsky sahen einander in diesen Monaten recht häufig, um die Konzeption des „Almanach ‚Der Blaue Reiter'" zu erarbeiten. Der russische Künstler beeindruckte Campendonk tief, so daß er Adda im Dezember 1911 mitteilte: „Herr Kandinsky ... hat studiert, ist Dr. – beschäftigt sich sehr mit Theosophie, ist überhaupt der reinste Prophet, besonders in seiner Malerei."
Zum Freundeskreis von Kandinsky und Marc zählte schließlich noch das „Malerpaar" Alexej von Jawlensky und Marianne von Werefkin, die Campendonk im November in ihrem Münchner Atelier besuchte.
Die rege künstlerische Betriebsamkeit seiner neuen Freunde und die geistige Auseinandersetzung mit ihren Ansichten und Werken beflügelte Heinrich Campendonk zu neuem Schaffen. Nach der langen Einsamkeit in Krefeld spürte er, daß seine Malerei nun in eine neue Phase trat: „Meine Arbeit schreitet vorwärts und ich werde von Tag zu Tag mehr Künstler.... Ich fühle jetzt sehr gut, wie die Verhältnisse in Krefeld es schuld waren, daß ich so wenig Gutes machte. – Alles wurde unterdrückt, doch auch der Einfluß meiner Freunde ist viel daran schuld, daß es jetzt besser geht", berichtet er gleich im Dezember 1911.
Die anbrechende neue künstlerische Schaffensperiode Campendonks fiel mit der Entstehungszeit des „Almanach ‚Der Blaue Reiter'" zusammen. In dieser Programmschrift der Künstler war Campendonk mit der Reproduktion eines Bildes vertreten.[12] Er nahm das Gedankengut der älteren Freunde begierig auf und verkündete Adda im Dezember 1911 in Anlehnung an Marcs Artikel im „Almanach", „Die Wilden Deutschlands", in einem Brief: „Und sollte es nicht besser sein, sich den Wilden anzuschließen, die doch immer noch die Hoffnung haben, als veralteten

Regeln, die zu Ende gehen, zu huldigen. Warum das Ohr dem Rufen verschließen; es ist doch auch viel wertvoller, sich am Kampf zu beteiligen, der um Ideale ausgefochten wird, als sich denen anzuschließen, die die ungewohnten Äußerungen einer neuen Generation mutwillig verhöhnen."

Schon in den ersten Sindelsdorfer Monaten lernte Campendonk die Technik der Hinterglasmalerei kennen. Marc, Kandinsky und Münter praktizierten sie – angeregt durch die volkstümlichen bayerischen Vorbilder – schon eine geraume Weile.[13] Als nun August Macke und Campendonk im Herbst 1911 in Sindelsdorf weilten, brach dort – wie Marc es in einer Postkarte an Kandinsky formulierte – die „große allgemeine Glasbilderfabrikation"[14] aus.

Die ersten an den rheinischen Kunsthändler Alfred Flechtheim aus Bayern gesandten Bilder führten zu brieflichen Auseinandersetzungen zwischen Flechtheim, Marc und August Macke. Zunächst schrieb Flechtheim an Marc: „Nun zu Campendonk. Ich hab ihm über meinen Eindruck betreffs seiner letzten drei Temperabilder noch nicht geschrieben, möchte es auch nicht tun, da ich von diesen Arbeiten alles andere als entzückt bin. Während seine früheren Ölbilder ein starkes und freies Temperament zeigen, finde ich, daß diese drei Arbeiten durch die zu starke Luft, die von Ihnen und Kandinsky ausgeht, zu stark beeinflußt sind, so daß Campendonk viel von seiner Ursprünglichkeit verloren hat. Nauen teilt meine Meinung, auch Dücker, der sich Campendonks Selbstporträt gekauft hat. Halten sie es nicht für richtiger, Campendonk arbeitet wieder allein? Ich sprach mit Nauen, der ihn eventuell nach Brüggen nähme. Ich befürchte wirklich, dass die Münchner Luft zu stark ist."[15]

Marc jedoch verteidigte die Bilder in einem Brief an August Macke: „Den Salat hat Nauen angerührt, respektive nicht verhindert. Nauen hat eine nicht gelinde Wut auf uns Münchner; aber statt sich an die direkte Adresse zu wenden, lässt er seinen Unmut über uns an jemandem wie Campendonk aus, ... statt, wie er es mit einem entschlossenen Wort gekonnt hätte, zu festigen. Warum haben wir erst kommen müssen, um seinem früheren Schüler, für den er nichts getan hat, aus der Patsche zu helfen? Und jetzt kommt er und pfuscht noch mit seiner Eifersucht herein. ... Er (Campendonk, d. Verf.) hat jetzt ein paar Ölbilder (allerdings genau so ‚scharf' wie seine Temperasachen), die famos sind. Ich schreibe natürlich Flechtheim; ob's was hilft, bezweifle ich fast ..."[16]

Campendonk selbst schrieb rückblickend auf den inzwischen beigelegten Konflikt mit Flechtheim: „... Es war für mich ein gefährlicher Moment. – Nauen hatte, statt zu verteidigen, noch seinen Senf hinzugegeben und war Flechtheim darüber gänz-

46 Kühe auf der Weide, um 1914

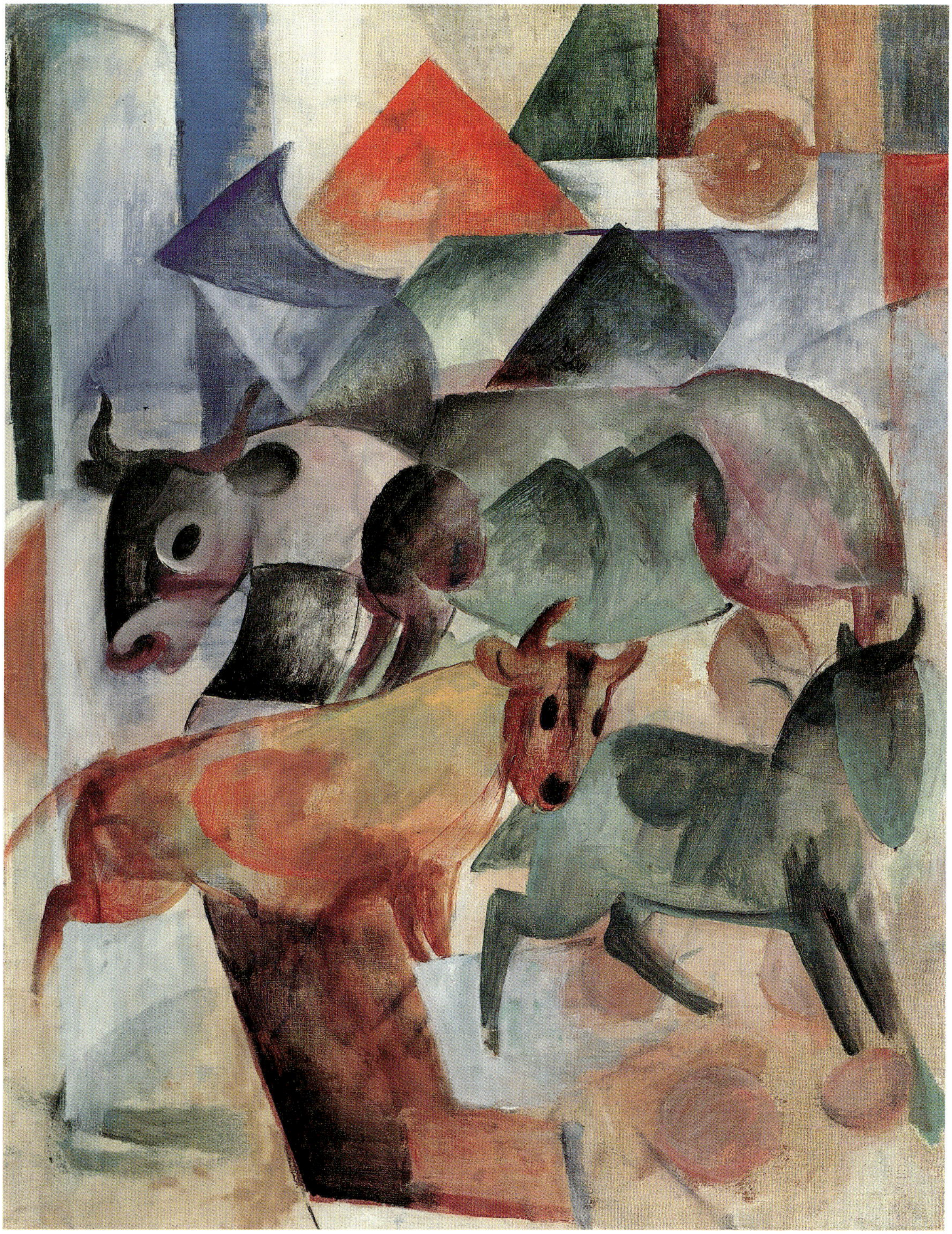

lich eingeschnappt. – Mit Hilfe Marcs habe ich ihn aber derart bearbeitet, daß er bald in ganz kläglichen Tönen um Entschuldigung bat und von seinem großen Zutrauen und den Hoffnungen, die er auf mich setzte, sprach."

Während Flechtheim von den „neuen bayerischen" Arbeiten Campendonks zunächst entsetzt war und erst von ihrer Güte überzeugt werden mußte, fanden sie bei dem Berliner Fabrikanten und Kunstsammler Bernhard Koehler sogleich Bewunderung und Anerkennung. Bernhard Koehler war Anfang Dezember 1911 nach Sindelsdorf gereist, um die „Erste Ausstellung der Redaktion ‚Der Blaue Reiter'", die am 18. Dezember 1911 in der Galerie Thannhauser in München eröffnet wurde, zu unterstützen.[17] Campendonk war mit drei Arbeiten vertreten.[18] Bei dieser Gelegenheit lernte Koehler Campendonk und seine Bilder kennen; damit wurde eine langjährige Beziehung zwischen beiden begründet.

Im Dezember 1911 kritisierte das Publikum einige seiner Bilder, die August Macke anläßlich seines Vortrages „Worte, Töne, Farbe" im Gereonsclub in Köln vorgestellt hatte:[19] „In Köln hielt August Macke einen Vortrag und zeigte Originale von mir und Kandinsky und einige von sich", schrieb Campendonk an Adda. „Das Publikum hat sich furchtbar benommen. Meine Arbeiten haben den größten Krach verursacht. – Vor allem meine Kreuzigung, aber auch eine Soubrette aus der Sammlung Flechtheims. Ein Herr ist aufgestanden und hat gesagt: ‚Wenn ich mich auch der Gefahr aussetze, für denselben Banausen zu gelten, wie die, die vor Jahren unsere berühmten Impressionisten verlachten, so muß ich doch fragen, warum holen die Jüngstmodernen ihre Motive aus der Kloake?' – Flechtheim sprang auf und schrie: ‚Jesser! Der Korsettfabrikant müßte so ein Bild doch am besten verstehen.'" Vermutlich handelte es sich um ein Bild aus der Osnabrücker Zeit und stellte Cléo de Robée dar.

Zur Kölner Sonderbundausstellung im Mai 1912 sandte Heinrich Campendonk sechs Bilder, die genauso wie die Werke anderer Künstler des „Blauen Reiter" abgelehnt wurden. Kandinsky, Marc und August Macke empörten sich sehr über diesen Beschluß der Kölner Jury, obwohl ihre eigenen Bilder ausgestellt worden waren. Aus Protest gegen diese Entscheidung veranstalteten sie gemeinsam mit dem Berliner Galeristen und Pianisten Herwarth Walden eine „Gegenausstellung der zurückgestellten Bilder des Sonderbundes", wo auch Werke Campendonks gezeigt wurden.[20]

Im Februar 1912 fuhr Campendonk für drei Wochen nach Krefeld, um seinen kranken Vater zu besuchen. Bei dieser Gelegenheit suchte er seinen Förderer Flechtheim in Düsseldorf auf, wo er auch August Macke traf. Mit ihm verbrachte er

21 Gaukler, um 1912

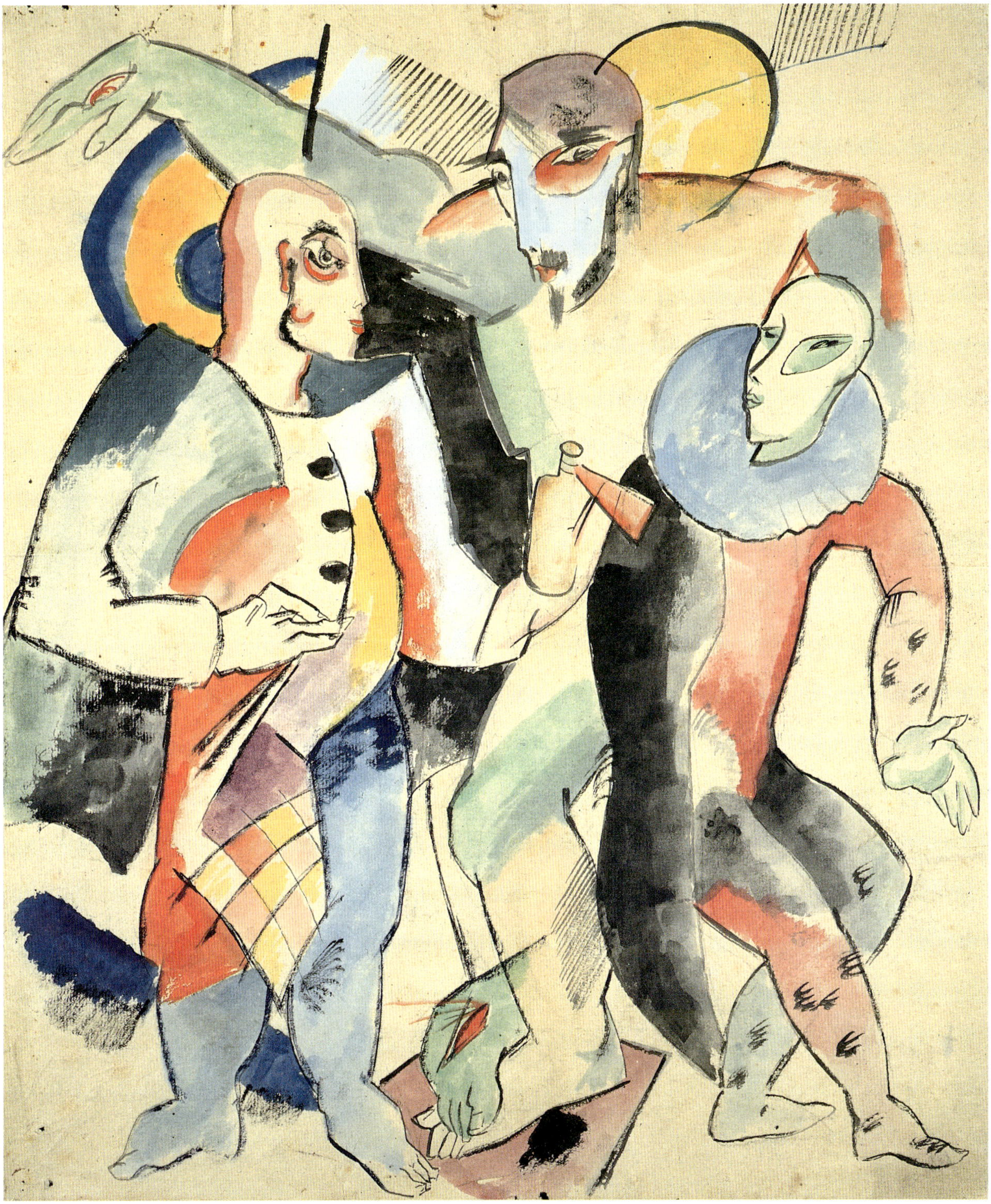

28 Zwei Akte mit Katze und Schlange, 1912

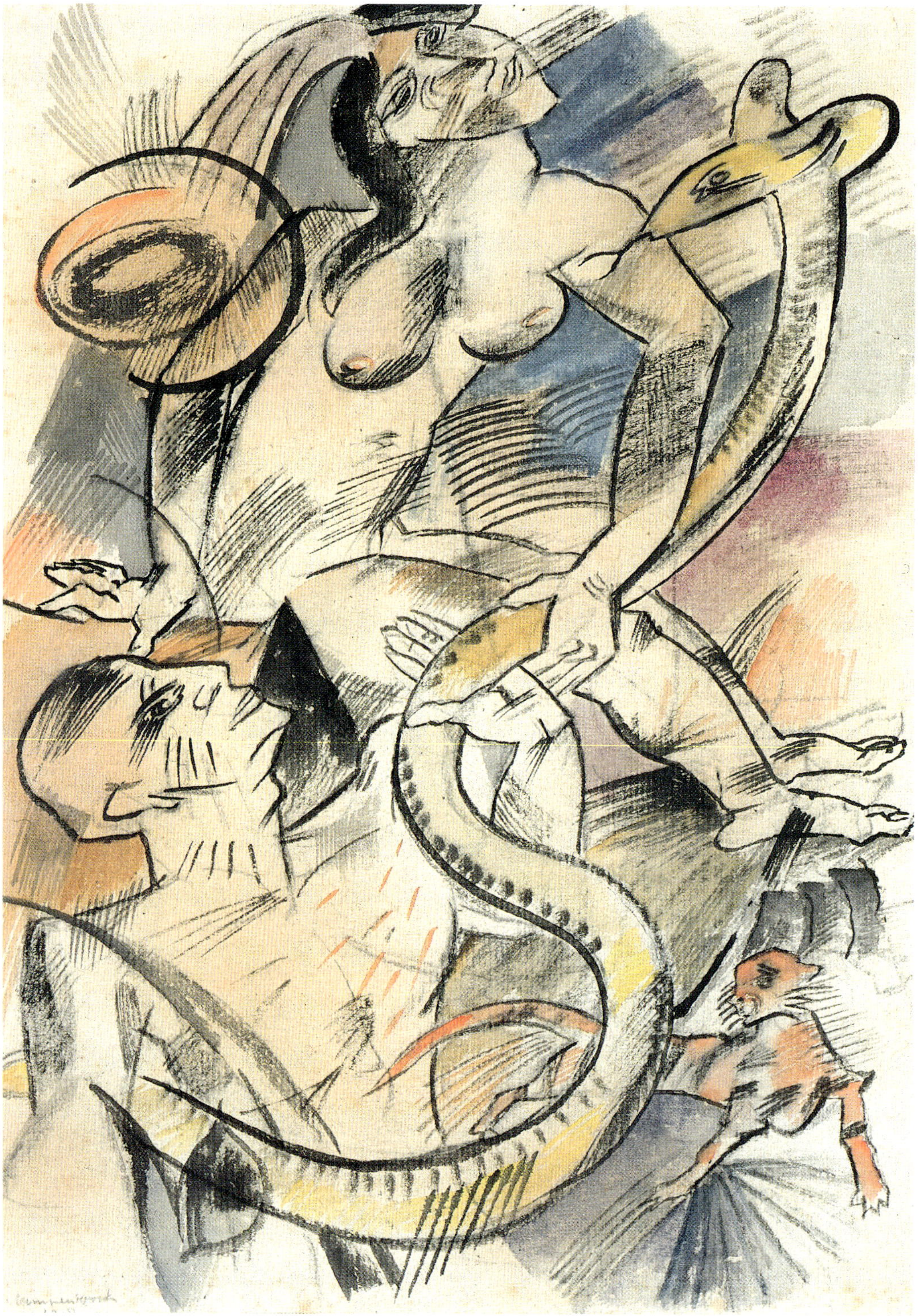

23

24 Tanz, 1912

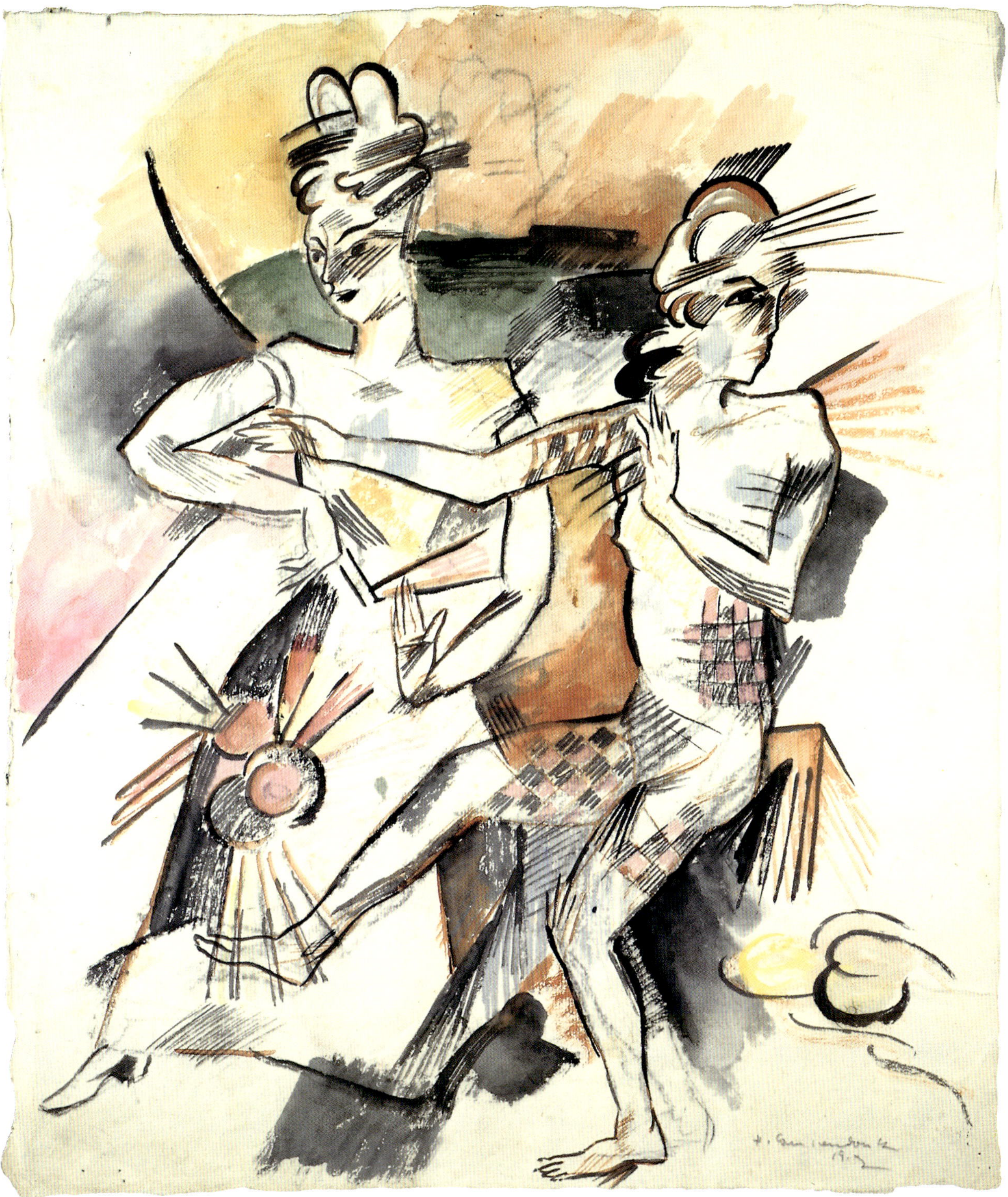

35 Landschaft mit Haus, 1913

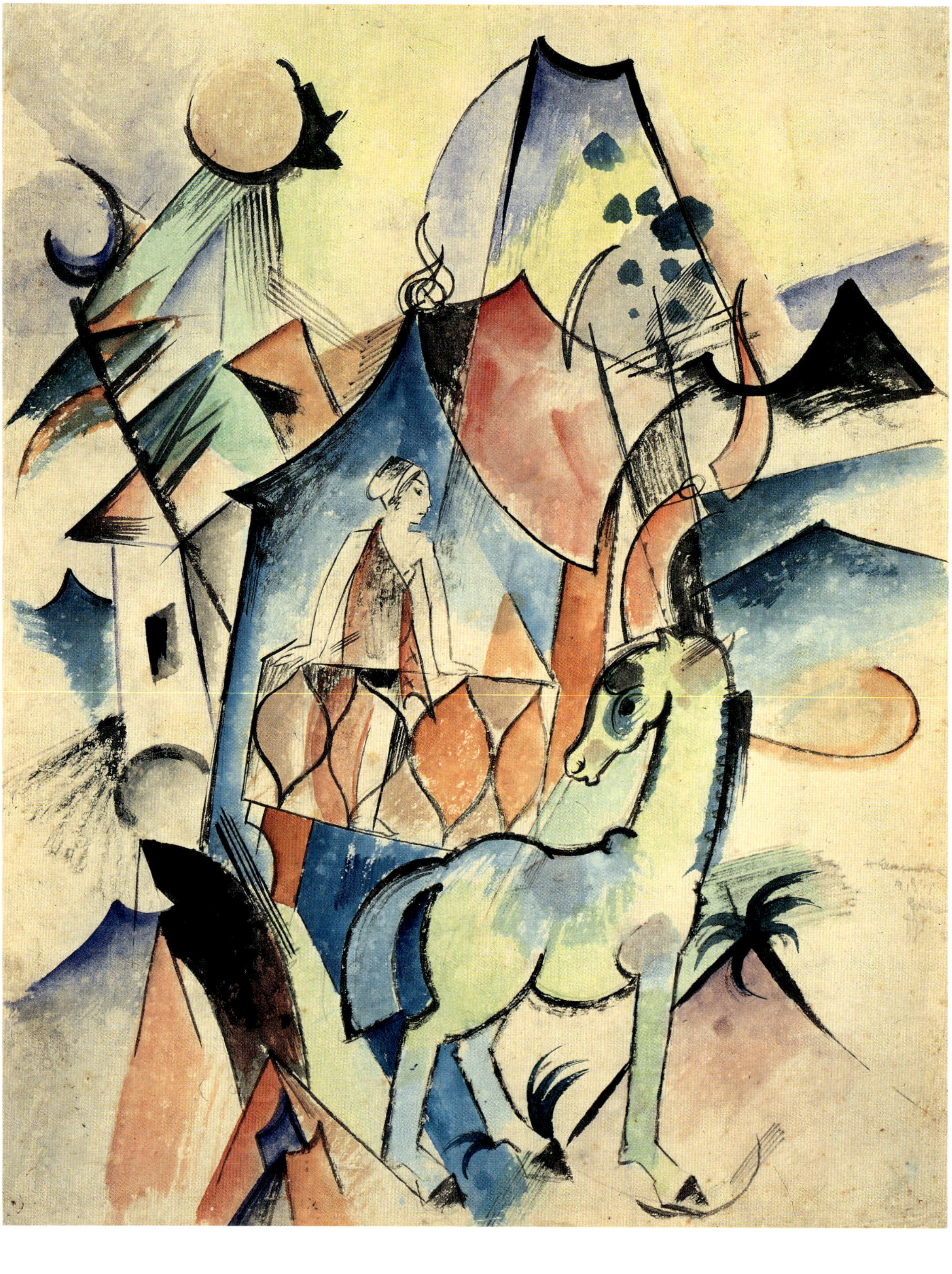

25 Pastorale, 1912

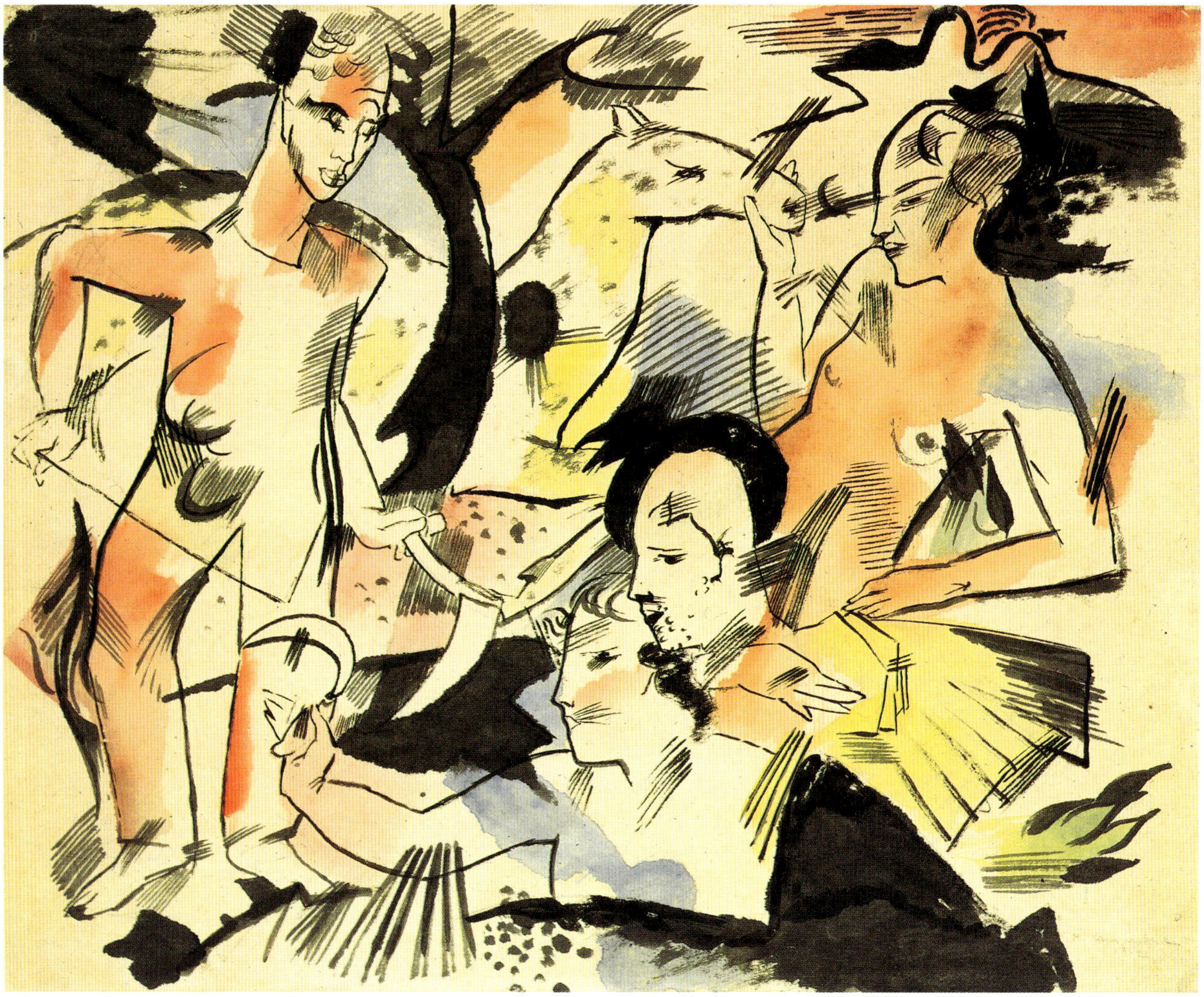

23 Weiblicher Akt mit Baumstamm, um 1912

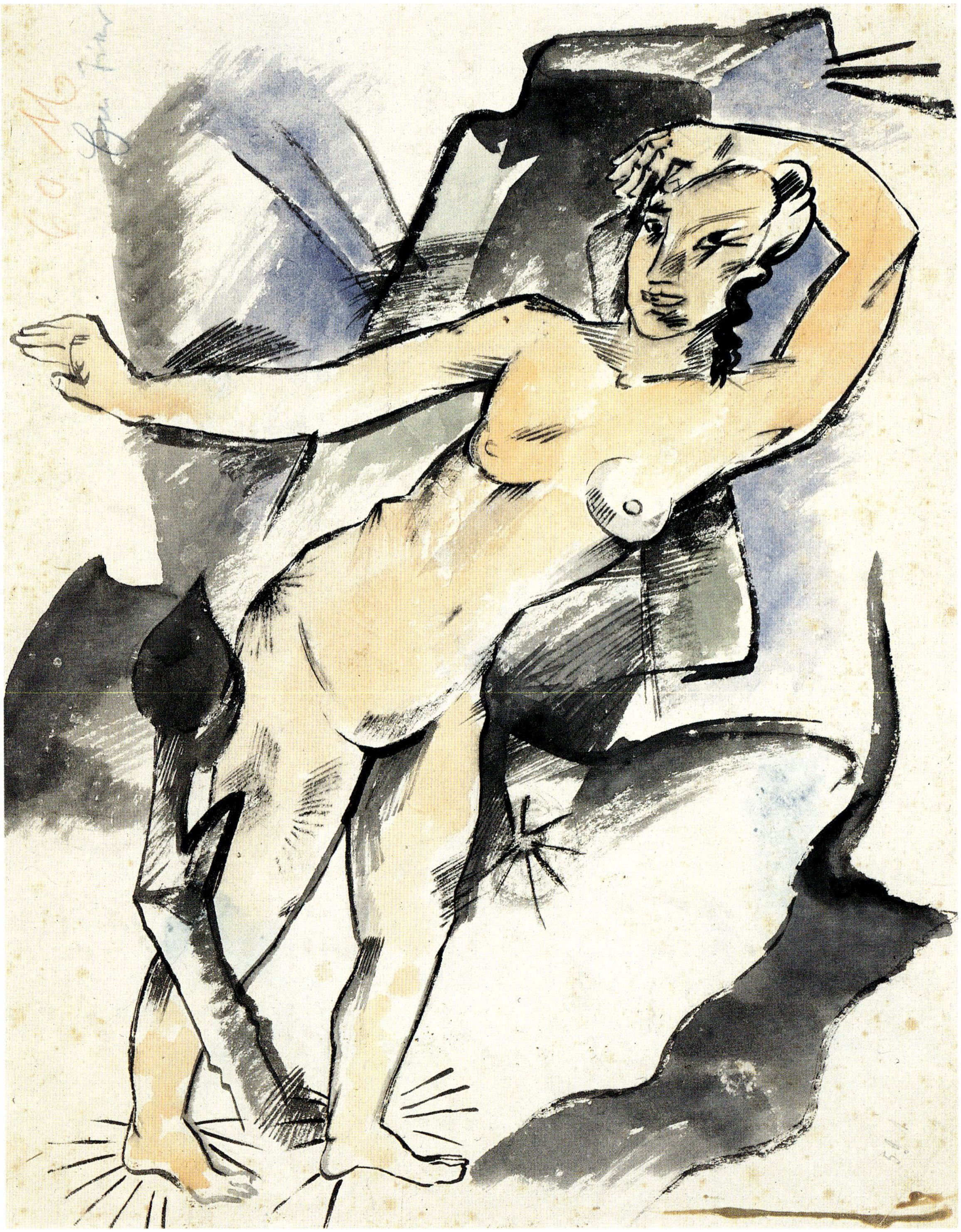

anschließend einen Tag im Gereonsclub in Köln. Auf seiner Heimreise war Campendonk zu Gast bei August und Lisbeth Macke in Bonn. Hier kritisierten beide die geplante zweite Ausstellung des „Blauen Reiter", „Schwarz-Weiß", die in der Galerie Goltz von Februar bis April in München überwiegend Graphik präsentierte. Über die Aufforderung, Zeichnungen zu dieser Ausstellung einzusenden, äußerte sich Campendonk im März 1912 ablehnend: „Die Schwarz-Weiß-Ausstellung, auf welche ich wohl mit recht schimpfe, bringt wundervolles Zeug, aber auch derart minderwertige, daß ich nicht verstehen kann, wie Marc und Kandinsky es mit ihren Ideen vereinbaren. – Man will jetzt noch Zeichnungen einreichen, einen Fall, den ich mir noch sehr überlege." Er gab dann aber doch zwei, vielleicht auch drei Zeichnungen zur Ausstellung.[21]
Im Frühjahr 1912 zog auch Adda nach Sindelsdorf, wozu Campendonk sie überredet hatte. Er mietete ihr, wie er ihr in einem Brief von März 1912 ankündigte, in einem „großen sauberen Bauernhaus zwei große Räume ... mit Aussicht über das ganze Moor bis zu den Bergen". Nachdem sich das Zusammentreffen der beiden zunächst etwas schwierig gestaltet hatte, war Campendonk bald überaus glücklich. Erneut wurde sein künstlerisches Schaffen von Addas Anwesenheit geprägt. Zahlreiche Werke glühendster Farbigkeit und lyrischer Ausdruckskraft gaben Zeugnis von seiner wachsenden innigen Liebe zu Adda.
Mitte Mai 1912 besuchte Campendonk einige Tage Herwarth Walden in seiner „Sturm-Galerie" in Berlin. Adda erhielt sogleich folgenden Bericht: „Vor zwei Stunden war ich nun bei Walden und mit ihm auf der Futuristenausstellung. ... Er sagte mir eine Ausstellung zu und interessiert sich sehr; (er, d. Verf.) kann auch durch seine Verbindungen viel erreichen. ... die Leute von der N. Sezession suche ich nicht auf. ... Heckel und Kirchner sind nach Köln. ... Gleich gehe ich zu Pechstein." Ob Campendonk Heckel und Kirchner später persönlich begegnete, ist nicht überliefert.
Der Sommer 1913 stand unter dem Zeichen der Hochzeit von Adda und Heinrich, die am 17. Juni 1913 in Sindelsdorf stattfand. Das Paar mietete in einem Einsiedelhof in Sindelsdorf-Urthal eine Etage. Zur „Ausstellung Rheinischer Expressionisten"[22] in Bonn sandte Campendonk im Juli 1913 zwei Aquarelle. Ausschlaggebend für seine Beteiligung daran war die schon zur Krefelder Zeit begründete, in Sindelsdorf gefestigte und 1912 bei seinem Besuch in Bonn besiegelte Freundschaft mit August Macke gewesen.
Ein bedeutendes Ereignis für Campendonk im selben Jahr war seine Beteiligung an der von Herwarth Walden organisierten Ausstellung „Der Erste Deutsche Herbstsalon" in Berlin.[23]

Als Marc 1914 nach Ried und Niestlé nach Seeshaupt umzogen, war die Spontaneität gegenseitiger Besuche nicht mehr möglich, obwohl die drei Dörfer nicht weit voneinander lagen. Der Künstlerkreis ging von nun an langsam auseinander und löste sich durch den Ausbruch des Ersten Weltkrieges endgültig auf. Kandinsky und Jawlensky verließen Deutschland, Macke, Marc und Klee rückten zum Militär ein. 1915 wurde auch Campendonk zum III. Bayerischen Infanterieregiment in Augsburg für kurze Zeit eingezogen. In den folgenden Jahren des Krieges mußte er den Militärdienst mehrmals aufnehmen, wurde jedoch wiederholt krankheitshalber zurückgestellt. Im Gegensatz zur allgemeinen Euphorie bei Kriegsbeginn scheint Campendonk den Krieg von vornherein verurteilt zu haben. Er zog sich zu seiner Familie zurück, die sich im Februar 1915 durch die Geburt des Sohnes Herbert erweiterte, und lebte nahezu völlig abgeschieden von der Welt für seine Kunst. Während der Kriegszeit konnte der Lebensunterhalt durch Bildverkäufe in der Galerie des „Sturm" gedeckt werden.

Die schöpferische Zeit der Abgeschiedenheit in Seeshaupt (1916–1922)

Möglicherweise gab der Tod Franz Marcs am 3. 4. 1916 den Anlaß zur Übersiedlung Campendonks nach Seeshaupt am Starnberger See, wo er in Nachbarschaft zu Niestlé Anfang Mai 1916 ein Haus fand. Die Familie bewohnte zwei Etagen eines großen bayerischen Bauernhauses inmitten eines ausgedehnten Obst- und Wiesengartens. Hier wurde im Mai 1918 die Tochter Gerda geboren. Abseits vom Trubel der Familie mietete sich der Künstler neben dem Wohnhaus einen engen, dunklen Raum als Atelier. In vollkommener Abgeschiedenheit entstanden hier Bilder mit Szenen ländlicher Idylle, des Menschen inmitten von Tieren und Natur, Akte und ländliche Interieurs von höchster Harmonie, Leuchtkraft und Ruhe, als hätte der draußen gleichzeitig tobende Krieg nicht stattgefunden.
In den letzten Kriegsjahren besuchte ihn Walter Dexel, Künstler und Ausstellungsleiter des Jenaer Kunstvereins, der 1919 eine Ausstellung mit Werken Campendonks zeigte, in Seeshaupt. In den Jahren 1919 und 1920 war der flämische Dichter Paul van Ostayen sein Gast, der durch diese Begegnung angeregt einen Aufsatz über Campendonks Schaffen dieser Jahre schrieb.[24]
Im August 1919 siedelte ein gemeinsamer Freund Campendonks und Ostayens, der Maler Fritz Stuckenberg, mit seiner Frau nach Seeshaupt über. Doch zwischen beiden enstanden sehr schnell Spannungen, die in der Verschiedenheit ihrer künstlerischen Auffassungen begründet lagen.

Im Spätsommer 1920 entschloß sich Campendonk zu einer Reise nach Italien. Ursprünglich hatte er diese Fahrt mit Paul Klee gemeinsam unternehmen wollen, doch schließlich reiste er allein. Die schon zur Sindelsdorfer Zeit geschlossene Freundschaft zu Klee war nach Ende des Ersten Weltkrieges recht eng geworden. Fahrten nach München verband Campendonk manches Mal mit einem Besuch im Hause Klee. Die zahlreichen Ferienaufenthalte Klees in Possenhofen, einem Nachbarort von Seeshaupt, boten Gelegenheit, bei Campendonk vorbeizuschauen.
Trotz seiner in jenen Jahren steigenden künstlerischen Bedeutung belastete ihn seine Situation, vollkommen auf den Verkauf seiner Bilder angewiesen zu sein. Obwohl er an seiner Unabhängigkeit als freischaffender Künstler hing, erkannte Campendonk, daß ihm eine fest besoldete Stelle als Lehrer an einer Kunstakademie die Existenz seiner Familie sichern und neue Freiheiten für sein künstlerisches Wirken eröffnen würde.

Rückkehr nach Krefeld – Lehrtätigkeit an der Kunstakademie Düsseldorf (1922–33)

Im August 1921 stand schließlich fest, daß Heinrich Campendonk mit seiner Familie nach Krefeld zurückkehren werde. Der rheinische Industrielle, Kunstsammler und Mäzen Paul Multhaupt stellte ihm ein vom Krefelder Architekten Karl Buschhüter entworfenes Haus am Stadtrand zur Verfügung. Vermutlich zu Beginn des Jahres 1923 zog Campendonk mit seiner Familie in das mächtige, riedgedeckte Backsteinhaus in der Nieper Straße. Sein Atelier im Dachgeschoß besaß zwei große Fenster nach Norden und Süden, die einen Blick über die Felder und Pappelalleen der niederrheinischen Bruchlandschaft boten.
Zu den Gästen im neuen Haus zählten nun wieder Heinrich Nauen, der seit 1921 an der Düsseldorfer Kunstakademie lehrte, und Helmuth Macke, der nach Krefeld zurückgekehrt war. Auch Walter Kaesbach, der Direktor der Kunstakademie Düsseldorf, Paul van Ostayen und Katherine S. Dreier, die Gründerin der Société Anonyme in New York, kamen häufig zu ihm heraus.
In den Jahren zwischen 1923 und 1926 nahm Campendonk eine Reihe öffentlicher Aufträge in Krefeld an. Auf Veranlassung des Intendanten des Krefelder Theaters, Dr. Ernst Martin, schuf er mehrere Bühnenbilder für verschiedene Inszenierungen. Das Angebot, als Bühnenmaler angestellt zu werden, lehnte Campendonk jedoch ab.[25]
Zur gleichen Zeit malte er mehrere Räume in der Villa des Krefelder Seidenfabrikanten Merländer aus, versah die Decken und Wände des Hauses mit Fresken und

34 Drei weibliche Akte mit Pferd, 1913

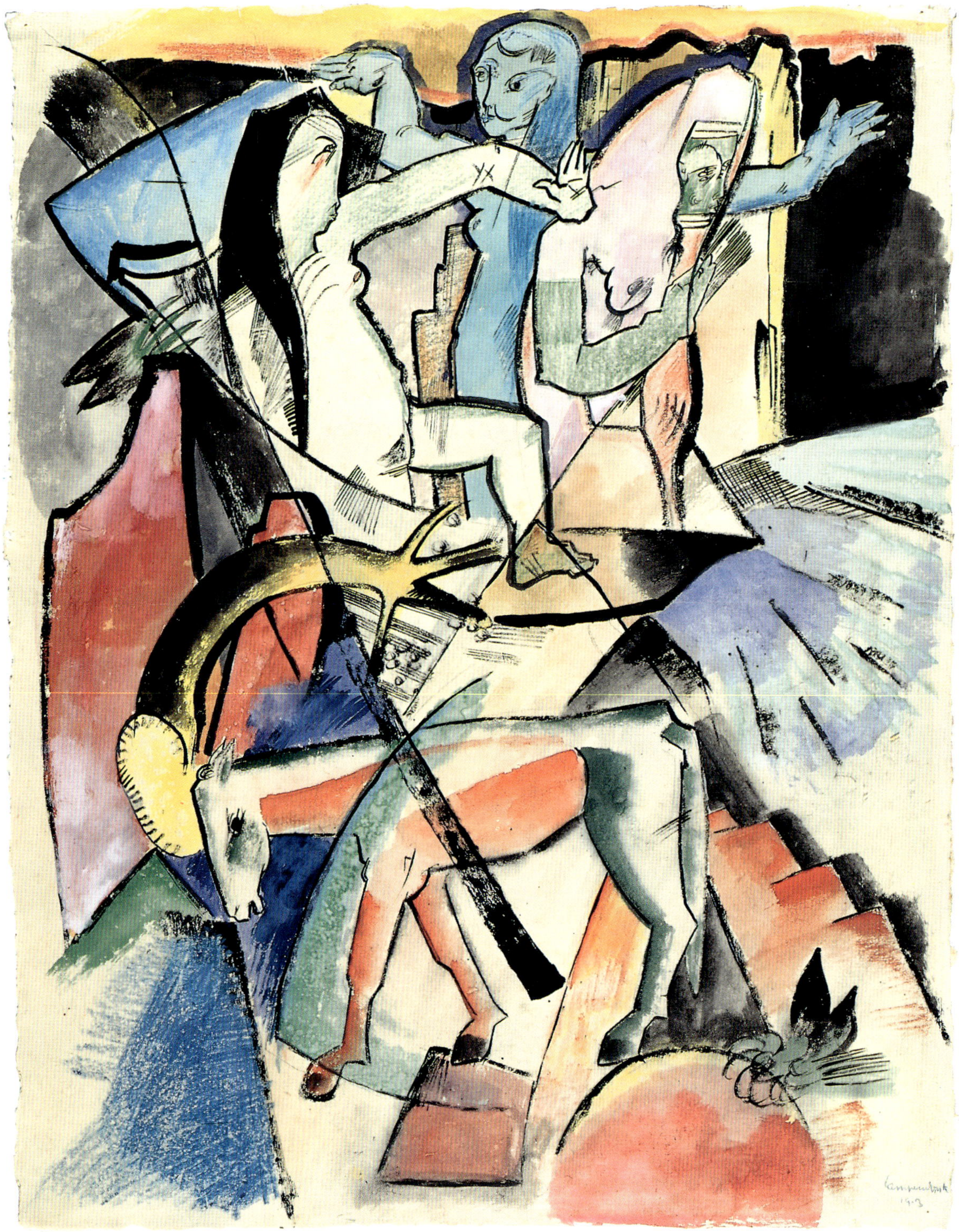

51 Mädchen mit Reh, um 1914

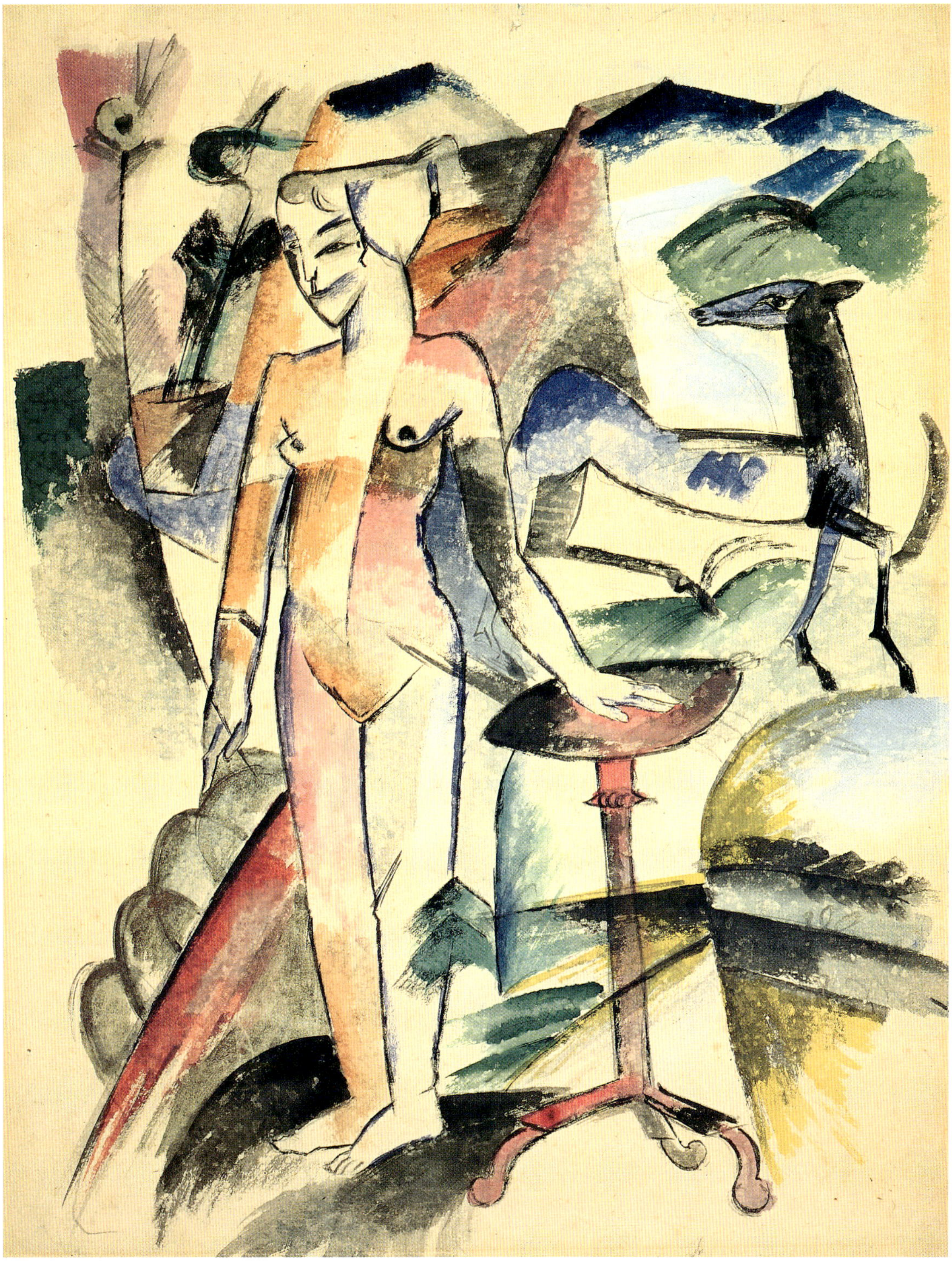

bemalte Teile des Mobiliars mit Lackfarben. Auf Wunsch einiger Krefelder Seidenfabrikanten hielt er für die Angestellten und Arbeiter der dortigen Fabriken einen Kursus über Farbbeziehungen. Auch von den „Webereien der Paramenten- und Gobelinindustrie" wurde Campendonk zur Mitarbeit herangezogen; es entstanden Gobelins nach seinen Entwürfen.
Im August 1924 fand die erste umfassende Gesamtschau von Werken Campendonks im Rheinland statt: Der „Kunstverein für die Rheinlande und Westfalen" zeigte in Düsseldorf sechzig Arbeiten des Künstlers, die von der Öffentlichkeit sehr positiv aufgenommen wurden.[26]
Auf Initiative Walter Kaesbachs wurde Campendonk am 1. Oktober 1926 als Lehrer der Meisterklasse für Wandmalerei, Glasmalerei, Mosaik und Gobelinweberei an die Kunstakademie Düsseldorf berufen. Damit war er Nachfolger seines verehrten Lehrers Thorn Prikker geworden.
Anna Klapheck erinnerte sich an Campendonks Akademiezeit: „Um Campendonk war bald eine kleine Elite von Schülern vereinigt, die meisten sind später selber Lehrer an Kunstschulen geworden: Teuwen, Oberhoff, Macketanz, Schrieber. Campendonk war ernst und schweigsam, eine Schranke blieb, sein Privatatelier durften die Schüler nicht betreten, andererseits nahm er sich der Studenten fürsorglich mit Stipendien und Aufträgen an."[27]
Zum engeren Kollegenkreis der Düsseldorfer Akademie gehörten neben Nauen und Kaesbach Ewald Mataré, Oskar Moll, Clemens Holzmeister und der Bildhauer Alexander Zschokke. Campendonk schloß sich zwar den Kollegen an, doch er scheint zu den Stilleren unter ihnen gehört zu haben. Er wurde zusehends scheuer und zurückhaltender und begann, sein Innerstes zu verschließen.
Seit seiner Tätigkeit an der Düsseldorfer Kunstakademie stand der Entwurf monumentaler Glasfenster und Wandmalereien für öffentliche Bauten und Kirchen im Mittelpunkt seines Kunstschaffens. Die Tafelmalerei trat mehr und mehr in den Hintergrund.
1929 begegnete ihm die flämische Künstlerin Edith van Leckwyck auf der Ausstellung „Cercle Artistique" in Antwerpen. Zu ihr fühlte er sich hingezogen. Gemeinsam bereisten sie in den Jahren 1930 bis 1932 die Bretagne. Zahlreiche zarte Aquarelle von lichter Transparenz und hoher technischer Präzision waren das Ergebnis dieser Reisen.
1930 zerbrach die Ehe Campendonks mit Adda Deichmann, so daß sie sich scheiden ließen. Trotz der Trennung hielt er weiterhin Kontakt zu seiner Familie, die in Krefeld blieb.

Heinrich Campendonk als Opfer nationalsozialistischer Kulturpolitik – Emigration und Lehrtätigkeit an der Rijksacademie Amsterdam (1933–1957)

Im Sommer 1933 reiste der Künstler zu Aquarellstudien auf die Lofoten. Hier erreichte ihn die Nachricht seiner „Beurlaubung" vom Lehramt an der Düsseldorfer Kunstakademie.[28] Die Nationalsozialisten hatten ihn zum „entarteten Künstler" erklärt.

Im März 1934 zog Campendonk nach Antwerpen zu Edith van Leckwyck, um so den Nationalsozialisten entgehen zu können. Den politischen Geschehnissen stand er ratlos und sorgenvoll gegenüber. An Paul Klee schrieb er im März 1934: „Meinen Lebensunterhalt durch den Verkauf von Bildern zu ermöglichen, ist ziemlich ausgeschlossen, und Aufträge wird man mir ebenso wenig geben, wie die Gelegenheit zu Ausstellungen. Die Tatsache, ein aus dem Staatsdienst entlassener Mann zu sein, genügt, um überall ausgeschaltet zu werden."

Nach zahlreichen vergeblichen Bemühungen um eine Lehrtätigkeit im In- und Ausland bewarb er sich im Sommer 1934 um den Lehrstuhl für „monumentale en versierende schilderkunst"[29] an der Rijksacademie in Amsterdam. Doch auch hier war ihm nicht sogleich ein Erfolg beschieden. Campendonk wurde zunächst Mittelpunkt einer kunstpolitischen Pressekampagne in den Niederlanden.[30] Hier ging es weniger um seine Person, als vielmehr um die Frage, ob ein Deutscher einen niederländischen Professorenposten, der mit der Stelle des Akademiedirektors gekoppelt war, innehaben könne. Man befürchtete auch, mit der Wahl Campendonks als Monumentalmaler könne die freie Malerei an der Akademie an Bedeutung verlieren. Die Diskussion in der niederländischen Presse für und wider Campendonk dauerte nahezu ein halbes Jahr und war in keiner Weise sachlich.

Doch schließlich berief der niederländische Kultusminister Campendonk am 30. 1. 1935 als Professor für „monumentale und dekorative Künste" an die Rijksacademie nach Amsterdam. Zuvor war das Amt des Akademiedirektors von dieser Stelle getrennt worden.

Im Februar 1935 zogen Campendonk und Edith van Leckwyck, die der Künstler im März 1935 heiratete, nach Amsterdam um. Zu eigenem künstlerischen Schaffen blieb Campendonk, abgesehen von Fensteraufträgen, wegen seines Lehrauftrages nun kaum mehr Zeit. Gelegentliche Ausflüge auf das Land regten Campendonk dennoch zu Aquarellen und Bleistiftzeichnungen an. Es entstanden Blätter landschaftlicher Thematik von höchster Feinheit in Pinsel- und Strichführung, Klarheit der Formen und harmonischer Komposition.

53 Radfahrer E mit kleiner gelber Kuh, um 1914

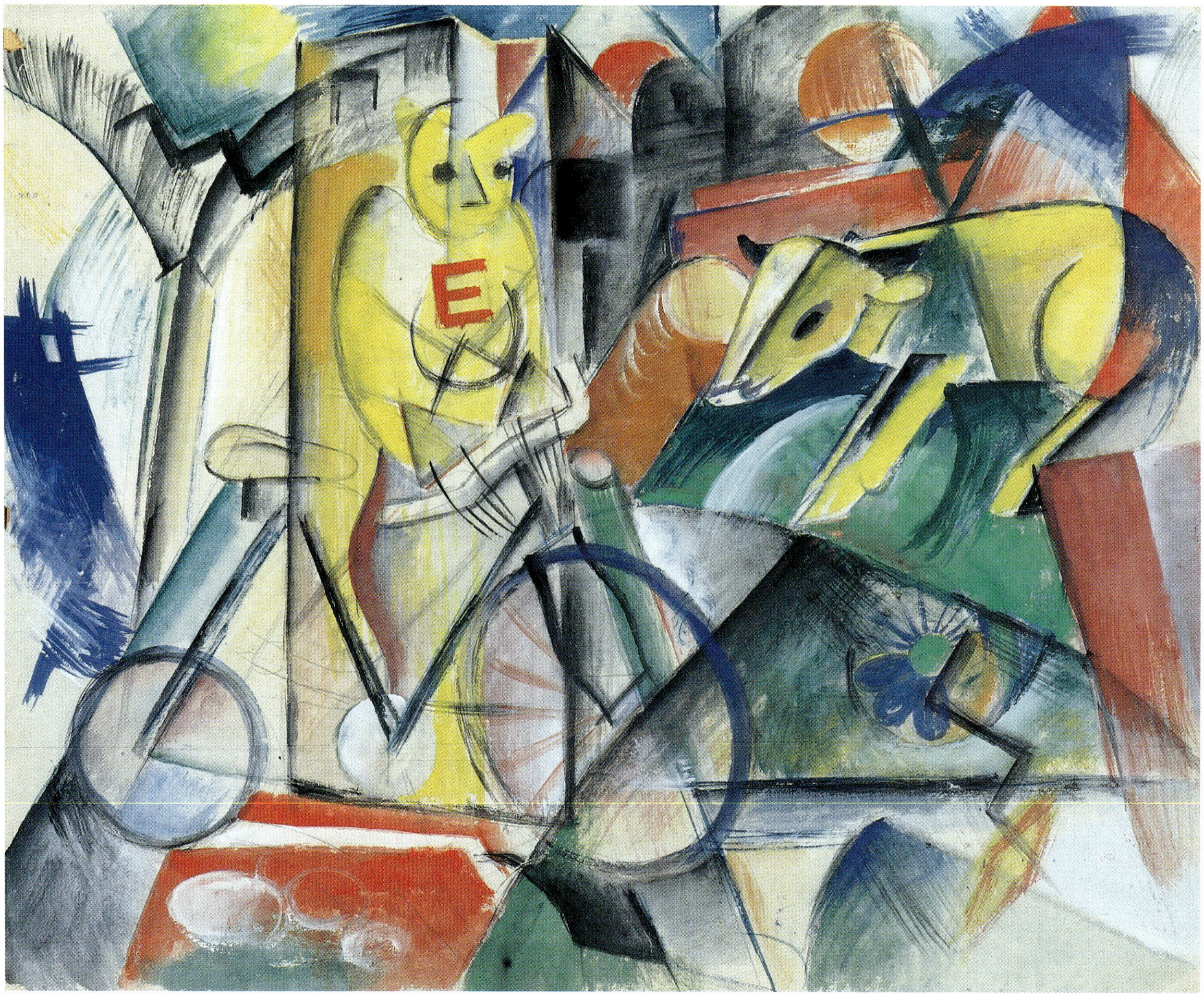

60 Pferde am See, um 1915

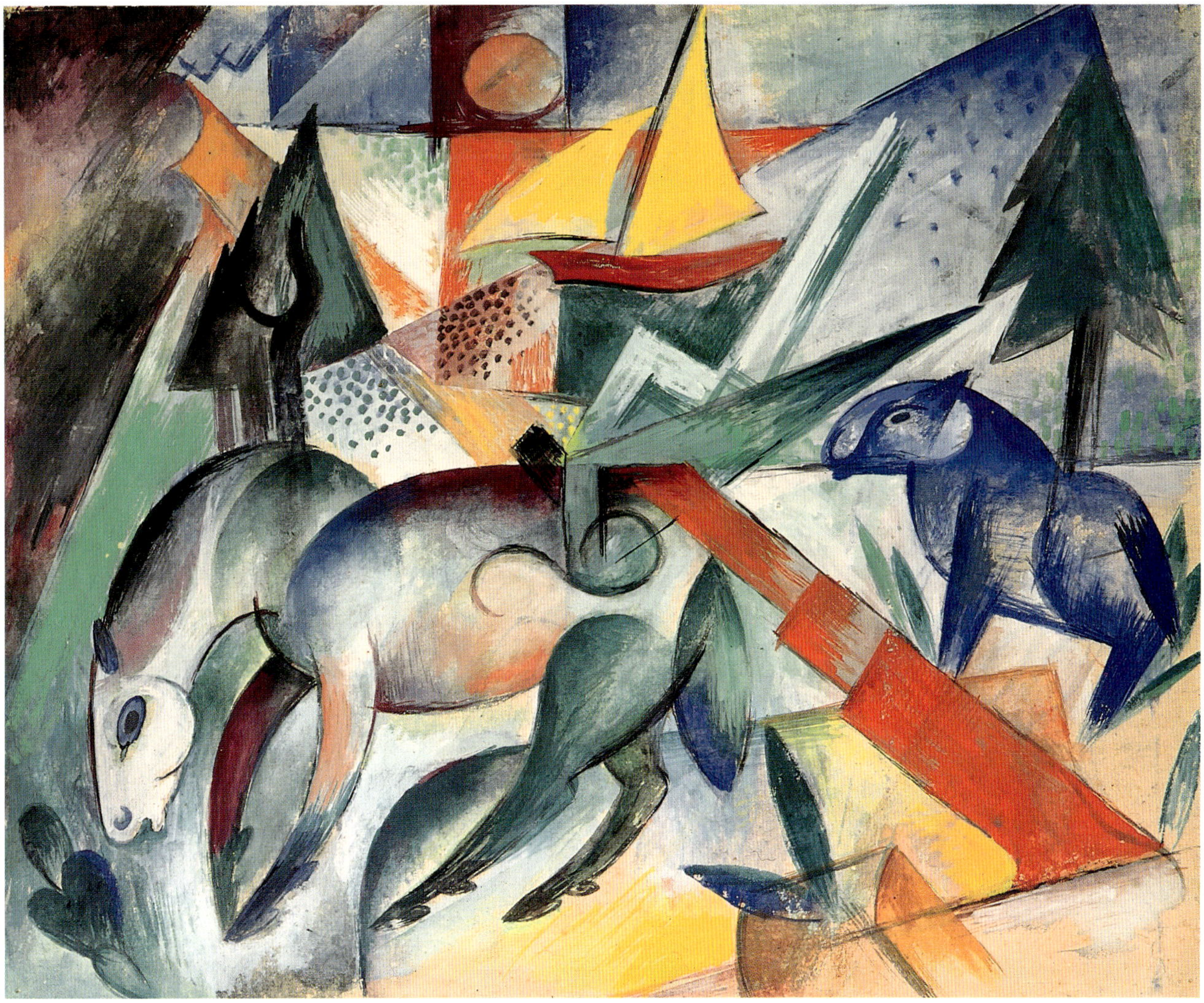

In der Akademie galt seine ganze Aufmerksamkeit den Arbeiten seiner Schüler. Er vermittelte ihnen eine „gediegene Kenntnis der verschiedenen Materialien und Techniken" als Voraussetzung für ihr künstlerisches Wirken[31] und erteilte ihnen niemals Themen, sondern ließ sie frei an ihren Entwürfen und Studien arbeiten. Großen Wert legte er dabei auf ausgewogene, klare Kompositionen.
Fragen zu früheren oder aktuellen Werken wich der Lehrer trotz aller Vertrautheit und Offenheit im Umgang mit seinen Schülern stets aus. Die einzigen den Schülern bekannten Arbeiten ihres Lehrers waren Glasfenster an öffentlichen Bauten und wenige Abbildungen in den bis dahin erschienenen Publikationen.
1937 erschien die nationalsozialistische Schmähschrift Wolfgang Willrichs „Säuberung des Kunsttempels – eine kunstpolitische Kampfschrift zur Gesundung deutscher Kunst im Geiste nordischer Art", worin auch Campendonks Kunst verfemt wurde.[32] Zahlreiche seiner Werke aus deutschem öffentlichen Besitz wurden von den Nationalsozialisten als „entartet" beschlagnahmt[33] und sieben seiner Arbeiten auf der Münchner Ausstellung „Entartete Kunst" gezeigt. Gleichzeitig präsentierten die Niederlande Campendonks „Passionsfenster" in ihrem Pavillon der Weltausstellung in Paris 1937. Es wurde mit dem Grand Prix ausgezeichnet.
Als 1938 in London die Ausstellung „Modern German Art" konzipiert wurde, die als Protest gegen die kunstpolitischen Ereignisse des Jahres 1937 in Deutschland zu verstehen war, versagte Campendonk seine Unterstützung.[34] Es mag ein ängstlicher Versuch gewesen sein, sich aus jeglicher Politik herauszuhalten. Einige seiner Bilder aus Privatsammlungen wurden freilich dennoch in London gezeigt.
Der Ausbruch des Zweiten Weltkrieges lähmte Campendonks Kunstschaffen. Nach dem Einmarsch der Deutschen in die Niederlande im Mai 1940 wurde er von der Gestapo verhaftet. Befragt, warum er sich in Amsterdam aufhalte, verschwieg er die wahren Hintergründe – seine Flucht vor den Nationalsozialisten – und gab seine Berufung an die Kunstakademie als Grund an. Daraufhin wurde er freigelassen. 1942 verpflichteten die deutschen Besatzungstruppen Campendonk zum nächtlichen Wachdienst der „Deutschen Schutztruppe" – die Tätigkeit an der Rijksacademie untersagte man ihm dabei nicht.
1944 erkrankte Campendonk mehrmals, da er als nunmehr Fünfundfünzigjähriger der zweifachen Belastung von Beruf und nächtlichem Schutzdienst nicht mehr gewachsen war. Als er mit dem Zug in ein deutsches Lazarett fahren sollte, sprang er aus Furcht vor einer möglichen Verfolgung in Deutschland kurz vor der Grenze vom Waggon, flüchtete nach Amsterdam und verbarg sich mit seiner Frau bis Kriegsende im Elternhaus seines Schülers Anton Rovers.

Die Angst und das Gefühl des Ausgeliefertseins verschwanden nach Kriegsende langsam, aber das Trauma der Verfolgungszeit hatte Campendonk zu einem schwermütigen, zögerlichen, fast gebrochenen Menschen werden lassen.
Dennoch nahm er sich nach Kriegsende mit großem Engagement seiner Schüler der Rijksacademie Amsterdam an. Seine eigene künstlerische Tätigkeit fand seit 1945 in Deutschland zunehmende Anerkennung, die vor allem in zahlreichen Fensteraufträgen für deutsche öffentliche Gebäude und Kirchen zum Ausdruck kam. Von 1949 an trug sich Campendonk mit dem Gedanken, in die niederrheinische Heimat zurückzukehren. Doch scheiterte die Annahme mehrerer ihm von deutscher Seite angetragener Professorenstellen letztlich an der Empfindlichkeit und dem Zögern Campendonks. Obwohl Campendonk 1951 die niederländische Staatsbürgerschaft annahm und sich damit endgültig für sein Verbleiben in den Niederlanden entschied, fühlte er sich dort nie wirklich heimisch. Mit seiner niederrheinischen Heimat hingegen blieb er in Gedanken stets verbunden.
Die größte Würdigung seines Schaffens als Monumentalmaler bedeutete für ihn 1951 der Auftrag zum Entwurf eines Nordfensters für den Kölner Dom. Aber die Arbeit an den Entwürfen wurde ihm wegen seines sich zunehmend verschlechternden Gesundheitszustandes zur Tortur. Als er im Juni 1955 einen Zusammenbruch in der Akademie erlitt, trat er den Auftrag an seinen Schüler Wilhelm Teuwen ab. Im selben Jahr wurde Heinrich Campendonk pensioniert. 1956 erhielt er den Quellinus-Preis der Stadt Amsterdam und wurde Ritter vom Orden „De Neederlandse Leuw".
Die letzten Jahre seines Lebens zog sich Campendonk mehr denn je zurück. Die Erlebnisse während der nationalsozialistischen Herrschaft und des Krieges, das Gefühl, in den Niederlanden stets ein Fremder zu sein und schließlich das Schwinden seiner körperlichen Kräfte ließen ihn schweigsam und introvertiert werden. Sein malerisches Schaffen hielt er seit Kriegsende vor der Öffentlichkeit peinlich verborgen. Eine Vielzahl von Aquarellen und Zeichnungen sowie wenige Öl- bzw. Hinterglasbilder entstanden in dieser Zeit, die außer seiner Frau kaum jemand sehen durfte. Der Grund für dieses Verhalten ist nur unzureichend mit seiner allgemeinen Wesensveränderung in jener Zeit erklärbar. Im Unterschied zu den expressiv-farbenstarken Schöpfungen seiner Zeit im Kreis des „Blauen Reiter" und den sehr individuell geprägten, lyrisch anmutenden Kompositionen seit etwa 1917 ist sein Spätwerk von kühler Distanziertheit und hoher technischer Qualität gekennzeichnet. Die den Betrachter anrührende expressionistische und später phantastisch-idyllische Ausdruckskraft und Spontaneität der früheren Arbeiten Campen-

donks sind in seinem Alterswerk nicht mehr zu finden. Es mag ein Spiegel seines in späten Jahren scheuen Wesens gewesen sein, die sprühende Lebenskraft der Jugendzeit war verloschen.
Änderten sich seine Werke auch in Form, Farbe und in der Intensität ihrer Ausstrahlung, so lebte der Künstler bis in die letzten Stunden seiner Leidenstage in einer phantasierten Bildwelt, die er meinte, mit der Hand auf der Wand seines Krankenzimmers festzuhalten. Am 3. Mai 1957 starb Heinrich Campendonk in Amsterdam.

1 Ernst Köppen, Heinrich Campendonk, Der Poet unter den Blauen Reitern, in: Krefelder Miniaturen, Krefeld 1967, S. 295.

2 Vgl.: A. Kat. Krefeld 1982, Johan Thorn Prikker, Schritte nach draußen, Werke bis 1910, Kaiser Wilhelm Museum, Krefeld, 19. 9.–28. 11. 1982, Krefeld 1982, S. 83. Die Schule war aus der im Jahr 1900 eröffneten „Paritätischen gewerblichen Schule" hervorgegangen.

3 Walter Schürmeyer, Heinrich Campendonk, in: Das Kunstblatt, 2, 1918, S. 110. – Ferner: Mathias T. Engels, Heinrich Campendonk, in: Monographien zur rheinisch-westfälischen Kunst der Gegenwart, Bd. 8, Recklinghausen 1958, S. 11. – Ferner: A. Kat. Krefeld 1982, S. 83.

4 Dieses Zitat und alle folgenden Briefzitate sowie zahlreiche biographische Daten sind, sofern nicht anders angegeben, den Briefen Heinrich Campendonks an Herbert Campendonk, Adda Deichmann (später Campendonk), Walter Dexel, Paul van Ostayen, Fritz Stuckenberg und Herwarth Walden entnommen. Sie sind bisher unpubliziert und befinden sich im schriftlichen Künstlernachlaß bzw. im Archiv der Verfasserin. Zu den genauen Angaben und Daten der Briefe vgl. Andrea Firmenich, Heinrich Campendonk (1889–1957) – Leben und expressionistisches Werk. Mit Werkkatalog des malerischen Œuvre, Recklinghausen 1989.

5 A. Kat. Münster 1984, Helmuth Macke, Westfälisches Landesmuseum, Münster 1984, S. 12.

6 A. Kat. Münster 1984, S. 12.

7 Elisabeth Erdmann-Macke, Erinnerung an August Macke, Frankfurt 1987, S. 184.

8 August Macke/Franz Marc, Briefwechsel, Köln 1964, S. 59.

9 a.a.O., S. 60. – Ob dieser Besuch tatsächlich stattgefunden hat, läßt sich nicht belegen.

10 Wassily Kandinsky/Franz Marc, Briefwechsel, Hrsg. Klaus Lankheit, München – Zürich 1983, S. 51 (Anm. zu Brief Nr. 30).

11 Klaus Lankheit, Franz Marc – Sein Leben und seine Kunst, 1976, S. 54, 88 f. sowie Gustav Vriesen, August Macke, Stuttgart 1957, S. 66, 68.

12 Wassily Kandinsky/Franz Marc (Hrsg.), Der Blaue Reiter, München 1912. (Dokumentarische Neuausgabe, Hrsg. Klaus Lankheit) München 1979, Abb. S. 36.

13 Klaus Lankheit 1976, S. 86.

14 Wassily Kandinsky/Franz Marc 1983, S. 67.

15 Abschrift des Briefes Flechtheim an Marc in einem Brief Marcs an August Macke, vgl. August Macke/Franz Marc 1964, S. 82.

16 August Macke/Franz Marc 1964, S. 82.

17 A. Kat. München 1911, Die Erste Ausstellung der Redaktion „Der Blaue Reiter", Galerie Thannhauser, 18. 12. 1911 – 3. 1. 1912, München 1911, S. 4, Nrn. 13 u. 14.

18 Vgl. dazu: Andrea Firmenich 1989, S. 29, Anm. 2.

19 A. Kat. Bonn 1979, Die Rheinischen Expressionisten – August Macke und seine Malerfreunde, Städtisches Kunstmuseum Bonn, 30. 5. – 29. 7. 1979, Recklinghausen 1979, S. 8. – Ferner: Gustav Vriesen 1957, S. 95.

20 A. Kat. Berlin 1912.

21 Wassily Kandinsky/Franz Marc 1983, S. 163f.

22 A. Kat. Bonn 1979, S. 10–31, 51. – Die Aquarelle sind bisher nicht als erhalten bekannt.

23 A. Kat. Berlin 1913, Der Sturm, Erster Deutscher Herbstsalon, Internationale Kunstschau, Galerie der Sturm, Berlin, 20. 9.–1. 12. 1913, Berlin 1913, S. 14, Nrn. 67–71.

24 Paul van Ostayen, Heinrich Campendonk, in: Valori Plastici, Jg. 2, Nr. 2, 1920/21. – Ferner widmete er Campendonk ein Gedicht (in: Verzameld Werk I, Amsterdam 1963, S. 97).

25 Vgl. A. Kat. Krefeld 1960, Heinrich Campendonk, Museum Haus Lange, Krefeld, 25. 5.–17. 7. 1960, Krefeld 1960, S. 97.

26 A. Kat. Düsseldorf 1924, Kunstverein für die Rheinlande und Westfalen, August 1924, Düsseldorf 1924.

27 Anna Klapheck, Die „goldenen" zwanziger Jahre – Die Akademie zwischen den Kriegen, in: A. Kat. Düsseldorf 1985, Am Anfang, Das Junge Rheinland, Zur Kunst und Zeitgeschichte einer Region 1918–1945, Kunsthalle Düsseldorf, 9. 2.–8. 4. 1985, Düsseldorf 1985, S. 68f.

28 Campendonk wurde nicht 1933, wie bisher in der Literatur angenommen, fristlos entlassen, sondern zunächst nur beurlaubt.

29 Kitty Zijlmans, Een ongewenste vreemdeling – Heinrich Campendonk, in: Jong Holland, Nr. 3, Jg. 1, 1985, S. 8.

30 Hans Jaffé, Emigration aus dem Bereich der Bildenden Kunst: Der Fall Campendonk, in: Die Niederlande und das deutsche Exil 1933–1944, Königstein 1982, S. 226–236.

31 Hans Jaffé 1982, S. 230.

32 Wolfgang Willrich, Säuberung des Kunsttempels – Eine kunstpolitische Kampfschrift zur Gesundung deutscher Kunst im Geiste nordischer Art, München 1937, S. 167.

33 Vgl. ferner: Andrea Firmenich, 1989, S. 46f.

34 Vgl.: Franz Roh, ‚Entartete' Kunst – Kunstbarbarei im Dritten Reich, Hannover 1962, S. 53–56.

2 Schmetterling (Musterzeichnung), 1905

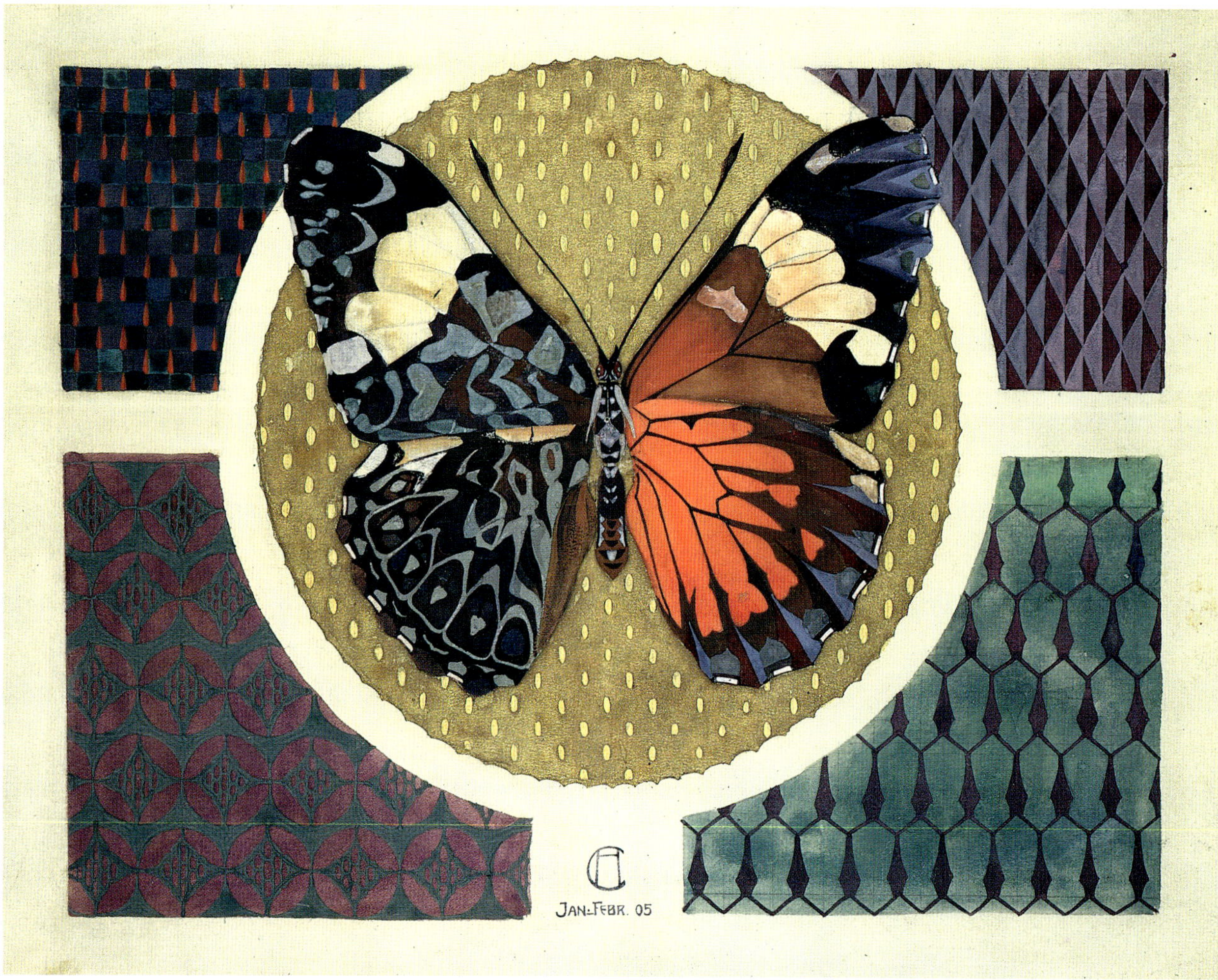

Sabine Röder

Anfänge: Thorn Prikker und die Kunstgewerbeschule Krefeld

Als der junge Heinrich Campendonk 1905 an die Krefelder „Handwerker- und Kunstgewerbeschule" kam, um den Unterricht in „Naturstudien und Lithographie" bei Johan Thorn Prikker aufzunehmen, geriet er mitten in eine euphorische Erneuerungsstimmung hinein. Ein gutes Jahr zuvor waren die gewerblichen Schulen zur neuen Kunstgewerbeschule zusammengeführt und mit einem höchst modernen Programm versehen worden, das sie den Prinzipien der kunsthandwerklichen Reformbewegung verpflichtete: An die Stelle von einseitigem Kopieren bewährter historischer Vorlagen sollte der selbständige, schöpferische Entwurf treten, der Funktionalität und künstlerische Form miteinander zu verbinden weiß. Eine „neuzeitige Kunstauffassung" wurde als oberstes Erziehungsziel formuliert,[1] verwirklicht durch die Kombination von freien künstlerischen Übungen und solider handwerklich-technischer Ausbildung.

Einer der tragenden Mitbegründer der neuen Schule war Friedrich Deneken, der damalige Direktor des Kaiser Wilhelm Museums. Im Gegensatz zu seinem Nachfolger Max Creutz stand er zwar der zeitgenössischen modernen Malerei eher reserviert gegenüber, unterhielt jedoch rege Kontakte zu zahlreichen Vertretern des sich aus dem Jugendstil heraus entwickelnden fortschrittlichen Designs. So führte er z. B. mit Hermann Muthesius einen intensiven Briefwechsel, und auch die Entwerfer der Münchner „Vereinigten Werkstätten", insbesondere Richard Riemerschmid und Bernhard Pankok waren ihm gut bekannt.[2]

Henry van de Velde und Peter Behrens kamen zeitweise nach Krefeld, um Entwürfe für die heimische Industrie anzufertigen. Die von ihnen gestalteten Stoffmuster, Tapeten, Bucheinbände und druckgrafischen Erzeugnisse fanden breite Aufmerksamkeit, und bald war der Gedanke geboren, Krefeld zu einem Zentrum der Förderung und Ausbildung junger, moderner Kunsthandwerker zu machen.

Dazu mußte natürlich auch der Lehrkörper der neu gegründeten Schule entsprechend erweitert bzw. umbesetzt werden. Künstlerpersönlichkeiten waren gefragt, die in der Lage sein sollten, den Schülern sowohl fortschrittlich-künstlerische Ideen als auch handwerklich-praktische Fähigkeiten zu vermitteln. Denekens Augenmerk richtete sich besonders auf die Niederlande, wo sich im Zusammenhang mit „Arts and Crafts" in Den Haag und der theosophischen Vereinigung in Amsterdam ein Kreis interessanter Gestalter gebildet hatte. Der Gedanke einer ästhetischen Erneuerung aller Lebensbereiche aus einem zentralen spirituellen Prinzip heraus prägte die Entwürfe von J. L. M. Lauweriks und Hendryk Berlage, um die man sich bemühte, und beeinflußte auch den Maler Johan Thorn Prikker, der Deneken vermutlich von Henry van de Velde empfohlen worden war.[3]

1904 kam Thorn Prikker als Lehrer an die Krefelder Kunstgewerbeschule. Obgleich er in seiner Krefelder Zeit regelmäßig Entwürfe für Plakate, Textilien und anderes schuf, war doch für ihn als Maler die Monumentalkunst, insbesondere die Wandmalerei sein eigentliches Anliegen. Als Folge seiner beharrlichen Bemühungen wurde später „Dekoratives Malen" explizit in das Programm der Schule aufgenommen.[4]

Thorn Prikker war zwar nur nebenamtlich eingestellt und geriet mit seinem exzentrischen Auftreten und ausgefallenen Anschauungen auch bald in Konflikte, doch gewann er großen Einfluß in Krefelder Künstlerkreisen und wußte die junge Generation für sich zu begeistern. Heinrich Campendonk und Helmuth Macke gehörten zu den Schülern, die den Maler glühend verehrten und sich in ihrer Ausbildung auf sein Vorbild konzentrierten.

Zu den ersten Kursen, die Campendonk 1905 absolvierte, gehörte ein Musterzeichnerkursus an der Webschule. Thorn Prikker hatte er zu diesem Zeitpunkt schon kennengelernt, und er überredete den jungen Maler Will Wieger, ebenfalls in die Klasse des Niederländers überzuwechseln.[5]

Zu den frühesten erhaltenen Arbeiten aus dieser Zeit gehört die sorgfältig ausgearbeitete Musterzeichnung eines Schmetterlings (Kat.-Nr. 2). Sie zeigt, daß es offenbar zu den Aufgaben der Schüler gehörte, aus den Farben und Formen der Natur ein abstraktes Muster zu entwickeln, das für Stoffe oder Tapeten geeignet war. Auch der Unterricht in „Naturstudien und Lithographie" sollte nach den Vorstellungen der Kunstgewerbeschule in erster Linie zweckgebundene Inhalte vermitteln: „Naturstudien" bedeutete zwar das Zeichnen von „Landschaft und Tier im Freien in verschiedensten Techniken"[6], das Ziel der Übung bestand jedoch letztlich in der Fähigkeit zur Stilisierung von Naturformen. Ein Konzept, das die Orientierung an den Vorstellungen des Jugendstils deutlich erkennen läßt. Das Fach „Lithographie" umfaßte dementsprechend die Gestaltung von Plakaten, Einladungskarten und anderen druckgraphischen Erzeugnissen.

Einen guten Eindruck von den Vorbildern und Erwartungen in diesem Bereich vermittelt die Ausstellung „Linie und Form" 1904 im Kaiser Wilhelm Museum. Außer Henry van de Velde, der ja bereits in den Jahren zuvor in Krefeld beispielhafte Entwürfe angefertigt hatte, war auch Thorn Prikker mit mehreren Arbeiten vertreten.[7]

Alle seine Entwürfe, u. a. für das Plakat der Ausstellung, basieren auf der Umwandlung von Tierkörpern in ein strenges ornamentales Liniengefüge. Die Farben besitzen vor allem kolorierende Funktion. Flächig in Farbfeldern aufgetragen, sind sie ganz auf den graphischen Reiz der Farblithographie ausgerichtet. Heinrich Cam-

6 Stehender männlicher Akt, um 1907

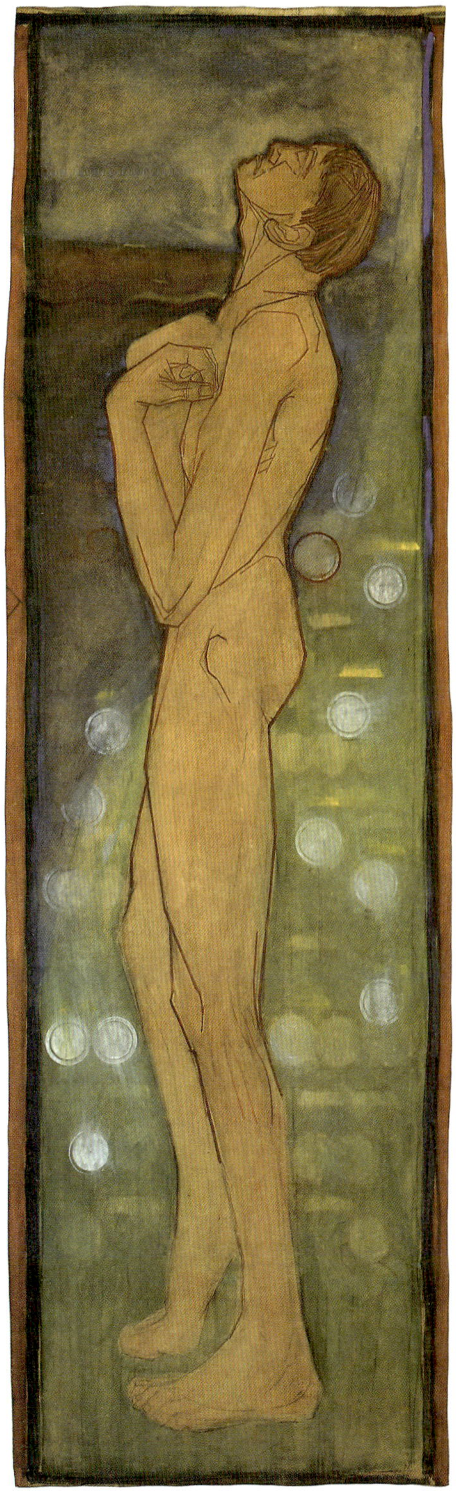

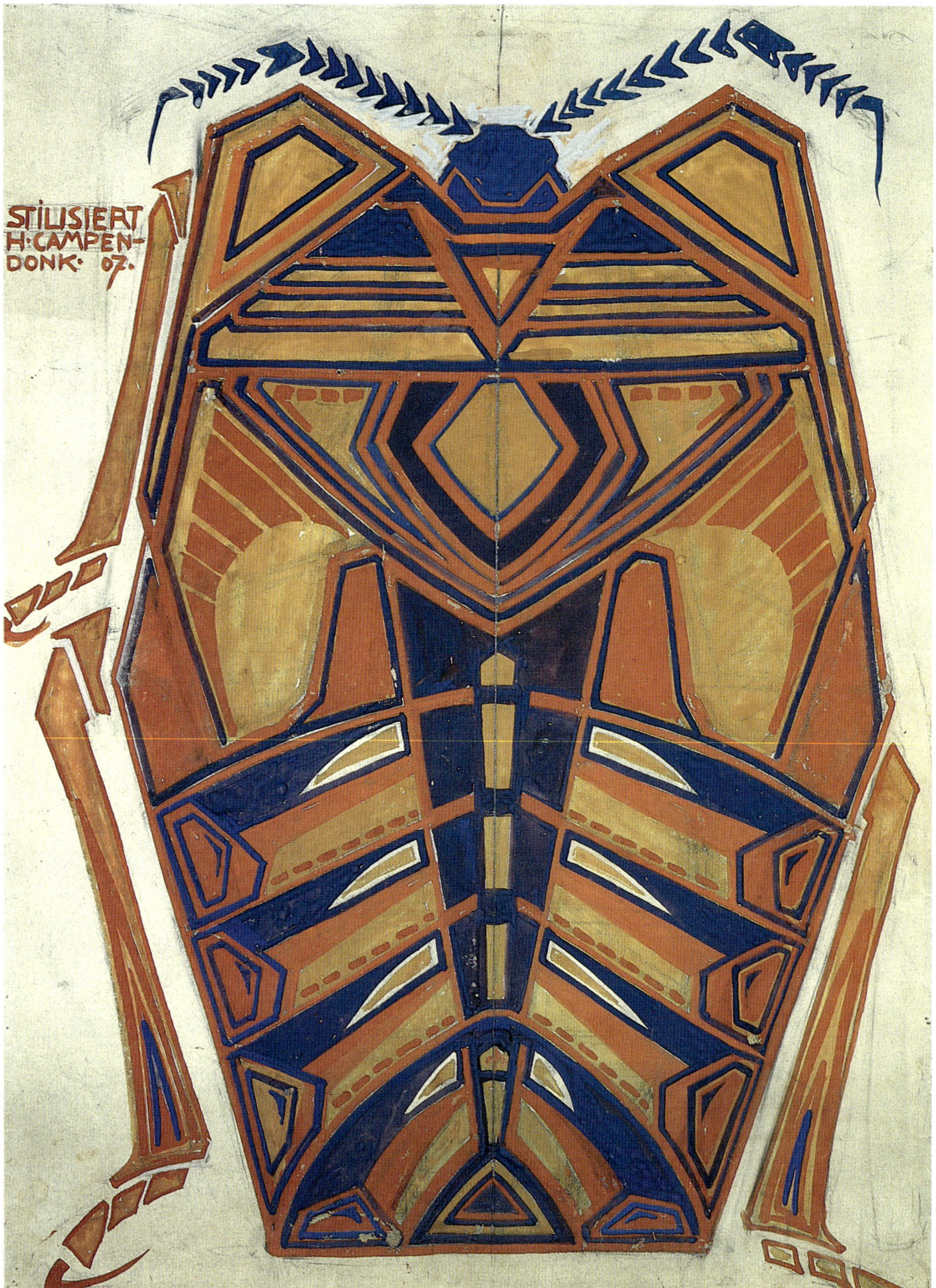

7 Stilisiert, 1907

Der Hl. Julian jagend, um 1907

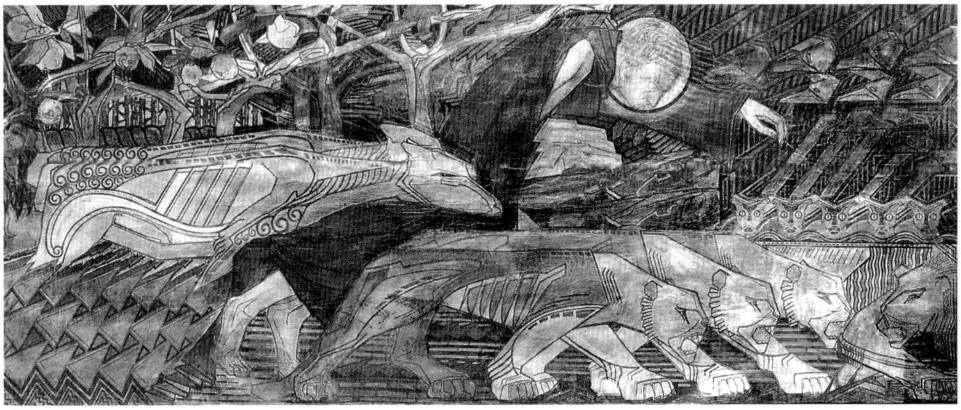

pendonk lehnte sich in seinen Schülerarbeiten von 1907 so an die Werke seines Lehrers an, daß sie fast austauschbar erscheinen. So ließe sich die stilisierte Darstellung eines Käfers (Kat.-Nr. 7) problemlos in die erwähnte Reihe von Plakatentwürfen Thorn Prikkers einordnen.

Das gleiche gilt für den Bereich der Wandmalerei, der Thorn Prikker besonders am Herzen lag, denn er fühlte sich ja als „freier" Künstler mit deutlichem Schwerpunkt auf der Monumentalmalerei. Auch bei seinen Schülern bemühte er sich in erster Linie darum, einerseits ihre individuellen künstlerischen Fähigkeiten zu fördern und sie andererseits in die mystische Gedankenwelt und symbolistische Formensprache seiner eigenen Bilder einzuweihen. Von Campendonk sind zwei Arbeiten erhalten, mit denen er inhaltlich und formal den Lehrer auf verblüffende Weise nachahmt. „Der Hl. Julian jagend" (Abb. S. 45),[8] ein riesiger querformatiger Karton, vermutlich der Entwurf für ein Wandfries, variiert ein Thema von Gustave Flaubert, das in den Kreisen der niederländischen Symbolisten beliebt war: Die Legende des „St. Julien l'Hospitalier" war von Thorn Prikker bereits 1891 illustriert worden.[9] 1904 präsentierte er auf der „Ersten Ausstellung des Krefelder Künstlerkreises" den Entwurf für ein Wandgemälde mit dem Motiv des jagenden Heiligen,[10] das Campendonk offensichtlich als Vorlage gedient hat. Doch obgleich er Thorn Prikker in Motiv, Technik, Format und vor allem der linearen Auffassung der Figuren unmittelbar folgt, hat er in bezug auf die Komposition einen erstaunlich eigenständigen Entwurf geschaffen. Während bei Thorn Prikker Tiere und Menschen in symmetrischer Anordnung die Bildfläche wie ein Teppichmuster bedecken, reduziert Campendonk die Figuren und konzentriert sich auf die muskulösen Körper der Löwen, die sich in geduckter Haltung vorsichtig an das Wild heranpirschen.

Eine weitere Arbeit aus dem Jahre 1907 – „Stehender männlicher Akt" (Kat.-Nr. 6) – verweist ebenfalls auf den Stil von Thorn Prikker sowie ein charakteristisches Motiv des niederländischen Symbolismus[11]: In einem diffusen, lichtdurchfluteten Raum streckt sich der nackte, asketische Körper eines jungen Mannes empor, das Gesicht verklärt dem Himmel zugewandt, die Hände in demütiger Erwartung der Brust zugeneigt. Die esoterische Symbolik ist deutlich: Die auratische Erscheinung, das Bad im mystischen Licht verkörpern das höhere Ziel des Lebens – die spirituelle Erleuchtung des Menschen. Ähnliche Darstellungen finden sich auch unter den frühen, theosophisch beeinflußten Werken Mondrians, wie z. B. „Evolution"[12] von 1910.
Die Naturstudien bildeten den zweiten wichtigen Schwerpunkt der Ausbildung an der Kunstgewerbeschule. Auch hier verstand es Thorn Prikker, seinen Schülern sowohl einen unakademischen malerischen Zugang zur Landschaft als auch einen wichtigen Aspekt seines esoterischen Weltbildes – die Naturmystik – zu erschließen. Er zog regelmäßig mit ihnen hinaus aufs Land, um sie dort inmitten der Natur Landschafts- und Tierzeichnungen anfertigen zu lassen und ihnen ein Gefühl für die Pleinair-Malerei zu vermitteln. Eine amüsante Fotografie aus jenen Jahren zeigt Campendonk und seine Mitschüler auf einer Kuhwiese ernsthaft bei der Arbeit (Abb. S. 48).
Thorn Prikker selbst hatte in den Jahren zuvor neben seinen kunstgewerblichen Arbeiten eine Reihe von Wachskreideblättern mit Landschaftsstudien angefertigt.[13] Die Stricheltechnik läßt deutlich den Einfluß der französischen Pointillisten und belgischen Luministen erkennen, die ihm vertraut waren. Die Erscheinungen der Natur verwandelt er in ein flächig-ornamentales Gewebe von Farbstrichen und berührt damit die Grenzen zur Abstraktion.
Von Campendonk sind nur wenige Werke aus dieser Zeit erhalten (Kat.-Nr. 4, 5, 8, 9). Sie zeigen, daß auch er sich in einem pointillistischen Stil übt, jedoch wesentlich freier aus der Farbe heraus arbeitend, d. h. weniger ornamental als sein Lehrer.
Die Arbeit in der freien Natur besaß für Thorn Prikker keinen Selbstzweck, sondern stellte eher eine Art persönliche und künstlerische Vorarbeit für das eigentlich zu schaffende Kunstwerk dar, wobei jedoch die mystische Naturerfahrung noch wichtiger schien als allzu nüchterne Naturbeobachtung. Sie bringt den Maler der „Erfahrung des universalen Seins" ein Stück näher, reinigt seinen Geist von allem traditionellen Ballast, um dann in einem zweiten Schritt aus dem Liniengefüge der Natur heraus die Grundformen für die symbolhafte Darstellung zu gewinnen. Die Form soll in sich eine der Natur allgemein zugrunde liegende geistige Struktur

widerspiegeln und so alles Zufällige und Individuelle transzendieren.[14] Die sogenannte „Primitive" Kunst, die mittelalterliche Tafelmalerei oder die byzantinischen Mosaike erschienen Thorn Prikker in dieser Beziehung vorbildlich: Hier war in seinen Augen noch ein unverfälschtes Empfinden für die ursprüngliche geistige Form spürbar, geschaffen von einer Gesellschaft, die im Einklang mit der Natur lebt und deren religiöse Basis noch nicht in Frage gestellt wird.

Thorn Prikker gehörte zwar einer älteren Generation an, doch das Anliegen, im Zuge der geistigen Erneuerung auch eine neue Bildsprache zu entwickeln, die einerseits auf dem Erlebnis der Natur und andererseits auf der Kunst einfacher „unverdorbener" Gesellschaften beruht, war in höchstem Maße zeitgemäß und zukunftsweisend. Die Maler der „Brücke" bewunderten zur gleichen Zeit die spontanen bildnerischen Ausdrucksformen der Südseevölker. Kandinsky und Marc wiederum beschäftigten sich kurze Zeit später intensiv mit der Volkskunst, in deren naiver Bildwelt sie noch Spuren der ersehnten künstlerischen Ursprünglichkeit zu erkennen glaubten. Die geistige Verwandtschaft mit den Ideen des Niederländers erkannten auch die Künstler des „Blauen Reiter", denn sie wurden in ihren Kreisen lebhaft diskutiert.[15] Als Anreger und Vermittler war August Macke tätig gewesen, der engen Kontakt zu Thorn Prikker hielt und ihn regelmäßig in Krefeld besuchte. Er war es auch, der 1910 seinen Vetter Helmuth Macke, den Freund und Mitschüler von Campendonk, nach Bayern holte und die persönliche Verbindung zu Franz Marc herstellte. Campendonk blieb ebenfalls von den Ideen seines Lehrers beeinflußt, und so erscheint es um so verständlicher, daß er sich 1911 begeistert in das Leben der Künstler in der Nähe von München einfügte. Hier bot sich ihm das, was er zuletzt am Ende seiner Ausbildungszeit in Krefeld genossen hatte: das Arbeiten inmitten einer harmonischen ländlichen Natur und zugleich die Teilnahme an einer lebhaften künstlerischen Auseinandersetzung, die für ihn die Weiterentwicklung bekannter Ideen bedeutete.

In bezug auf sein konkretes malerisches Werk hatte sich Campendonk bereits von Thorn Prikker gelöst, als er zum „Blauen Reiter" kam. Hinter ihm lagen drei Jahre, in denen er sich intensiv um einen eigenständigen Weg als „freier" Künstler bemüht hatte. Nach Beendigung seiner Ausbildung an der Kunstgewerbeschule mietete er 1909 gemeinsam mit seinen ehemaligen Mitschülern Helmuth Macke, Walter Giskes und Will Wieger ein Atelier auf dem Lande, um sich dort der Landschaftsmalerei zu widmen. Sie gehörten sicherlich zu jenen Absolventen, über die sich die Krefelder Handwerkerschaft beschwerte, daß sie sich allzu sehr als Künstler und weniger als Kunsthandwerker fühlten.[16]

Campendonk, H. Macke u. Wieger · Campendonk u. Mitschüler, 1906

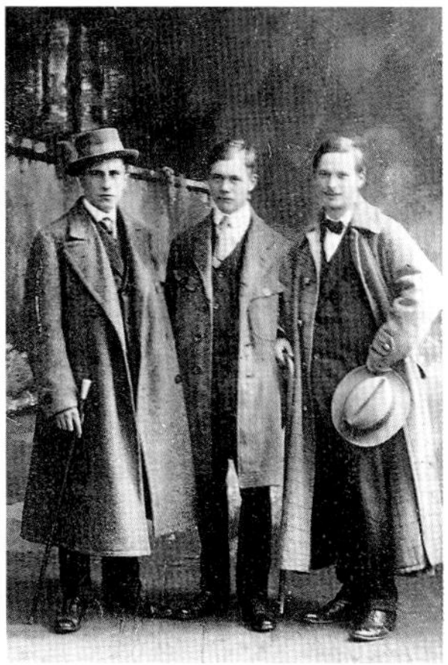

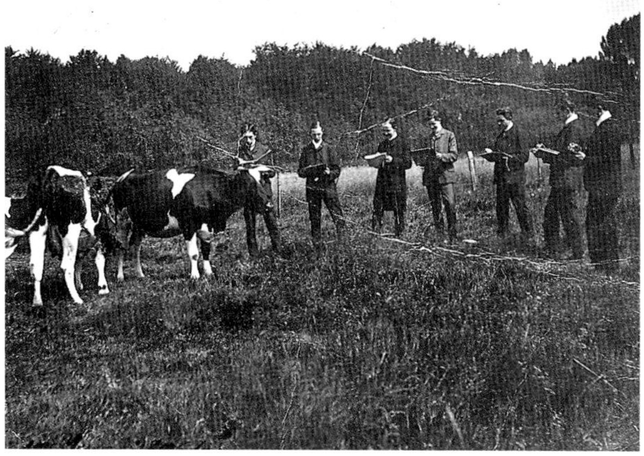

Die jungen Maler fühlten instinktiv, daß die am Jugendstil orientierten Wandmalereien von Thorn Prikker für sie nicht mehr wegweisend sein konnten. Um so heftiger reagierten sie jedoch auf die Malerei von van Gogh und Cézanne, die sie im Rahmen ihrer „Naturstudien" kennengelernt hatten. An dieser Stelle muß betont werden, daß die Bedeutung von Thorn Prikker für die Vermittlung der modernen französischen Malerei am Niederrhein vor 1910 kaum unterschätzt werden kann.[17] Obgleich er im Jugendstil und Symbolismus verwurzelt war, erkannte er Maler wie Seurat, van Gogh und Cézanne doch als wesentliche Schrittmacher auf dem Weg zu einer Erneuerung der Tafelmalerei. Für die junge Generation in Deutschland scheint im nachhinein betrachtet die Auseinandersetzung mit den Impressionisten, Pointillisten, van Gogh und Cézanne allgemein unabdingbar gewesen zu sein für die Entwicklung neuer Bildformen. Thorn Prikker empfand die ausschließliche Beschäftigung mit der französischen Malerei jedoch als schädlich. In den Gemälden van Goghs zum Beispiel vermißte er die innere Distanz. Sie waren ihm zu subjektiv, zu stark aus der Farbe heraus entwickelt.[18] Die Bestätigung erhielten Campendonk und seine Freunde dagegen von August Macke und Heinrich Nauen. Letzterer war ebenfalls ein begeisterter Anhänger von van Gogh, hatte in jener Zeit aber auch schon in Berlin Werke der „Brücke"-Maler kennengelernt.[19] Die wenigen erhaltenen Arbeiten von Campendonk aus jenen Jahren zeigen einerseits zwar eine zunehmende Sicherheit im Umgang mit den malerischen Mitteln, doch trotz aller Qualität der Darstellung bleiben sie in Malweise und Motivwahl sehr eng, um nicht zu sagen ängstlich an die großen Vorbilder angelehnt. Meist handelt es sich um Landschaften im Stile van Goghs oder Stilleben, die an

5 Baumstudie, um 1907

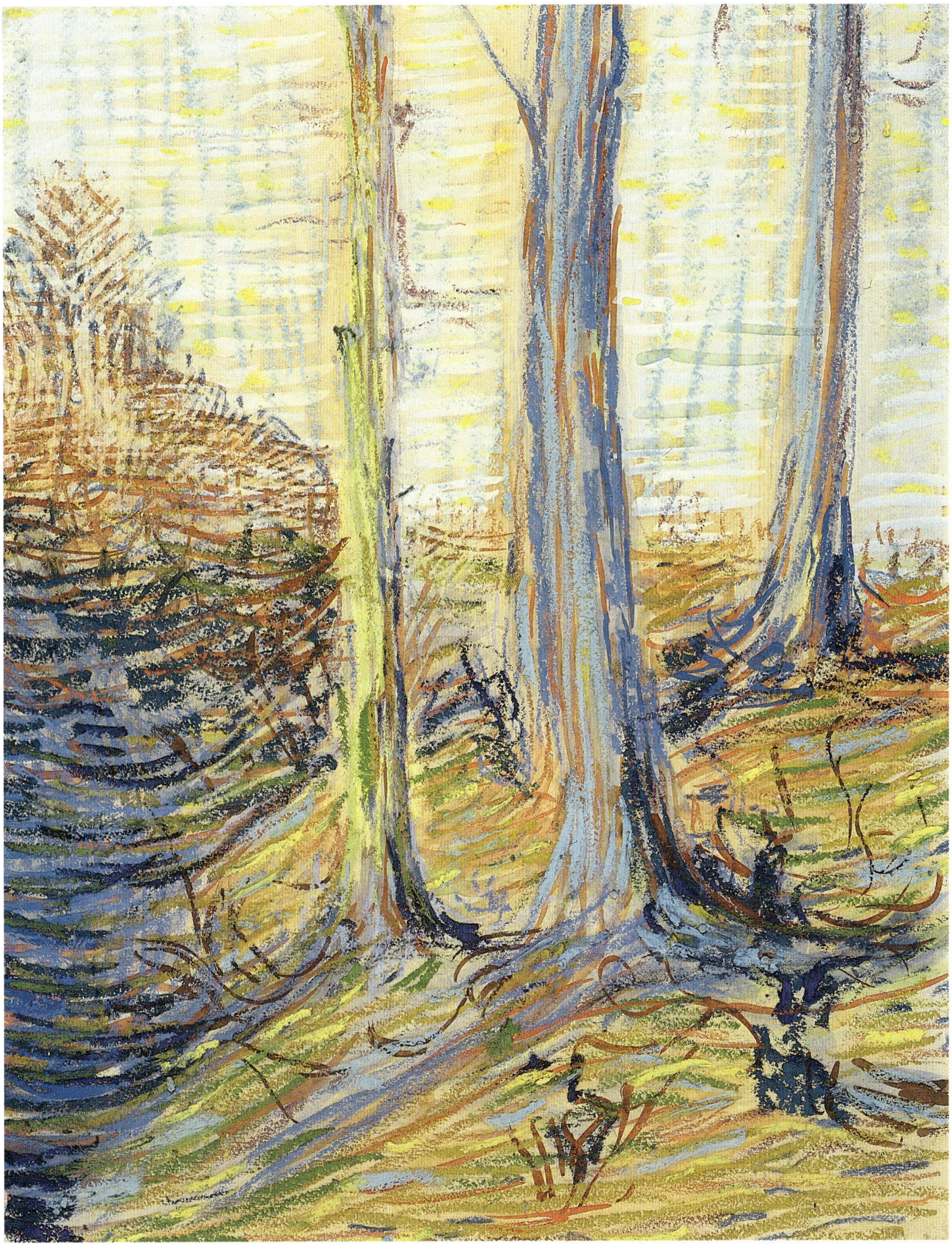

Cézanne erinnern. Dazu gehören u. a. der „Garten an der Moerser Straße" (Kat.-Nr. 4), eine reizvolle in Blaugrün- und Rottönen gehaltene Landschaftsstudie oder das „Stilleben mit Wasserkessel" (Kat.-Nr. 3), in dem die verschwimmende Kontur und glänzende Oberfläche der Kessel aus der Farbe heraus modelliert werden. Oft versuchten sich Campendonk und Helmuth Macke an den gleichen Motiven, wobei sie sich in der malerischen Auffassung sehr nahekamen, wie zum Beispiel bei dem zuvor erwähnten Stilleben.[20]

Beide waren mit ihrer Arbeit bald unzufrieden, und auch die persönliche Situation vor allem Campendonks verschlechterte sich sehr schnell. Die kleine Ateliergemeinschaft löste sich bald wieder auf. Thorn Prikker, der sie immer noch wohlwollend begleitet hatte, verließ Krefeld, um zunächst nach Hagen und später nach München zu gehen. August und Helmuth Macke fuhren im gleichen Jahr nach München, wo sie Franz Marc kennenlernten. Campendonk fühlte sich bald isoliert und künstlerisch in der Sackgasse. Er hat sich selbst inhaltlich wenig geäußert über seine Arbeit. Doch von Helmuth Macke, der inzwischen schon neue Anregungen erhalten hatte, findet sich eine treffende Beschreibung des Problems, die sicher auch für Campendonk gilt: „Weißt Du man weiß noch immer nicht genug was man will, durch die neue Vereinigung u. Marc bin ich wieder auf so allerlei Gedanken gebracht worden – zum Beispiel, es ist doch lächerlich, daß wir uns von Cézanne und van Gogh so beherrschen lassen, daß wir uns bestreben die Natur nur mit ihren Augen zu sehen, da sind die Leute der freien Vereinigung doch anders obwohl sie in ihrer Begeisterung für Kunst auch auf Cézanne und van Gogh fußen, so wandeln sie doch ganz andere Wege, möchten möglichst vom Impressionismus und Naturalismus loskommen ...".[21]

Von Helmuth Macke kam auch der entscheidende Anstoß für Campendonk, sein Leben und seine künstlerische Arbeit zu verändern, sich sowohl von den alten Vorbildern als auch von der unmittelbaren Naturanschauung abzuwenden, um mit Hilfe der Künstlergemeinschaft in Bayern einen neuen unabhängigen Weg zu suchen.

4 Garten in der Moerser Straße, um 1907

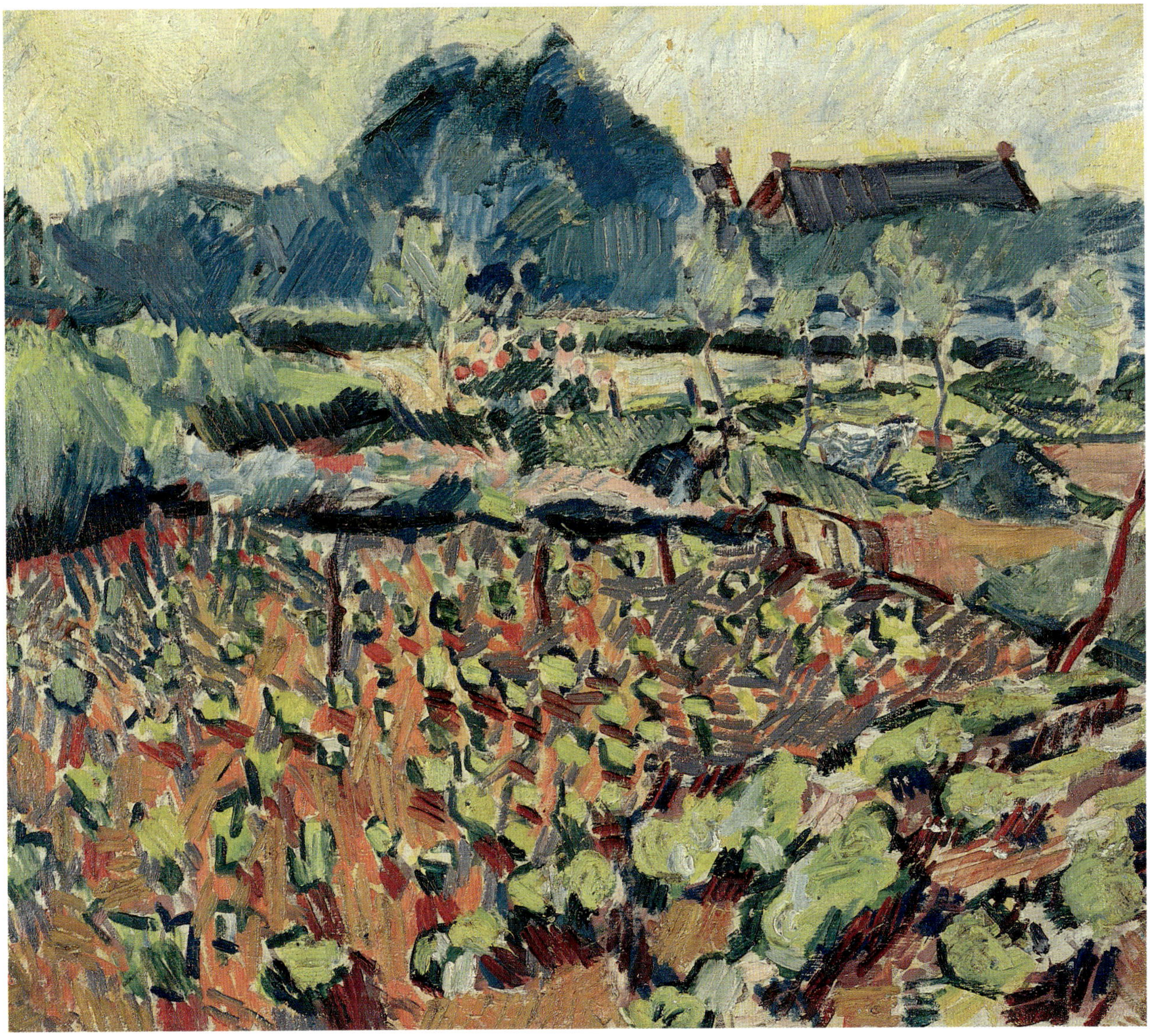

3 Stilleben mit Wasserkessel, um 1907

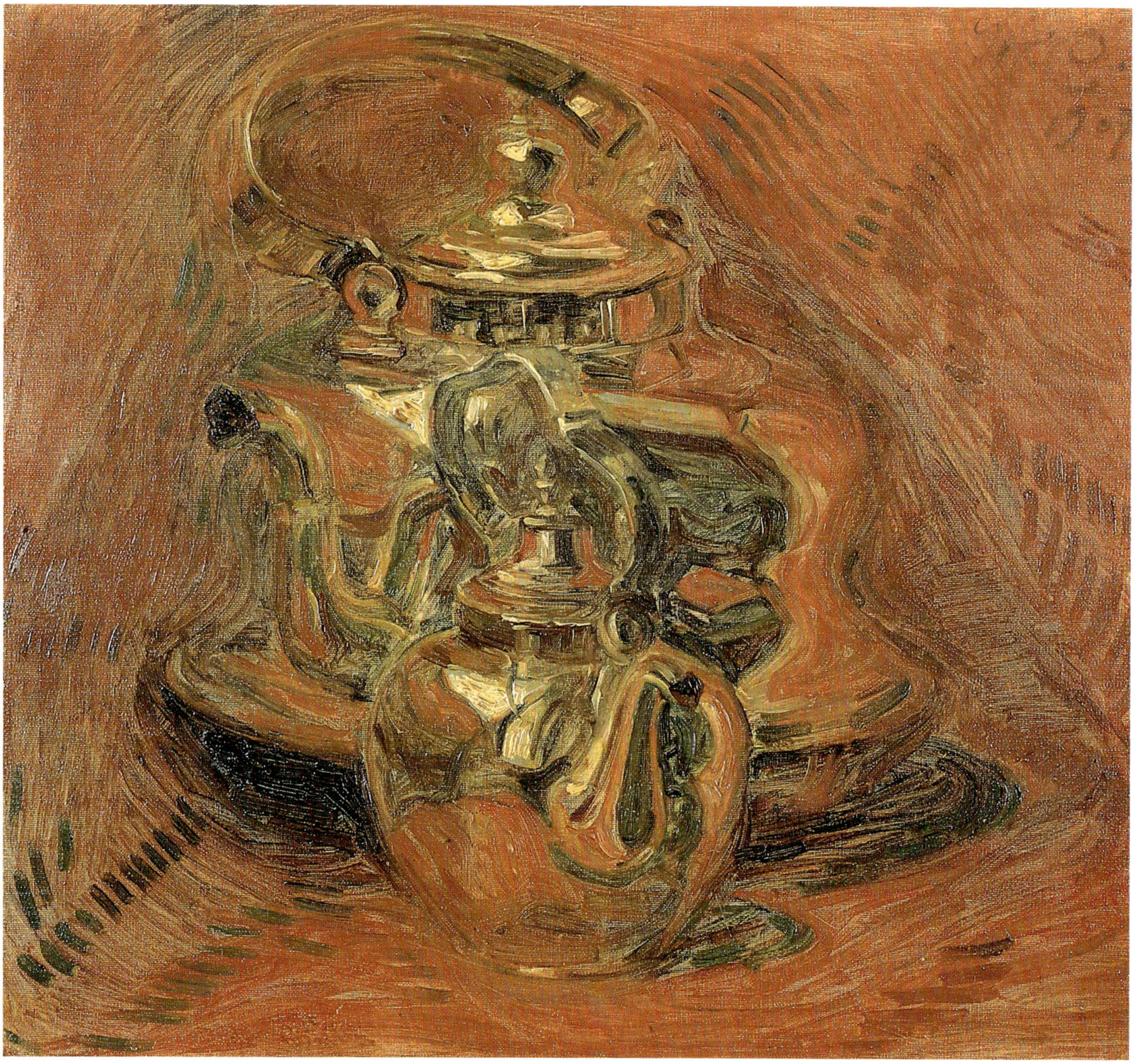

1 Jahresbericht der Gewerblichen Schulen zu Crefeld 1903, S. 10; vgl. auch „Programm der Handwerker- und Kunstgewerbeschule zu Krefeld", Krefeld o.J. (um 1905).

2 Vgl. Gerda Breuer, Geschmacksveredelung am Ort – Auswirkungen einer restaurativen Kulturutopie. Friedrich Denekens Programm der Gewerbeförderung durch das Kaiser Wilhelm Museum, in: Kat. Ausst. Der westdeutsche Impuls 1900–1914. Kunst und Umweltgestaltung im Industriegebiet, Kaiser Wilhelm Museum, Krefeld u.a. 1984, S. 23ff.

3 Vgl. den Beitrag von Julian Heynen in: Kat. Ausst. Johan Thorn Prikker. Werke bis 1910. Kaiser Wilhelm Museum, Krefeld 1982, S. 81f.

4 Vgl. Jahresbericht der Handwerker- und Kunstgewerbeschule zu Crefeld 1909, S. 20; siehe auch Alfred Eppler, Die Handwerker- und Kunstgewerbeschule zu Crefeld, in: Dekorative Kunst, XII., München 4. 1. 1909, S. 177–192.

5 Will Wieger beschreibt die Ausbildungszeit mit Campendonk und Macke bei Thorn Prikker in seinen Lebenserinnerungen. Es handelt sich um ein maschinenschriftliches Manuskript, das mir freundlicherweise von Burkhard Leismann / Münster zur Verfügung gestellt wurde.

6 Programm der Handwerker- und Kunstgewerbeschule zu Krefeld, o.J. (um 1905), S. 17.

7 Kat. Ausst. Linie und Form. Ausstellung formenschöner Erzeugnisse der Natur, Kunst und Technik, 19. April bis 29. Mai 1904, Kaiser Wilhelm Museum, Krefeld, S. 43, Nr. 399–404; Abb. in: Paul Wember, Johan Thorn Prikker: Glasfenster, Wandbilder, Ornamente. 1891–1932, Krefeld 1966, Nr. 6 u. 11–14.

8 „Der Hl. Julian jagend", um 1907, Tempera auf Karton, 150 x 340 cm, Clemens-Sels-Museum, Neuss.

9 Vgl. Kat. Ausst. Krefeld 1982, S. 12.

10 Kat. „Erste Ausstellung des Crefelder Künstler-Kreises", Kaiser Wilhelm Museum, Krefeld 1904, S. 13, Nr. 161. Der Entwurf befand sich in Privatbesitz, ist zur Zeit jedoch nicht auffindbar. Eine fotografische Reproduktion besitzt das Rijksbureau voor Kunsthistorische Documentatie, Den Haag. Nähere Hinweise verdanke ich Joop Joosten, Stedelijkmuseum, Amsterdam, der an einem Verzeichnis der Werke von Thorn Prikker arbeitet.

11 Vgl. Carel Blotkamp, Annunciation of the New Mysticism: Dutch Symbolism and Early Abstraction, in: Kat. Ausst. The Spiritual in Art, Abstract Painting 1890–1985, Los Angeles, New York 1986, S. 89–111, zu Thorn Prikker siehe bes. S. 93f.

12 Abb. in: Ebenda, S. 101.

13 Abb. in: Kat. Ausst. Krefeld 1982, Nrn. 52–66. Vgl. dazu Johanna Luise Wex, Johan Thorn Prikker, Abstraktion und Konkretion in freier und angewandter Kunst, Diss. Bochum 1984, S. 20–25.

14 Vgl. Blotkamp 1986, a.a.O.

15 Vgl. Dominik Bartmann, Helmuth Macke, Recklinghausen 1980, S. 16.

16 Vgl. Eppler 1909, a.a.O., S. 180f.

17 Diese Einschätzung beruht auf Angaben von Burkhard Leismann, der dem Einfluß von Thorn Prikker auf die sog. Rheinischen Expressionisten – darunter auch August Macke – in seiner unveröffentlichten Dissertation über Helmuth Macke ein gesondertes Kapitel gewidmet hat; siehe auch Katherina Schmidt, Macke in Bonn, in: Kat. Ausst. August Macke, Westfälisches Landesmuseum, Münster 1987, S. 67f.

18 Vgl. den Brief von Helmuth Macke an Will Wieger vom 14. 5. 1910, in: Kat. Ausst. Helmuth Macke, Städtisches Kunstmuseum, Bonn u.a. 1984, S. 13.

19 Vgl. Kat. Ausst. Die Rheinischen Expressionisten. August Macke und seine Malerfreunde, Städtisches Kunstmuseum, Bonn u.a. 1979, S. 335–340.

20 Vgl. Helmuth Macke, Stilleben mit Wasserkessel und Rübe, 1910, Abb. in: Kat. Ausst. Bonn 1984, S. 44. Ähnliche Parallelen bestehen zwischen der „Baumstudie" (Kat.-Nr. 5) von Campendonk und den „Waldlandschaften" von H. Macke, Abb. in: a.a.O., S. 42f.

21 Brief H. Macke an Will Wieger, München, 2. 12. 1910, zit. in: a.a.O., S. 14.

10 Springendes Pferd, 1911

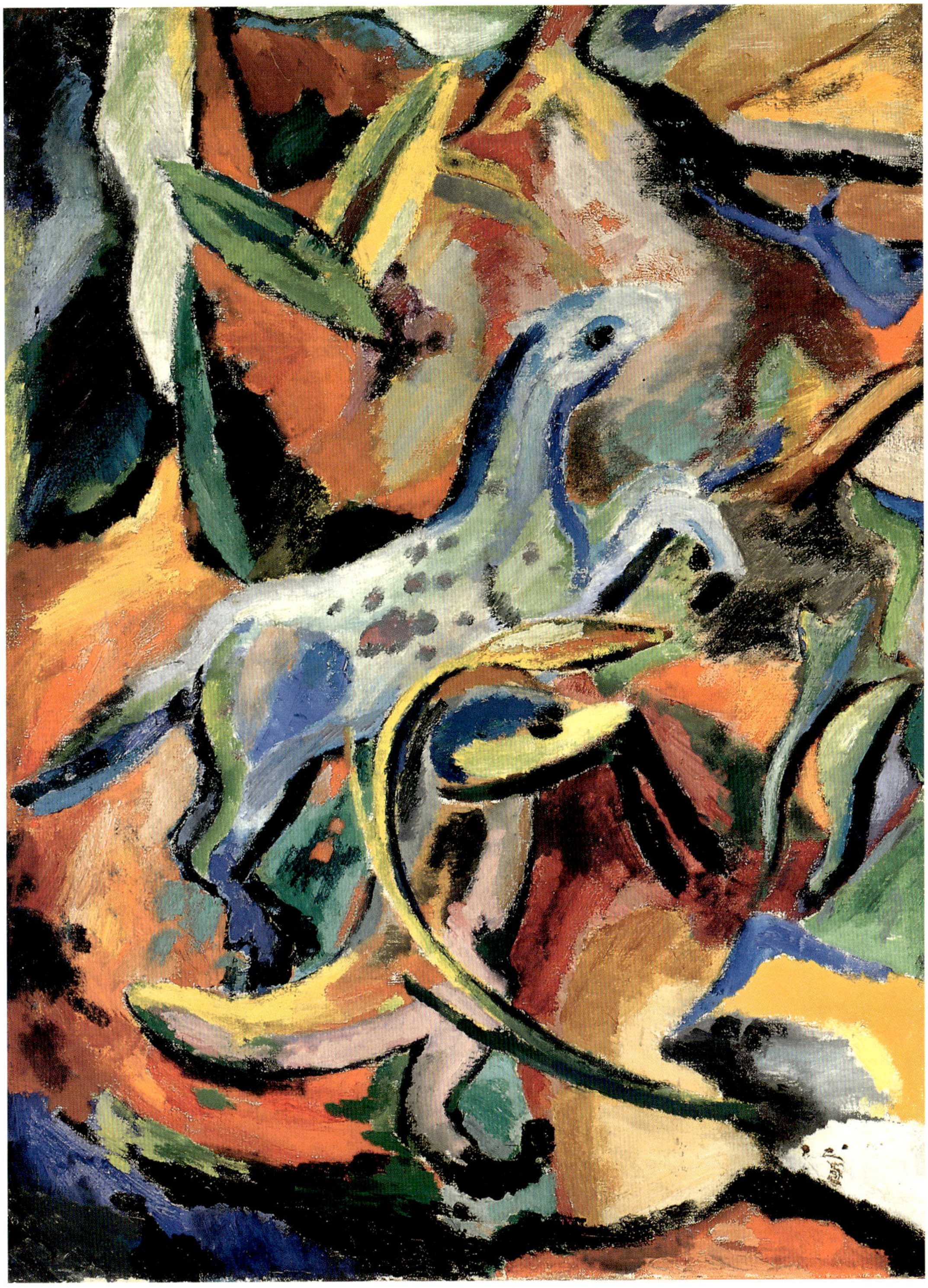

Andrea Firmenich

Im Kreis des Blauen Reiter · Harmonie der Farben und Formen

Neue Formschöpfungen durch neue Impulse (Herbst 1911)

Die Begegnung mit Marc und Kandinsky 1911 in Bayern sollte für Campendonks zukünftiges künstlerisches Schaffen richtungsweisend werden. Campendonks Äußerung vom 1. November 1911: „Was an Förderung notwendig ist, ist hier in einem Maße (vorhanden, d. Verf.) wie nirgends. Ist man einmal draußen, so soll man sich doch auch den besten Leuten anschließen. – Führer wie W. Kandinsky und Marc findest Du höchstens noch in Paris. – Alle Leute von Belang sind ihre Freunde und kommen hierher oder wir suchen sie auf. Ich stecke jetzt mitten drin und habe sogar durch gute Arbeiten verstanden zu imponieren",[1] gibt Zeugnis davon, wie schnell der junge Krefelder Maler in den Kreis der bayerischen Künstler integriert war. Sie zeigt darüber hinaus, daß Campendonk das Wesentliche der Wandlungen, die das Zusammentreffen mit den dortigen Malern für seinen künstlerischen Werdegang mit sich brachte, sogleich erfaßte: Er verstand es, von Beginn seiner Sindelsdorfer Zeit an zu unterscheiden, welche Künstlerpersönlichkeiten für seine Zukunft wichtig werden würden und bezeichnete Marc und Kandinsky als seine „Führer". In seinem Werk der kommenden Jahre sollte sich diese wohl eher intuitive Einstellung bestätigen: Einflüsse und Anstöße von Marc und Kandinsky sprechen aus seinen Bildern. Darüber hinaus verband ihn in diesen Monaten lediglich noch mit August Macke, der im Oktober und November 1911 bei Franz Marc zu Gast weilte, ein verwandtes Ringen um künstlerische Ausdrucksmittel und geistige Inhalte.
Damit aber hatte sich Campendonk in der Tat sogleich den führenden Kräften des Kreises angeschlossen, der kurze Zeit später unter dem Namen „Der Blaue Reiter" mit seiner ersten Ausstellung im Dezember 1911 in München an die Öffentlichkeit trat.[2]
Bei seinem Eintreffen in Sindelsdorf herrschte unter den befreundeten Malern eine rege künstlerische Betriebsamkeit. Der überlieferte Schriftwechsel zwischen Marc und Kandinsky sowie Marc und Macke spiegelt die Intensität der Diskussionen über das künstlerische Gedankengut des Kreises in diesen Monaten lebendig wider.[3] Hieran hatte Campendonk durch seine unmittelbare Nachbarschaft zu Franz Marc Anteil. Er erlebte sogleich die Zeit der Spaltung der „Neuen Künstlervereinigung München" und die Vorbereitungen zur „1. Ausstellung der Redaktion ‚Der Blaue Reiter'" mit. Somit traf Campendonk gerade in dem Moment in Bayern ein, als sich hier unter den Künstlern in München, Sindelsdorf und Murnau entscheidende Wandlungen vollzogen, der „Blaue Reiter" entstand. Diese Aufbruchstimmung,

11 Abstrakte Formen – Gebirgslandschaft, um 1911

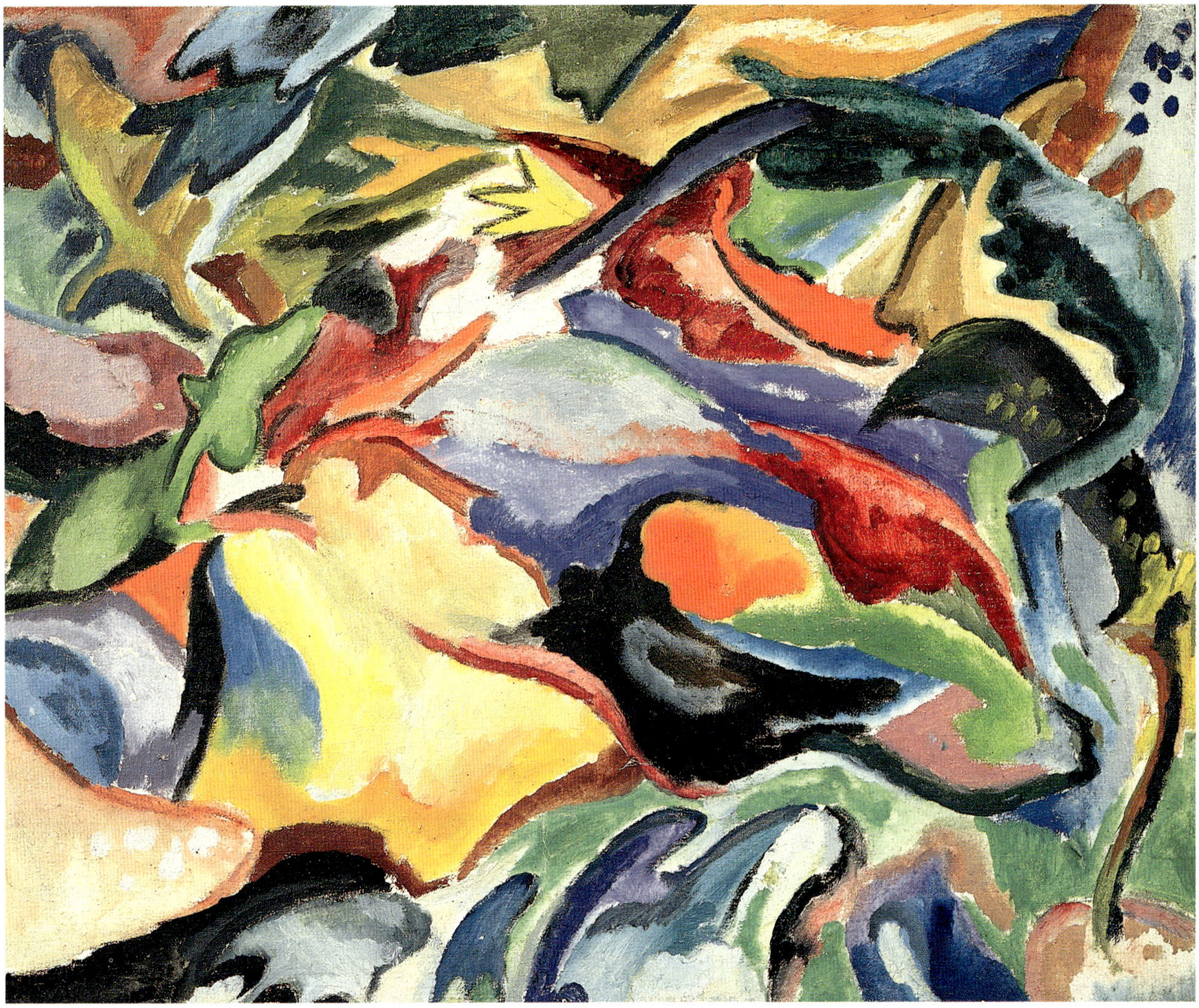

daß Neues „in der Luft lag", faszinierte und ergriff den jungen Maler nach seiner langen künstlerischen Isolation in Krefeld, die ihm zuletzt als „Sackgasse" erschienen war. Marc muß die gemeinschaftliche künstlerische Basis mit dem jungen Krefelder gespürt haben, denn etwa drei Wochen nach Campendonks Ankunft äußerte er sich in einem Brief an Kandinsky positiv über Campendonks Arbeiten: „Campendonk macht fabelhaft gute Sachen. Ich (möchte, d. Verf.) gerne etwas von ihm im bl. Reiter ..."[4] Aufgrund dieses Urteils bildeten er und Kandinsky als Redakteure des Almanachs ein Gemälde Campendonks in ihrem Band ab[5], beteiligten ihn mit drei Bildern an ihrer ersten gemeinsamen Ausstellung[6] und präsentierten eine seiner Arbeiten im Katalog. Zeugten seine letzten in Krefeld entstandenen Werke in ihrer Heterogenität von seiner Suche nach neuen, gültigen Ausdrucksmöglichkeiten, so scheint Campendonk in seinen ersten Sindelsdorfer Bildern, wie „Springendes Pferd" (Kat.-Nr. 10), „Reiter mit Lasso"[7] und „Abstrakte Formen" (Kat.-Nr. 11), eine gewisse Kontinuität in Darstellungsweise und Inhalt gefunden zu haben. Aus ihnen spricht nun vor allem der – expressionistische – Grundsatz, daß sich der Künstler einerseits von der Natur im Sinne eines getreuen Abbildes zu lösen habe, sie aber dennoch Ausgangspunkt jeglichen künstlerischen Schaffens bleiben müsse. Dementsprechend hielt Campendonk im Dezember 1911 in einem Brief fest: „... ich male jetzt ausschließlich alles nach Eindrücken, die ich in der Natur (er)halte, aus dem Kopf."

Dieser Versuch der Emanzipation der Kunst von der Natur im Sinne einer Nachbildung einerseits, der Bezogenheit auf die Natur als Inspirationsquelle und Gegenstand der Malerei andererseits, entsprach den künstlerischen Prinzipien Marcs, Kandinskys und denen der anderen Künstler des „Blauen Reiter".

Stilistisch sind die wenigen erhaltenen Arbeiten Campendonks der ersten Monate in Sindelsdorf von Werken der französischen Fauvisten, die er auf der Sonderbundausstellung 1910 in Düsseldorf kennengelernt hatte, beeinflußt. Gleichermaßen spricht aus ihnen die Anlehnung an Werke Kandinskys. Die weichen, verschlungenen Formen seiner Bilder wirken wie flüchtig und zufällig gesetzt. Bewegte Konturen und fleckig-tupfenhafte Partien lösen die Flächen auf, schaffen eine formale Vielteiligkeit und evozieren einen expressiven Bildausdruck.

Farblich hält sich der Künstler an die „reine" Palette, setzt Komplementärkontraste gegeneinander und hebt damit jegliche Lokalfarbigkeit auf. Schwarze, unruhige Konturen und weiße Partien verstärken diese Kontraste. In jedem Bild herrschen andere Farbgegensätze vor: Bei dem Gemälde „Springendes Pferd", das im Dezember 1911 unter den ausgestellten Werken des „Blauen Reiter" in der Galerie

15 Selbstbildnis, um 1912

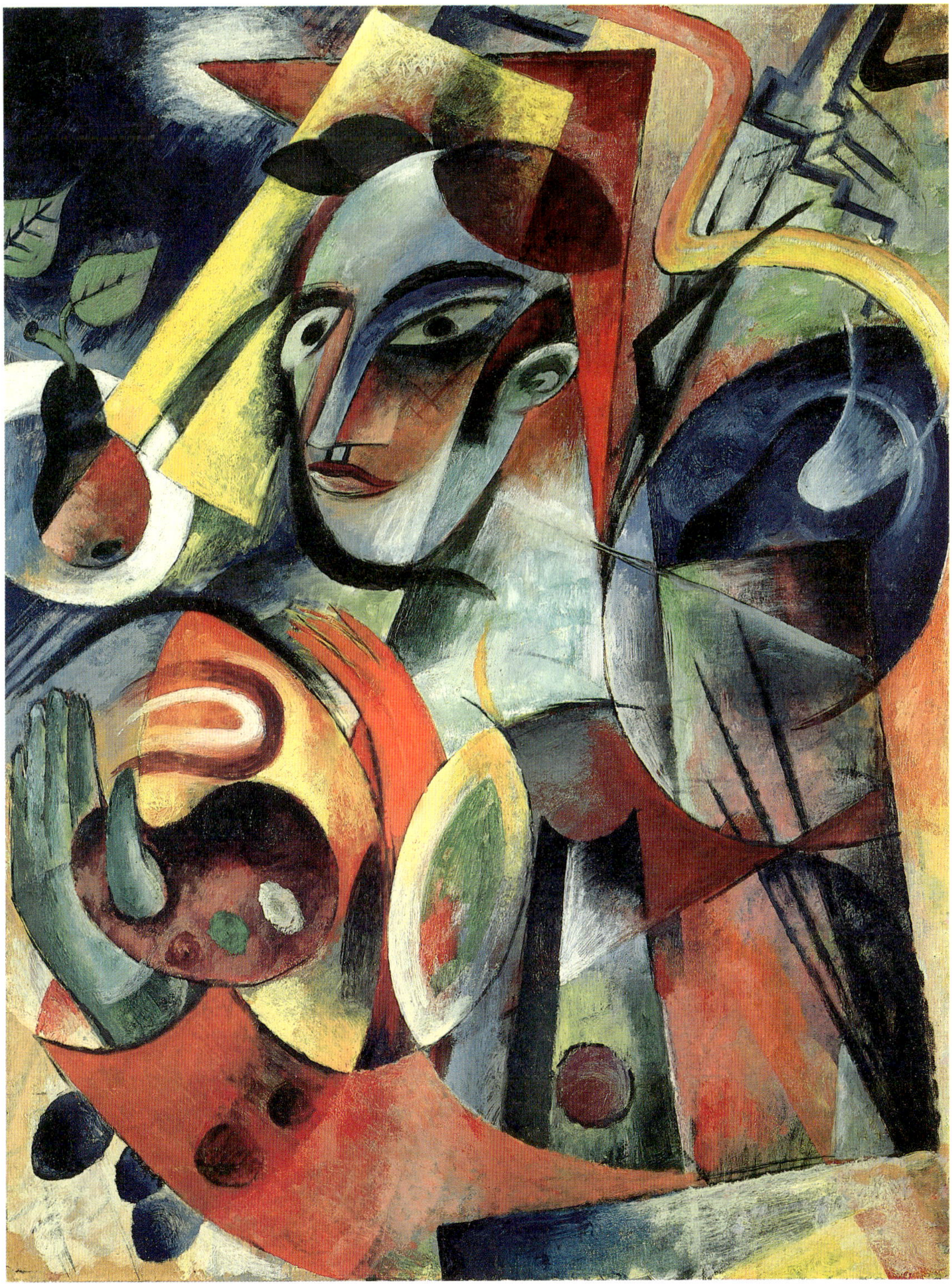

14 Pferdekomposition, 1912

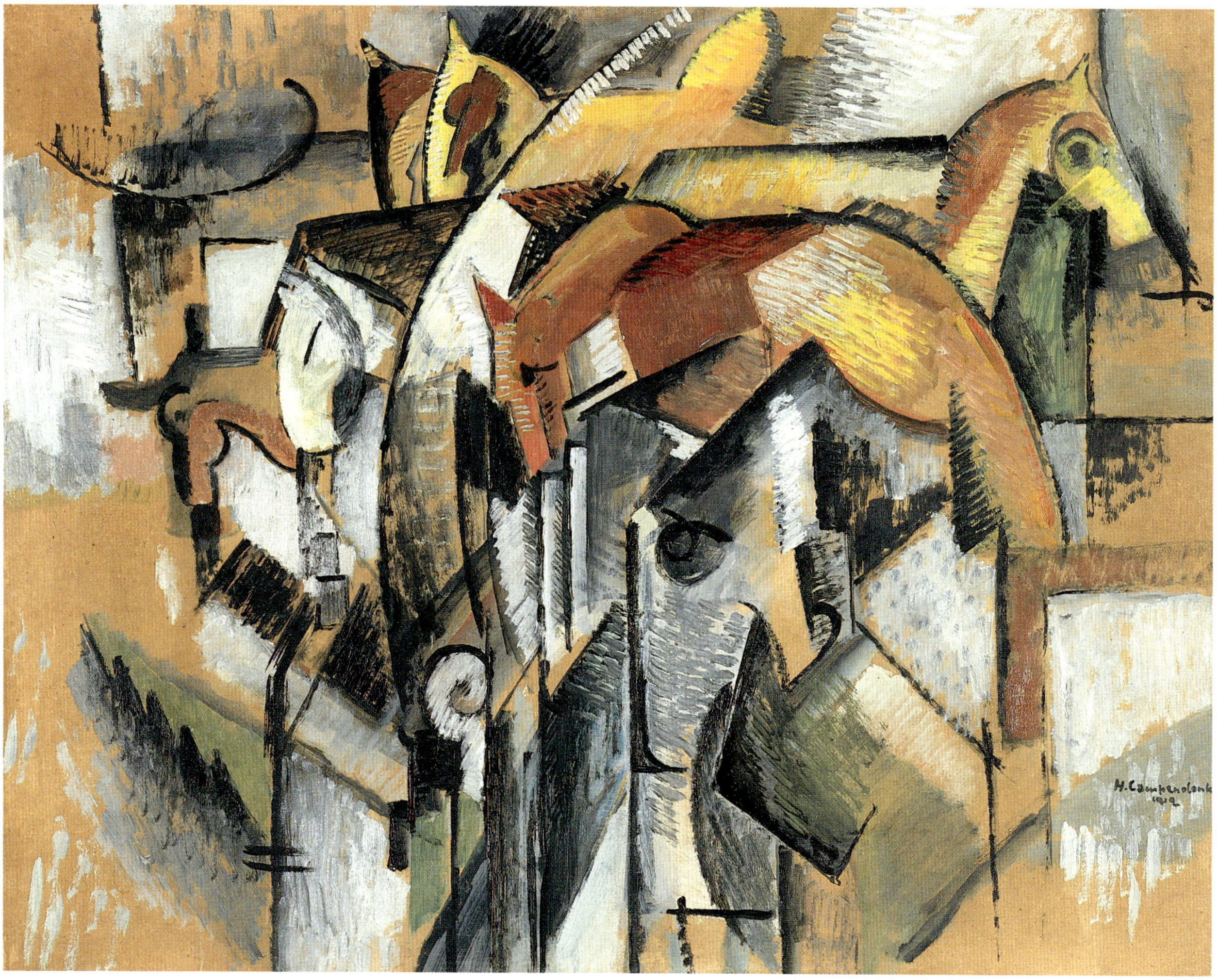

13 Stilleben mit Geige, 1912

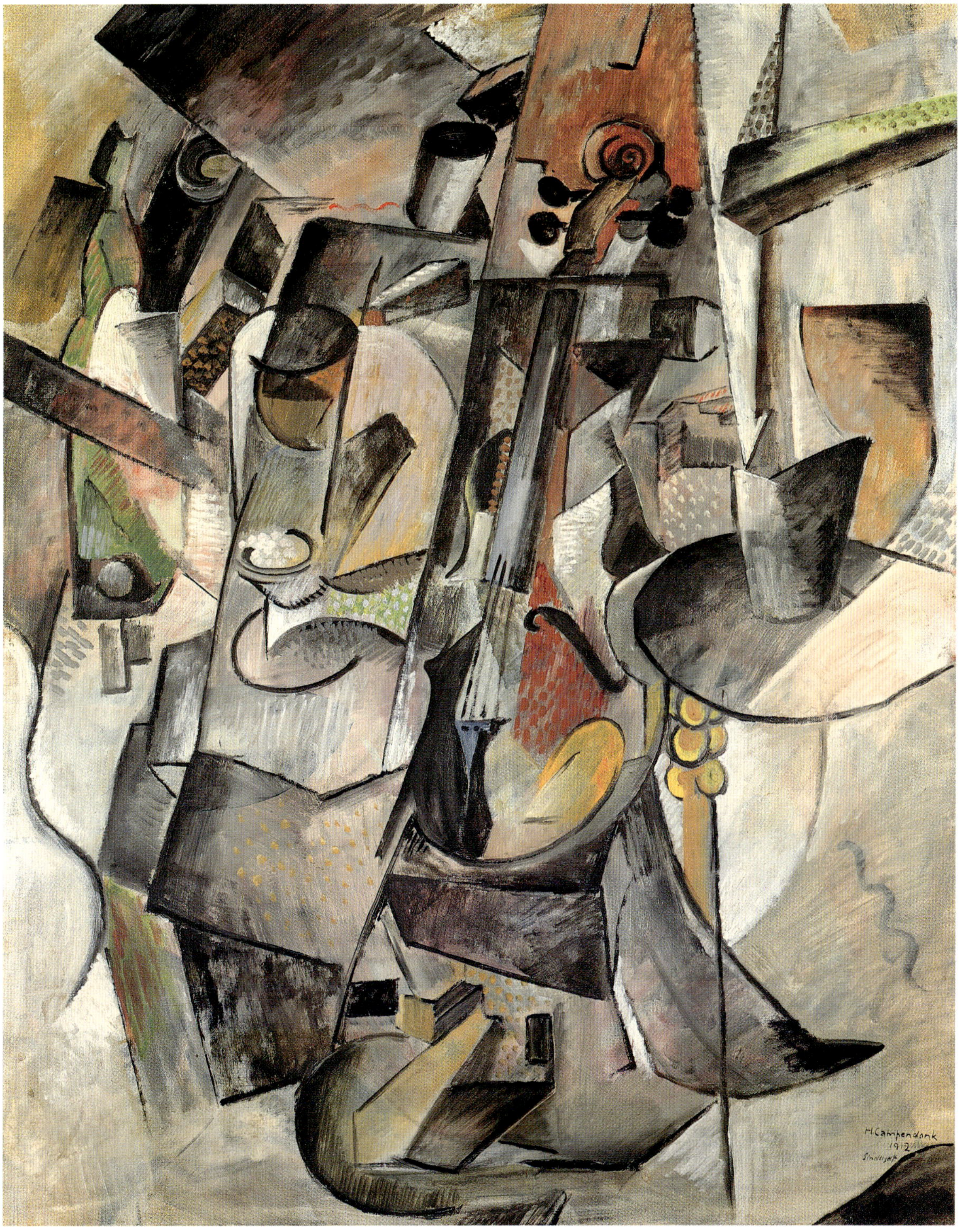

39 Zwei Akte, 1913

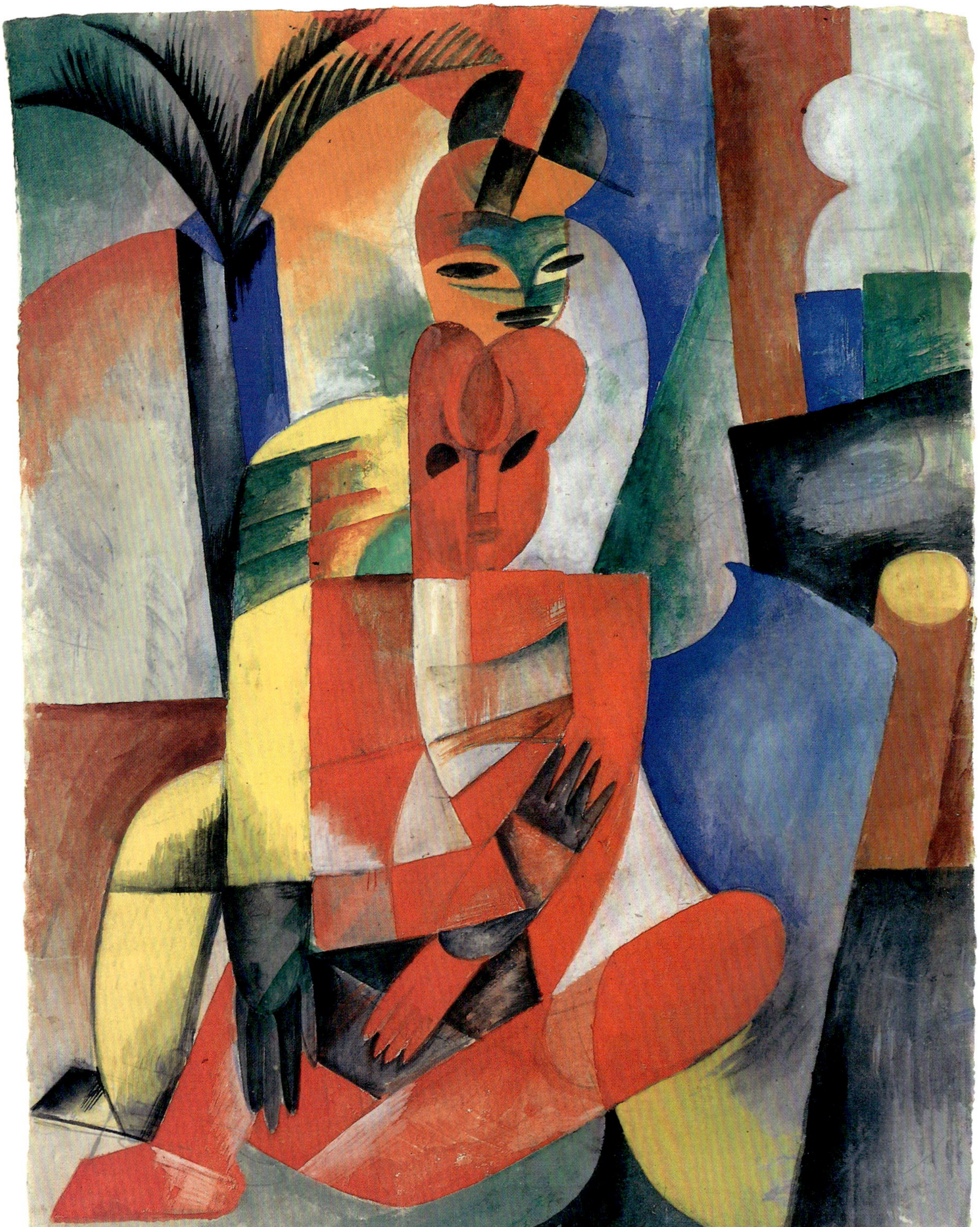

37 Kreuzigung, 1913

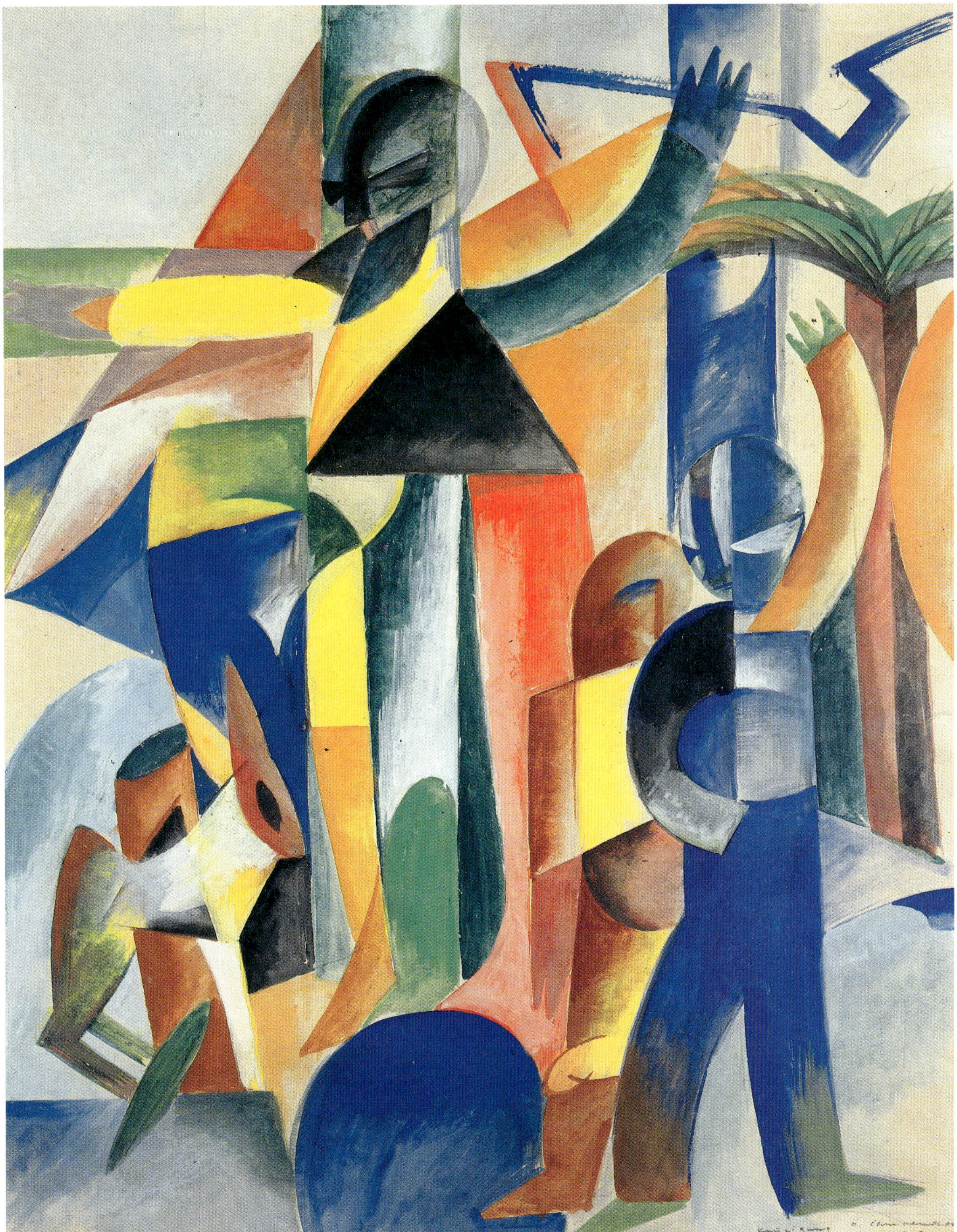

41 Gelbweiße Kuh vor Häusern, um 1913

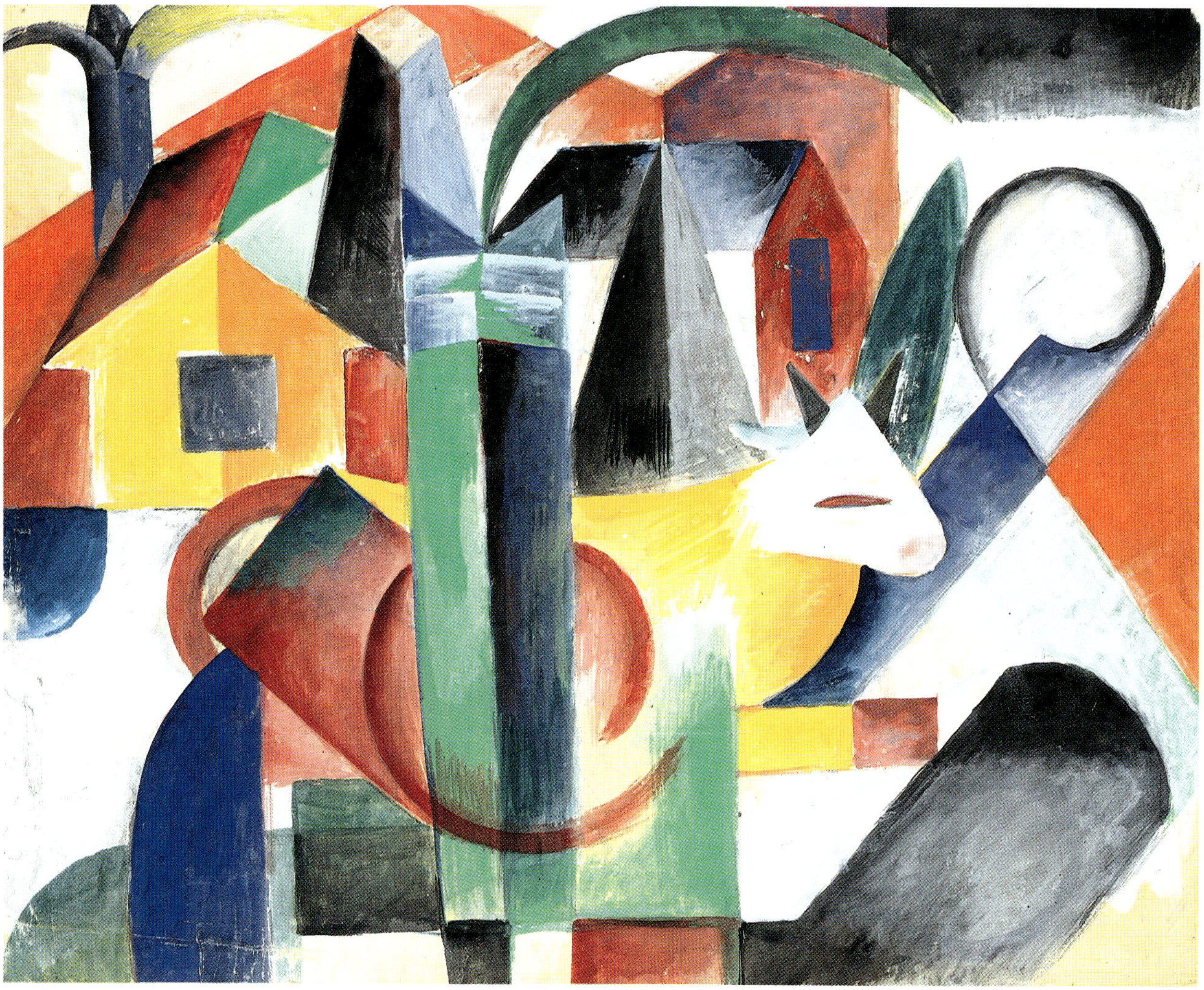

38 Circus, 1913

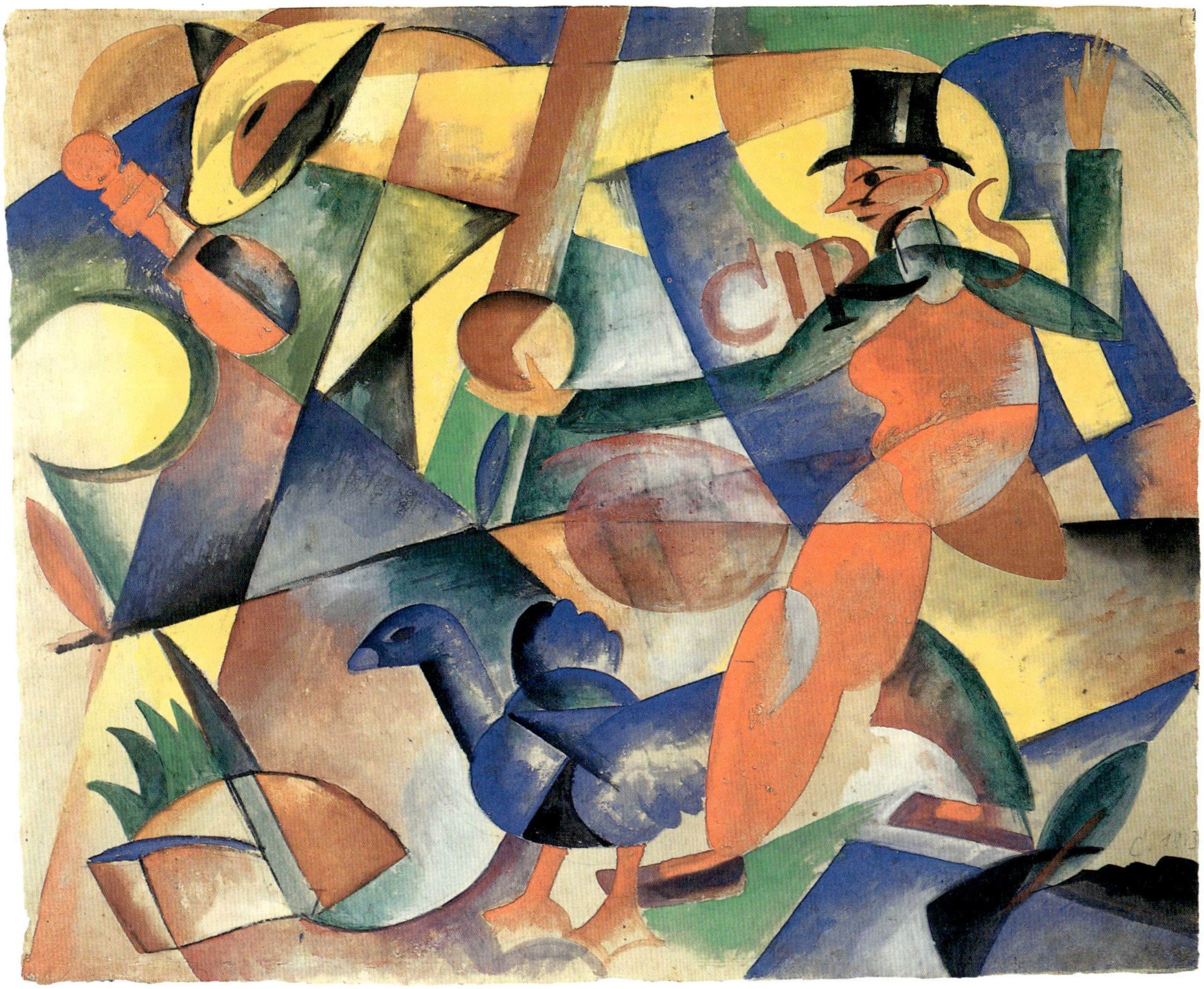

Reiter mit Lasso, um 1911, verschollen · H. Campendonk, 1913

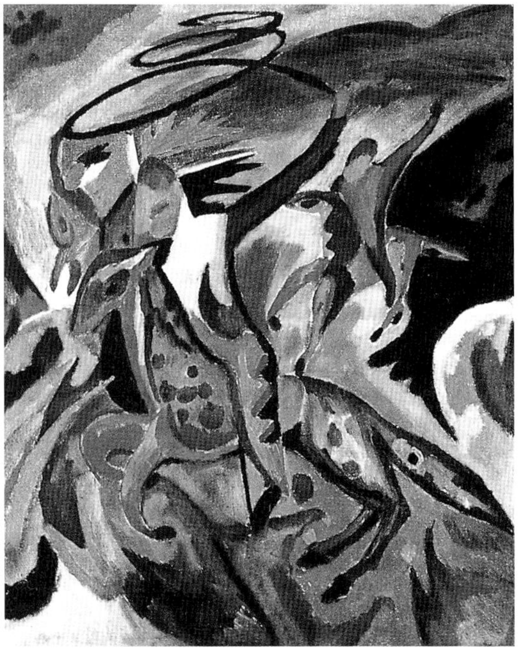

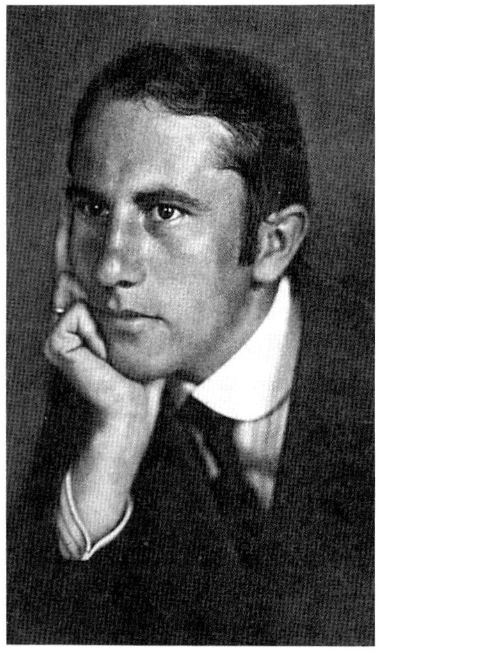

Thannhauser in München hing, ist es der Rot-Grün-Kontrast. Bei einem weiteren bekannten Bild dieser Zeit, „Drei Reiter mit Lasso", herrschen ähnlich wie bei Mackes Indianerbildern dieser Monate[8] Gelb-Rot-Schwarz-Töne vor. Die Farbkomposition des Gemäldes „Abstrakte Formen" in Orange und Blau-Violett sowie die Verwendung von Weiß als eigenständiger Farbe zeigt Bezüge zu Kandinskys „Improvisationen" und „Kompositionen"[9], Kandinsky hatte in seiner Schrift „Über das Geistige in der Kunst"[10] den Wert der Farbe Weiß als eigenständig herausgestellt. Campendonk griff diesen Gedanken Kandinskys auf. Aber auch in seiner abstrakten Darstellung zeigt sich eine Übereinstimmung mit Kandinsky. Doch anders als Kandinsky verfolgte er den mehr experimentell eingeschlagenen Weg nicht weiter, sondern widmete sich in der Zukunft fast ausschließlich der Thematisierung von Gegenständlichem. Es blieb sein einziges abstraktes Gemälde.
Charakteristisch für seine individuelle Gestaltungsweise ist die starke Flächigkeit, die einem für ihn typischen kompositorischen Schema in strengen Diagonalen unterworfen ist. Die Flächen, seien sie abstrakt oder einem Gegenstand zugeordnet, fügen sich in dieses Kompositionsschema ein – ein weiterer Hinweis für die Abwendung von der Natur als maßgeblichem Vorbild. Kompositionelle Gesetze, nicht die reale Nachbildung der Natur, standen im Mittelpunkt seines künstlerischen Interesses. Thematisch bzw. ikonographisch fügten sich Campendonks

Arbeiten der ersten Sindelsdorfer Monate ganz in die Bildwelt Kandinskys, Marcs und August Mackes ein: War das abstrakte Gemälde von Kandinskys „Improvisationen" und „Kompositionen" inspiriert worden, so geht auch Campendonks nunmehr einsetzende Beschäftigung mit dem Thema „Tier" auf Kandinsky und Marc zurück. Allgemeine Anstöße, der alleinigen Darstellung eines Tieres, speziell eines Pferdes oder des Stieres, eine Arbeit zu widmen, lassen sich auf die Werke Marcs von 1911 und 1912, die Campendonk täglich in dessen Atelier vor Augen hatte, zurückführen. Doch auch Kandinsky fertigte gerade in diesen Monaten anläßlich des Entwurfes eines Titelblattes für den Almanach „Der Blaue Reiter" zahlreiche Skizzen mit einem springenden Pferd, das von einem Ritter geführt wird, an. Die elf überlieferten Studien dazu werden Campendonk bekannt und werden ausschlaggebend für die Wahl eines Pferdes bei seinem Bild „Springendes Pferd" gewesen sein. Auf welche Weise hätte er seiner Zugehörigkeit zum Kreis des „Blauen Reiter" deutlicher Ausdruck verleihen können, als mit der Darstellung eines blauen springenden Pferdes?

Das Gemälde „Drei Reiter mit Lasso" zeugt von einer engen Parallelität zu den Sujets der Gemälde Mackes. August Macke beschäftigte sich während seines Herbstaufenthaltes in Sindelsdorf mit der Kunst und Kultur primitiver Völker. Ausdruck davon ist Mackes in Sindelsdorf verfaßter Aufsatz „Masken"[11] und sein Gemälde „Indianer auf Pferden"[12], das auf der ersten Ausstellung des „Blauen Reiter" gezeigt wurde. Aufsatz und Bild geben Aufschluß über die Sehnsucht nach einer Erneuerung der Kunst durch eine Rückbesinnung auf die europäische sowie außereuropäische Volkskunst und die Kultur primitiver Völker. Diese Tendenz zum Primitivismus läßt sich nach den Anfängen bei Gauguin schon bei den frühen Expressionisten der Künstlergemeinschaft „Brücke" beobachten und fand nun wenig später ihren Eingang in die Gemälde der Künstler des „Blauen Reiter".[13]

Über die rein formale Faszination und einen gewissen kunstprogrammatischen Anspruch hinaus drückt sich darin auch eine Sehnsucht nach dem verlorenen Paradies aus. Indem sich Campendonk dem Indianerthema zuwandte, schloß er sich dieser Geisteshaltung der Künstler des „Blauen Reiter" an. Damit fand der junge Künstler schon kurz nach seiner Ankunft in Bayern das Grundthema, das sein gesamtes künstlerisches Schaffen von nun an durchziehen sollte: Der Versuch, seiner Sehnsucht nach der Harmonie des Menschen und des Tieres, der Kreatur schlechthin, mit dem Kosmos im Bild manifestierten Ausdruck zu verleihen und sie gleichsam neu erstehen zu lassen.

18 Paar auf dem Balkon, um 1912

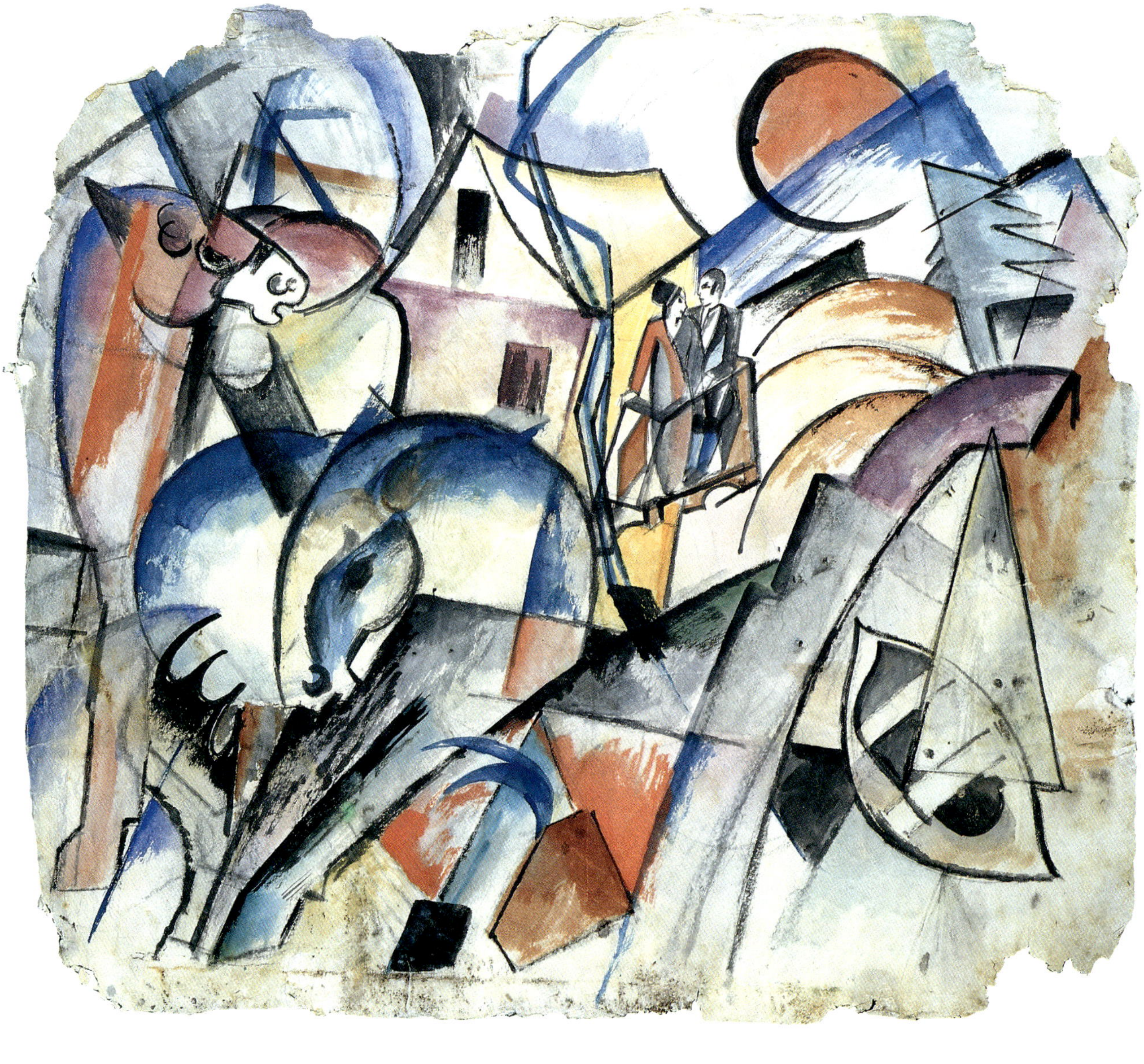

Kubistisches Intermezzo (Frühjahr 1912)

Nach diesen ersten Sindelsdorfer Gemälden expressiv-fauvistischer Form- und Farbgebung, bei denen sich Campendonk vor allem an Werken Kandinskys, Marcs und August Mackes orientierte, wandte er sich zu Beginn des Jahres 1912 anderen Vorbildern zu.

Anläßlich der Aufforderung, zum Mai sechs Werke zur Sonderbundausstellung nach Köln zu senden, erarbeitete er zahlreiche Stilleben. Er widmete sie in Anlehnung an Picassos und Braques kubistische Werke der Zeit zwischen 1908 und 1911 der Darstellung von Musikinstrumenten.[14] Diese Auseinandersetzung mit dem Kubismus mutet im Rückblick als kurze Episode im Schaffen Campendonks an, doch sollte sie auch seine Werke der folgenden Jahre entscheidend beeinflussen. Jetzt aber hielt er sich nahezu studienmäßig streng, qualvoll eng an die Werke der Franzosen, die er vor allem aus Abbildungen und Fotos kannte.[15] Es waren annähernd monochrom gehaltene, rosa-graue oder gelb-braune Stilleben mit Titeln wie „Cello-Adagio", „Cello-Allegro", „Cello", „Guitarre" und „Stilleben mit Geige" (Kat.-Nr. 13). Sie unterlagen, wie es Campendonk ausdrückte, alle „einem Konstruktionsgedanken" und zeigten in kubistischer Manier geklappte und gedrehte Musikinstrumente. Dabei näherte sich der Maler teilweise so sehr den französischen Vorbildern an, daß dies die Kritik Wassily Kandinskys herausforderte.[16] Trotz seines Bemühens um die formalen Prinzipien der französischen Stilleben, läßt das einzige erhaltene Werk dieses Zyklus, „Stilleben mit Geige", erkennen, daß der Künstler den Kubismus nicht in letzter Konsequenz durchschaut hatte: Er vollzog nicht nach, daß sich die Kubisten auf die Möglichkeit der Darstellung der Mehransichtigkeit eines Gegenstandes konzentriert und damit die traditionelle Perspektive verworfen hatten. Campendonk nahm die Stilmittel des Kubismus nur insofern auf, als er den Gegenstand in kleinteilige Flächen zersplitterte. Die konventionelle Staffelung eines Bildes in Vorder-, Mittel- und Hintergrund gab er jedoch nicht vollends auf. Auch folgte er den Kubisten in ihrer logischen Aufgabe der Farbigkeit nicht absolut, denn trotz Tonigkeit blieb sein Gemälde doch farbiger als die der Franzosen.

Campendonks intensive Beschäftigung mit den Werken der Kubisten verlief zeitlich parallel zur Auseinandersetzung August Mackes mit denselben französischen Vorbildern.[17] Bei Kandinsky und Marc hingegen läßt sich eine solch enge Anlehnung an den Kubismus nicht feststellen. Wie groß jedoch die Begeisterung August Mackes für Picasso war, spiegelt ein Brief an Franz Marc wider. Beeindruckt von der Sonderbundausstellung in Köln, auf der Picassos Bildern ein ganzer Saal zugestanden war, berichtete er: „Die Ausstellung ist gestern ... aus der Taufe gehoben worden. Picasso! Picasso! Picasso!"[18] Wie sehr die Auseinandersetzung mit dem Kubismus Campendonk zu einem Schema der Flächenzersplitterung denn zum eigentlichen Anliegen der Kubisten, dem Versuch der Mehransichtigkeit, führte, zeigt sein Gemälde „Pferdekomposition" (Kat.-Nr. 14) von 1912: Es steht im unmittelbaren Zusammenhang mit seinen Musikstilleben.

Vor einem Hintergrund unregelmäßig-geometrischer Formen sind sieben Pferde gruppiert, farblich in Gelb-Braun, kontrastierend zu Weiß und Schwarz-Grau gehalten. Zumeist sind nur die Pferdeköpfe vor einem Geflecht von geometrisierenden Flächen erkennbar, die Pferdeleiber werden durch die Staffelung der Tiere verdeckt und gehen ineinander über. Die Pferde sind zu einem Block zusammengewachsen, Gesetze der Räumlichkeit und Perspektive scheinen aufgehoben.

Farbgebung, Art der Staffelung und Schichtung der geometrischen Flächen wirken wie eine Reminiszenz an Stilleben Picassos und Braques der Jahre 1908 bis 1911, an jene Werke, mit denen sich Campendonk schon bei seinem Zyklus beschäftigt hatte. Auch die Art der schwarzen Konturierung der Flächen und ihre Behandlung mit kurzen Pinselstrichen und Punkten rührt von diesen Vorbildern her. Weitere den französischen Bildern entlehnte Details sind die in die Flächen eingestreuten Spiralen. Wie die Schnecken einer Geige gehen sie in senkrechte Linien über. Diese ursprünglich gegenstandsbezogenen Formen der Musikstilleben sind hier zu eigenwertigen Bildelementen geworden.

Trotz der Nähe zu den Kubisten ist die Farbgebung erneut nicht monochrom, sondern kräftiger und kontrastreicher. Wie schon bei dem Musikstilleben gab Campendonk auch hier den Raum nicht in letzter Konsequenz auf.

Die Wahl des Sujets hat mit Picassos und Braques Werken nichts mehr gemein. Thematisch sind vielmehr Entsprechungen zu der in diesen Monaten entstandenen Serie von Pferdebildern Marcs zu sehen. Die kompositorische Problematik, die massigen Tiere „als Gruppe" darzustellen, sie zu staffeln, die Körper sich überschneiden zu lassen und jedes Tier in die Gruppe zu integrieren, stand bei beiden Künstlern im Mittelpunkt ihrer Überlegungen. Doch fügte Campendonk die Pferdegruppe im Sinne des Kubismus in ein Netz sich durchdringender Flächen ein und ließ sie zu einem Teil der geometrisch aufgelösten Gesamtkomposition werden. Den Versuch der Einbeziehung einer Hintergrundlandschaft in die Komposition wie bei Marc unternahm er nicht. Im Unterschied zu Marc bestand sein Anliegen einzig in der Lösung kompositioneller Probleme. Das eigentliche Thema – die Tiere – hingegen war ihm nebensächlich geworden. Die Darstellung wirkt eher wie ein

33 Bayerische Landschaft, 1913

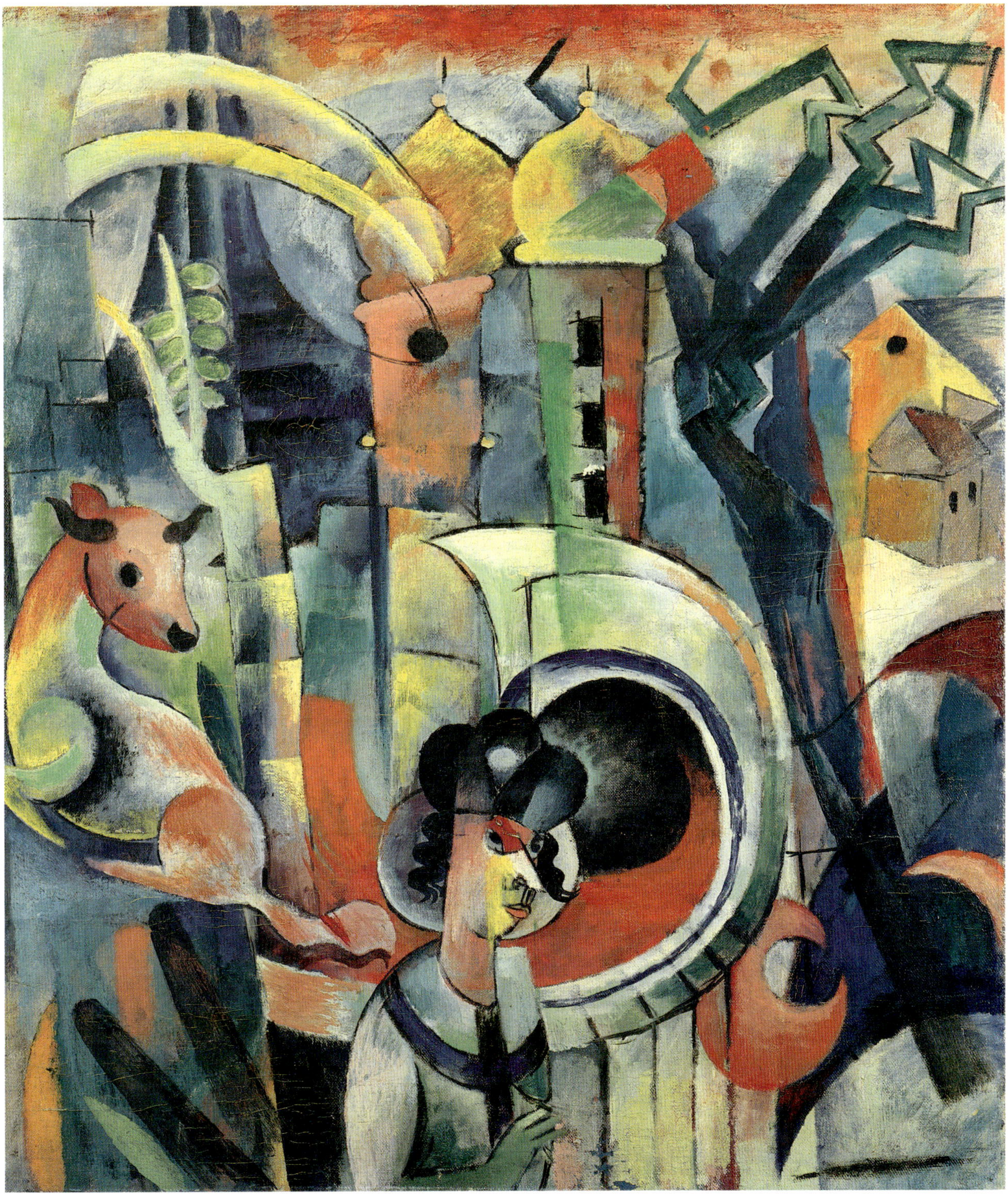

Stilleben und zeigt darin ihre Nähe zu dem vorangegangenen Zyklus der Musikstilleben. Den Tieren eine tiefgreifende Symbolik zuzusprechen, wie sie den Werken Marcs zugrunde liegt, stand Campendonk in diesen Monaten noch fern.

Die Rückkehr zur Farbe (Sommer 1912)

Sommer 1912 kehrte Campendonk zur Farbe zurück und verwarf die durch die französischen Stilleben angeregte Monochromie seiner Arbeiten vom Frühjahr. Eines dieser Werke ist das „Selbstbildnis" (Kat.-Nr. 15), zu dem Campendonk noch ein nahezu identisches Pendant schuf. Seine strenge Flächenaufteilung führt auf die Auseinandersetzung Campendonks mit dem Kubismus zurück. Die frühere neutrale monochrome Farbgebung ist kräftigen, aussagestarken Komplementärfarben gewichen. Die Farben sind mit hellen Tönen tupfenhaft gehöht und laufen in helleren Partien aus. Schwarze Konturen umgrenzen Einzelformen und lösen sich dann auf. Alles scheint zu schwingen und zu schweben. In diesen Sommermonaten 1912 wandte sich der Künstler verstärkt einem anderen Medium zu. Seit der zweiten Jahreshälfte des Jahres 1912 bis etwa 1914 schuf er zahlreiche großformatige Tuschpinselzeichnungen und Gouachen, die er mehr als Studien denn als anspruchsvolle Werke betrachtete. Gerade in ihrer Studienmäßigkeit aber liegt der Reiz dieser teils kräftig, teils sparsam kolorierten Tuschpinselzeichnungen und stärker farbigen Gouachen, da aus ihnen ein höheres Maß an Spontaneität und Intimität spricht als aus den gleichzeitigen Ölgemälden.
Die lediglich zart kolorierten Tuschpinselzeichnungen wie „Hexen" (Kat.-Nr. 27), „Tanz" (Kat.-Nr. 24), „Zwei Akte mit Petroleumlampe" (Kat.-Nr. 29), „Pastorale" (Kat.-Nr. 25), „Zwei Akte mit Katze und Schlange" (Kat.-Nr. 28), „Weiblicher Akt mit Baumstamm" (Kat.-Nr. 23), und „Frau mit Schildkröte" (Kat.-Nr. 26) aus dem Jahr 1912, aber auch Tuschpinselzeichnungen wie „Idyll" (Kat.-Nr. 55), „Lästiger Besuch" (Kat.-Nr. 56) und „Fliehende Kühe" (Kat.-Nr. 58) von 1914 leben vor allem durch konturierende Linien, die die Figuren und Gegenstände definieren. Durch die sparsamen, flüchtig hingesetzten Linien wirken die Darstellungen leicht und fragil. In ihrer duftigen Leichtigkeit erinnern die Blätter an japanische Tuschpinselzeichnungen. Auch einige dekorativ wirkende Details, wie parallele Schraffuren, schwebende Kreise und Punkte, die mandelförmigen Augen und japanisch anmutenden hochgesteckten Frisuren der Figuren, sowie letztlich die Wahl der Technik der Tuschpinselzeichnung deuten auf diese Beziehung zur ostasiatischen Kunst hin. Daß sich die Künstler des „Blauen Reiter" damit im Zuge der allgemeinen Begeisterung für

den Japonismus seit Ende des 19. Jahrhunderts auseinandersetzten, ist bekannt und wird durch die Abbildung einer japanischen Tuschpinselzeichnung im Almanach bestätigt.[19] Von Campendonks Beschäftigung mit der japanischen Kunst zeugen neben seinen Tuschpinselzeichnungen auch mehrere japanische Holzschnitte, die sich im Nachlaß fanden.

Ferner schuf Campendonk in diesen Monaten auch wesentlich farbenstärkere Blätter in Aquarell- oder Gouachetechnik, in denen das Graphische zugunsten der Farbe in den Hintergrund tritt. Mit der Wahl der Gouache, vor allem aber des Aquarells, wandte sich Campendonk der Technik zu, die von nun an in seinem künftigen Schaffen einen hohen Stellenwert einnehmen sollte.

Für das Jahr 1912 geben Blätter wie „Mann mit rotem Zylinder und Frau" (Kat.-Nr. 20), „Gaukler" (Kat.-Nr. 21), „Zwei Kühe vor Heuhocken" (Kat.-Nr. 17), „Liebespaar" (Kat.-Nr. 22), „Katzen" (Kat.-Nr. 19), „Mädchen mit Reh" (Kat.-Nr. 51), „Landschaft mit Haus" (Kat.-Nr. 35) und „Paar auf dem Balkon" (Kat.-Nr. 18) Zeugnis von einem ersten Höhepunkt seines Ringens um Form und Ausdruck.

Kubistische Einflüsse in der Formgebung sind ebenso unverkennbar wie die Verwandtschaft zu Werken Marcs und Kandinskys. Dennoch zeigen diese Blätter deutlich individuelle Züge. Die souveräne Art der großzügigen Linienführung verrät eine größere Selbstsicherheit als die Bilder seiner vorangegangenen kubistischen Phase.

Stellvertretend für diese Gruppe der Aquarelle bzw. Gouachen sei trotz seines stark beschädigten Zustandes ein besonders qualitätsvolles Blatt, „Paar auf dem Balkon", herausgegriffen: Links im Vordergrund sind zwei in Farbgebung und Haltung kontrastierende Pferde gestaffelt. Beide Tiere sind in ein Geflecht geometrischer Flächen verwoben, aus denen zeichenhaft Figuren und Gegenstände hervortreten: Auf dem Balkon eines Hauses in der Bildmitte steht ein Paar. Links eine Frau im blaßroten, langen Gewand mit hochgesteckten schwarzen Haaren, neben ihr ein Mann im schwarzen Jackett, weißen Hemd und Krawatte. Sich an ihren Schultern leicht berührend, wenden sie sich einander zu. Unscheinbar klein dargestellt, spielt das Paar, das dem Blatt seinen Titel verleiht, kompositorisch eine augenscheinlich untergeordnete Rolle und geht in den teils abstrakten, teils gegenstandsbezogenen Flächen des Hintergrundes unter. Hier bilden gestaffelte, stark kolorierte blaue Dreiecke und halbkreisförmige Bogen eine Bergkette, die von einer roten Mondsichel überfangen wird. Rechts davon schwebt eine abstrakte graue Tanne auf einer zart violetten, bogenförmigen Anhöhe, dahinter ein kleines Boot mit aufgezogenem grauen Dreieckssegel.

47 Bauer mit Stier, um 1914

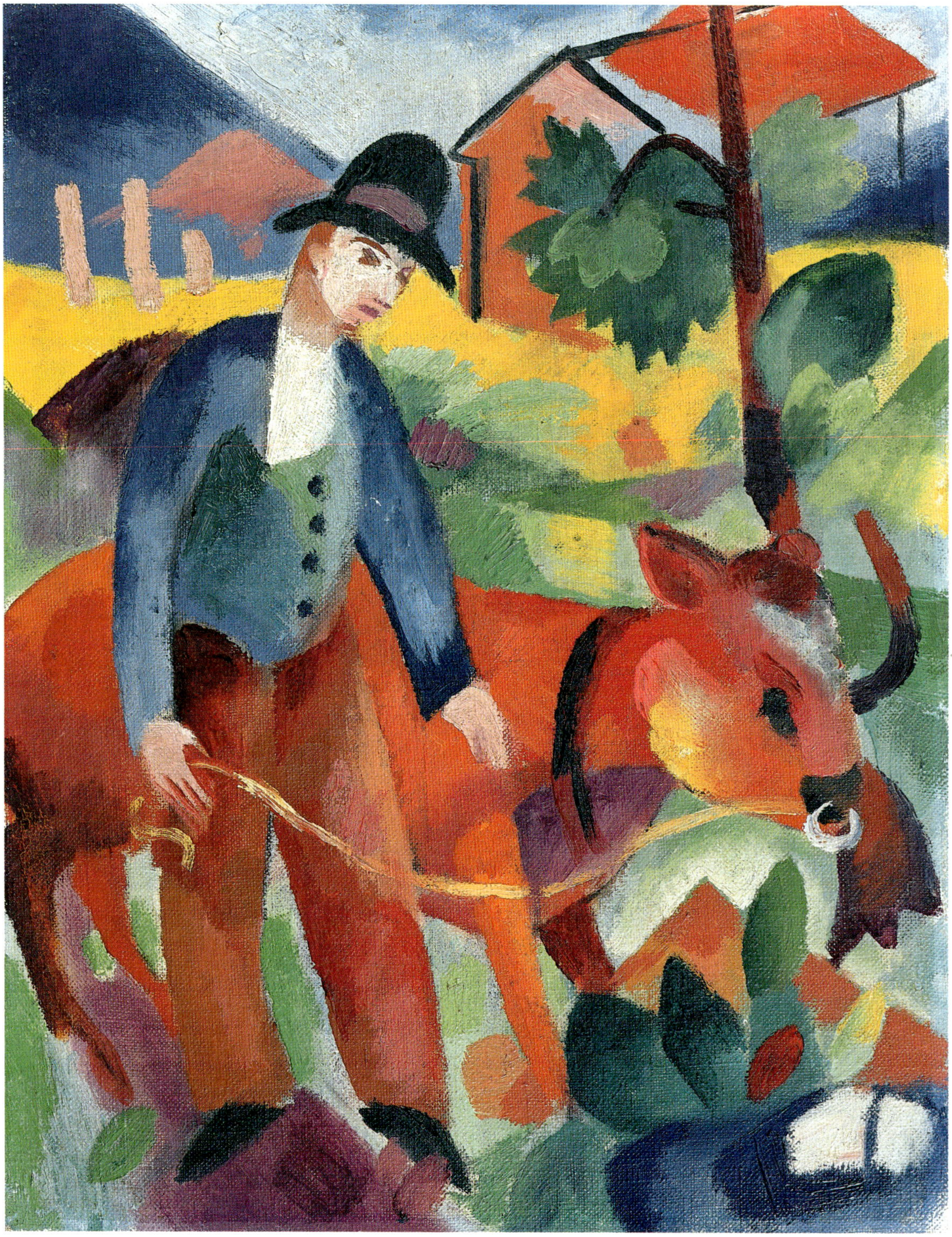

48 Schalmeienbläserin, um 1914

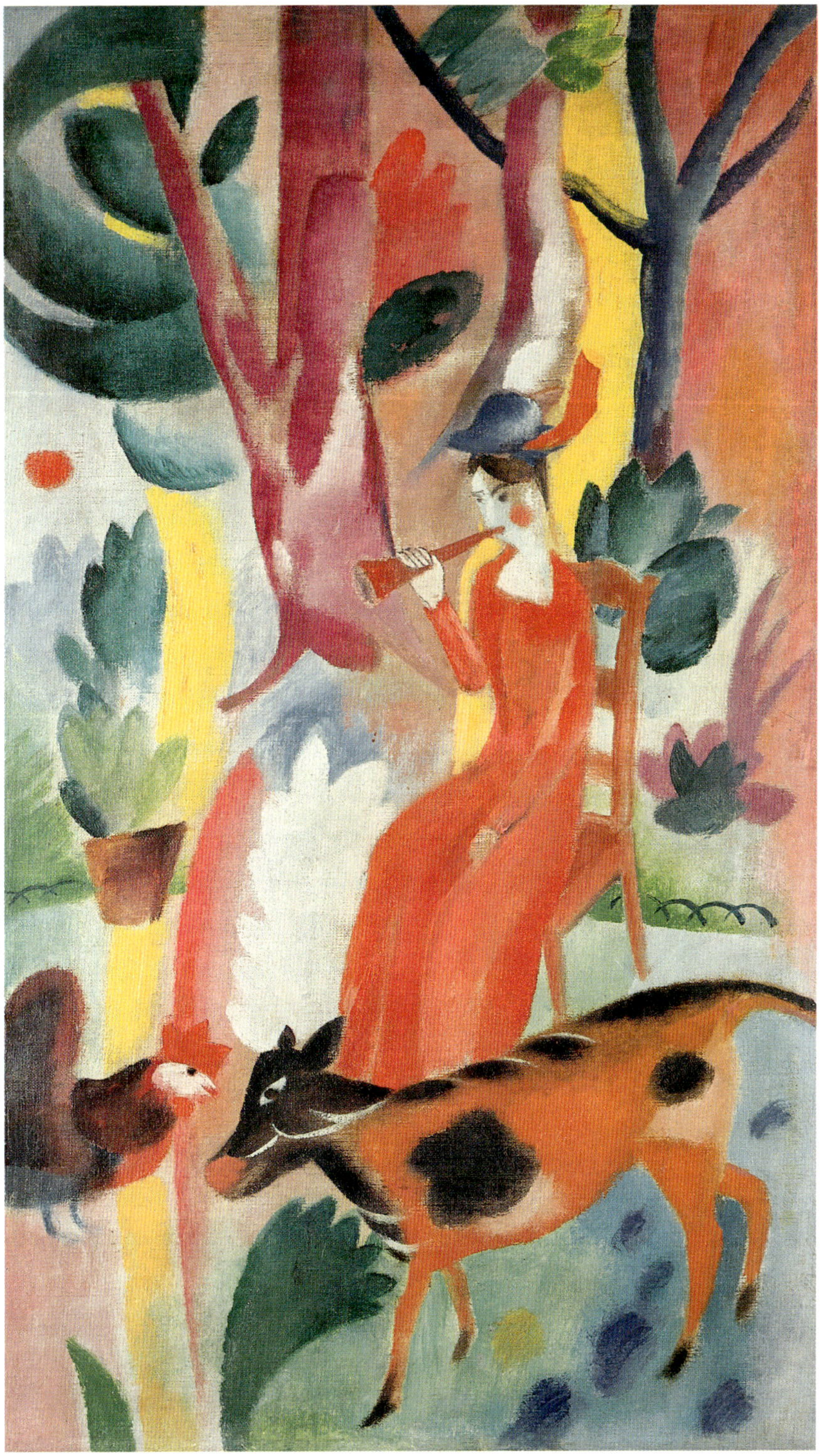

In der Art der Konturierung, die nicht nur gegenstandsbezogene und abstrakte Formen definiert, sondern auch reine Kompositionslinien angibt, zeigen sich Parallelen zu Werken Kandinskys von 1910 und 1911. Doch fehlen der Darstellung die Unruhe und Dynamik, die Kandinskys sehr bewegte Arbeiten kennzeichnen. Durch seine geometrisch-konstruktive Formgebung strahlt die Komposition Campendonks Ruhe und Verharren aus. Werke Marcs, wie beispielsweise „Die kleinen gelben Pferde"[20], klingen an.
Aus dem Formengut spricht darüber hinaus Campendonks vorherige intensive Auseinandersetzung mit dem Kubismus: Geometrische Formen – Kreise, Halbkreise, Rechtecke, Quadrate, Rauten, teils schwarz konturiert, teils nur als Farbflächen – beherrschen die Komposition und sind in transparenten Schichten übereinandergelegt. Diese Transparenz wird durch die nur an den Konturen kräftige, zum Formeninneren hin jedoch auslaufende Farbsetzung unterstützt. Dies evoziert eine ungeheure Leichtigkeit und lichte Helligkeit, die das Blatt trotz seiner an sich geometrischen Formgebung ausstrahlt.
Eine rein kompositorisch notwendige, transparente Folie in Form eines Trapezes hebt das Hauptmotiv des Blattes – das Paar auf dem Balkon – trotz seiner Einbindung in das Gesamtgefüge aus der Komposition heraus. Hatte Campendonk in seinen streng kubistischen Bildern das Inhaltliche zugunsten des Formalen vernachlässigt, so zeigt das kompositorische Mittel, ein Motiv herauszuheben, daß für ihn nunmehr Inhalt und Form gleichrangig nebeneinander stehen.
Auf dem Hintergrund seiner Biographie läßt sich das Blatt inhaltlich entschlüsseln. Das „Paar auf dem Balkon" stellt Heinrich und Adda dar, die seit Frühjahr 1912 mit in Bayern lebte. Somit kann die Darstellung folgendermaßen gedeutet werden: Das Liebespaar Adda und Heinrich steht in Sindelsdorf, angedeutet durch die Berge im Hintergrund, auf dem Balkon eines Hauses. Ihre Liebe ist eingebunden in die Schöpfung, die durch die Mondsichel als Gestirn, die Berge, einen Baum und die beiden Tiere, die in diesem Kontext ebenfalls als „Liebespaar" interpretiert werden können, symbolisiert ist. Mensch, Tier und Natur sind zu einer harmonischen Einheit verschmolzen. Hier klingt erneut – jetzt aus rein biographischen Beweggründen – das Grundthema seines Schaffens an. Noch geht es dem Künstler darum, seiner Liebe zu Adda künstlerischen Ausdruck zu verleihen. Dieses Thema wurde in jenen Monaten zum zentralen bildnerischen Anliegen Campendonks. In ihrer lyrischen Ausstrahlung wirken diese Blätter wie gemalte Liebesgedichte. Arbeiten wie „Mann mit rotem Zylinder und Frau", vor allem aber „Liebespaar" entsprangen demselben autobiographischen Hintergrund. In ihrer Harmonie von Form, Farbe

44 Der Rote Mäher, 1914

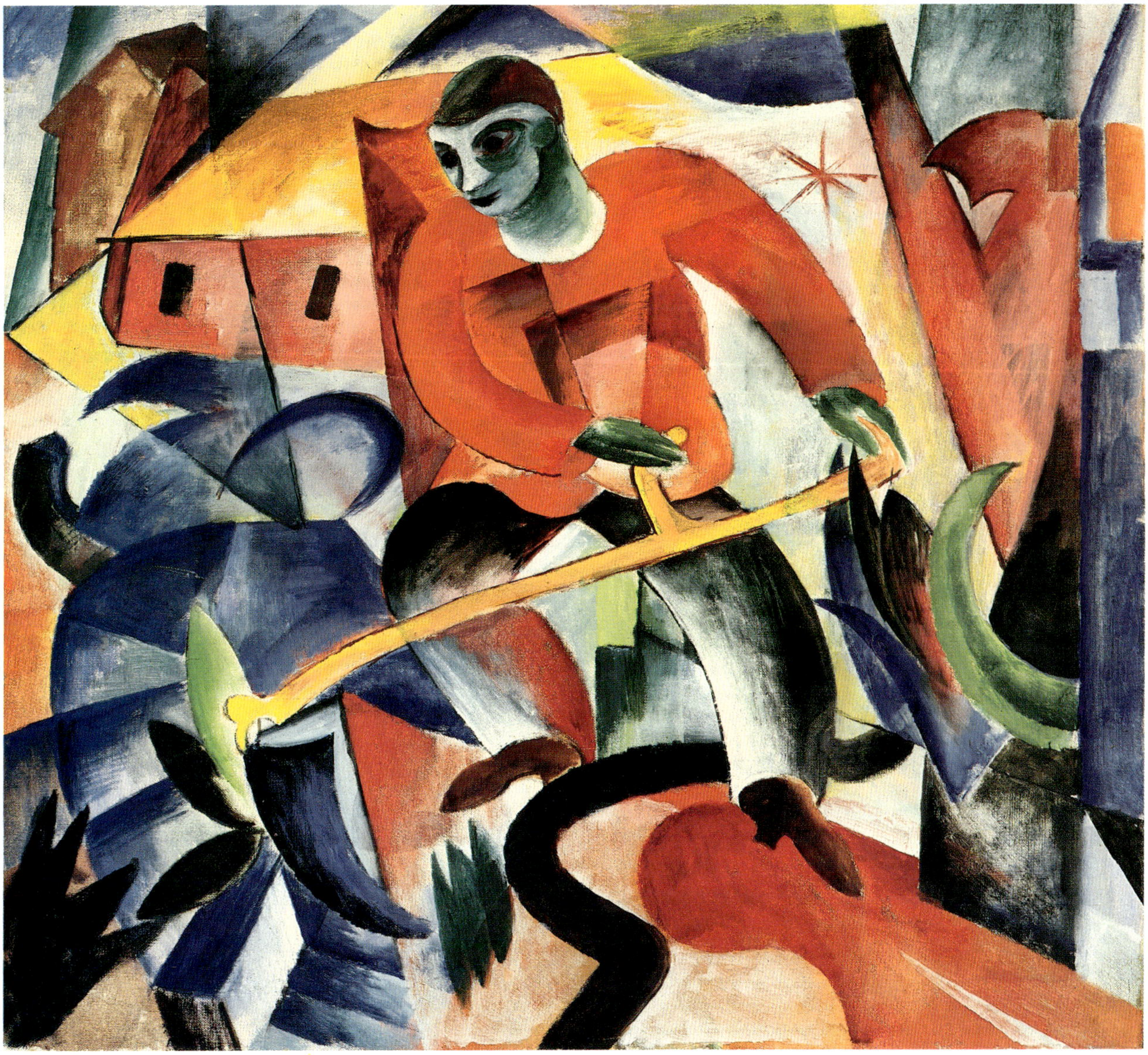

und Inhalt sowie der Selbstverständlichkeit der souveränen Beherrschung der Aquarell- und Gouachetechnik, stellen diese Blätter einen ersten Höhepunkt im künstlerischen Schaffen Campendonks dar und nehmen in seinem Gesamtœuvre einen hohen Stellenwert ein.

Streben nach Harmonie in Form, Farbe und Bildausdruck (Ölgemälde von 1913)

Seit Ende 1912, vor allem aber 1913 gewann Campendonk auch in seinen Öl- und Temperagemälden die Souveränität in der Beherrschung der Bildmittel, die sich im Sommer 1912 schon in seinen aquarellierten Tuschpinselzeichnungen und Gouachen angekündigt hatte.
Durchdrungen von Eindrücken, die Bilder anderer Künstler in ihm hinterließen, fand er in diesen beiden Jahren zu seinem persönlichen Stil. Prägend waren dabei für ihn noch immer Werke Picassos und Braques. Aber auch Arbeiten der Futuristen, die er bei seinem Besuch der ersten Futuristen-Ausstellung in Deutschland 1912 in der Galerie Herwarth Waldens „Der Sturm" in Berlin gesehen hatte, und Werke Delaunays, die ihm durch seine Freundschaft zu den mit dem Franzosen in Kontakt stehenden Franz Marc und August Macke bekannt waren, übten großen Einfluß auf seine Malerei aus.
Formal sind diese Werke durch stark geometrisierende, kubofuturistische Elemente geprägt. Hierin verraten sie eine Verwandtschaft zu manchen Arbeiten Marcs, weisen aber in ihrer geometrischen Strenge über diese hinaus. Farblich strahlen sie mit den reinen Klängen der Komplementärfarben eine leuchtende Heiterkeit aus, die an die Palette August Mackes erinnert, ohne deren tiefgreifende Farbsymbolik zu übernehmen.
Herausragende Werke dieser Schaffensphase sind Bilder wie „Pferde im Garten" (Kat.-Nr. 16), „Hohes Bild mit Pferden" (Kat.-Nr. 43) und „Bayerische Landschaft" (Kat.-Nr. 33).
Wie eine kurze Episode hingegen wirken einige ebenfalls in dieser Zeit entstandene Werke, die zwar sehr ähnlich in der Farbgebung sind, sich aber formal von diesen durch ihre rundlich weichen, fließenden, biomorphen Formen unterscheiden. Bilder dieser Formgebung wie beispielsweise „Grüner Kruzifixus in bayerischer Landschaft" (Kat.-Nr. 31), „Bauer mit Stier" (Kat.-Nr. 47) und „Schalmeienbläserin" (Kat.-Nr. 48) stehen jedoch in dieser Schaffensphase am Rande. Erst ab 1917 sollte sich Campendonk dieser organisch-rundlichen Formgebung erinnern.
Trotz der Verschiedenheit in der Formgebung sind alle von nun an entstandenen

Bilder ein und demselben übergeordneten Gesamtthema gewidmet: Der Darstellung der Harmonie der Schöpfung. Bereits in seinen ersten Sindelsdorfer Arbeiten anklingend, durch die Serie der kubistischen Stilleben merkwürdig radikal unterbrochen, in den Papierarbeiten des Sommers 1912 erneut aufgegriffen, wird dieses Thema nunmehr Hauptgegenstand seiner Bilder. Hierin zeigt sich seine Wesensverwandtschaft zu Marc, und doch wird gerade in der Auffassung dieses Grundthemas auch der Unterschied zu ihm deutlich und grenzt damit seine Persönlichkeit ab.

Anhand der Betrachtung des 1913 entstandenen hochformatigen Gemäldes „Bayerische Landschaft" lassen sich diese Gemeinsamkeiten und Unterschiede nachvollziehen:

In einem Konglomerat sich überschneidender und einander durchdringender geometrisierender Formen schweben scheinbar ohne jeglichen inhaltlichen Zusammenhang einzelne Figuren und Gegenstände. Im Vordergrund ein Geistlicher im Ornat, links daneben eine rot-grüne, liegende Kuh, rechts von ihr zwei monumentale Zwiebeltürme, überschnitten von der abstrahierten Andeutung eines Vorhangmotivs, einem Zitat der „Fensterbilder" Delaunays. Dazwischen sind vegetabile Gegenstandsfetzen eingestreut. Bizarre Äste und Blätter staken in der Landschaft, die nach oben vor einem rot gefärbten Abendhimmel durch eine blau schimmernde Gebirgskette abgeschlossen wird.

Bezüge zu Delaunay sind unschwer erkennbar: Neben der Anlehnung an dessen Serie der „Fensterbilder" ist die im Bild durch Komplementärkontraste erzeugte Simultaneität ein weiteres Zitat der Bilder des Franzosen. Die Einbeziehung des Konturs als Kompositionselement weist auf die Verarbeitung futuristischer Anregungen hin.[21] Alles im Bild scheint in Bewegung begriffen, atmosphärische Schwingungen und spiralartige Windungen klingen gleichzeitig im rhythmisch musikalischen Akkord.

Die Zwiebelturmfassade erinnert an Kandinskys Variationen der Murnauer Kirche. Hier wird aber auch der konkrete Bezug Campendonks zu seiner unmittelbaren Umgebung deutlich. Zu diesem dominierenden Motiv ist der Künstler von den Sindelsdorf benachbarten Klöstern Schlehdorf und Benediktbeuren inspiriert worden. Die konkreten Dinge seiner Umgebung schwingen, Traumbildern gleich, im Bildraum: Die alpine Gebirgslandschaft, die bayerischen Zwiebeltürme mit dem Pfarrer vor der Kirche, das Vieh und die Vegetation, alles Eindrücke, die, aus dem Fenster beobachtet, gleichzeitig auf den Maler einströmen. Die rhythmisch schwingende Bewegung der Landschaft scheint zu klingen – man vermeint,

54 Stilleben mit Fisch, 1914

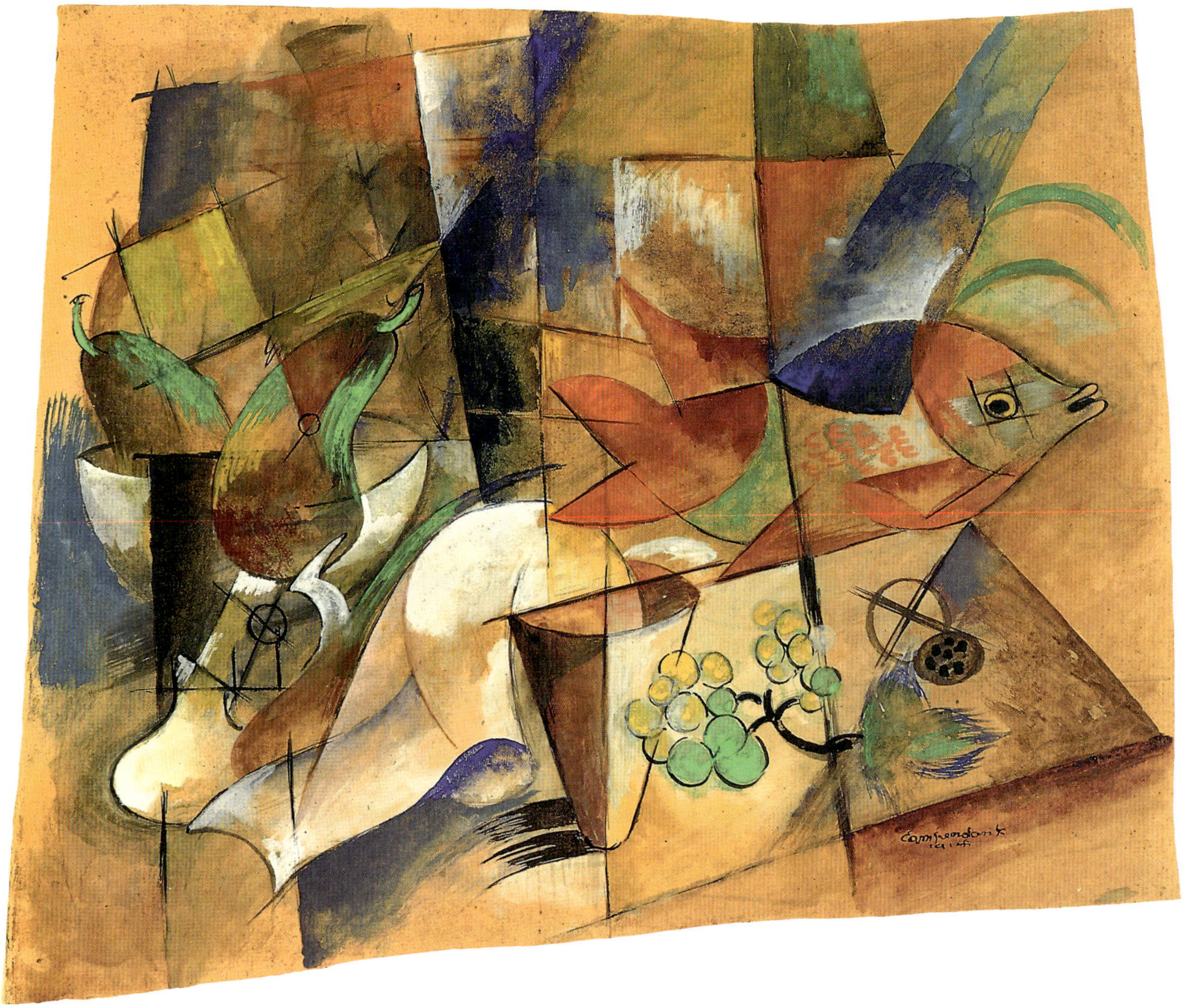

Geräusche des ländlichen Lebens zu vernehmen. Die Erinnerungen Elisabeth Erdmann-Mackes an ihre Tage bei Marc in Sindelsdorf fangen diese ländliche Atmosphäre ein und muten – obwohl so nicht gedacht – wie eine Beschreibung von Campendonks Bildern an: „... Wenn man auf den Balkon trat, sah man auf die Pferdekoppeln und Weiden. Es trampelte und wieherte, brüllte und muhte den ganzen Tag ums Haus herum, er (Marc, d. Verf.) lebte mitten zwischen seinen Modellen."[22] So hatte auch Campendonk seine „Modelle" ständig vor Augen, schweifte sein Blick in die Ferne, so sah er vor der Bergkette der Voralpen die Klöster Schlehdorf und Benediktbeuren.
Über den unmittelbaren Bezug zu seiner Umgebung hinaus, der so konkret in Marcs gleichzeitig entstandenen Bildern nicht zu fassen ist, liegt in der Darstellung Campendonks auch etwas Überzeitliches. Der ewige Rhythmus der Natur von Werden und Vergehen, versinnbildlicht durch die simultanen Schwingungen der Formen und Farben, deutet auf das bereits erwähnte Grundthema: Die Harmonie der Schöpfung und die Sehnsucht des Menschen, selbst im Einklang mit der Natur, dem Kosmos zu stehen.
In dieser Intention kam Campendonk Marc sehr nahe. Doch bezog Campendonk in seinem bildnerischen Ausdruck der Sehnsucht nach dem ursprünglichen Zustand der Schöpfung grundsätzlich auch den Menschen als Motiv ein. Dagegen hatte Marc schon frühzeitig von der Darstellung des Menschen Abstand genommen. Diese Distanzierung vom Menschen begründete Marc folgendermaßen: „Der unfromme Mensch, der mich umgab (vor allem der männliche), erregte meine wahren Gefühle nicht, während das unberührte Lebensgefühl des Tieres alles Gute in mir erklingen ließ. ... Ich empfand schon früh den Menschen als häßlich, das Tier schien mir schöner, reiner."[23] Mit diesem Bekenntnis gab Marc über die nahezu sakrale Auffassung des Tieres in seinen Bildern Aufschluß. Für Campendonk hingegen stand der Mensch als Teil der Schöpfung gleichrangig neben dem Tier im Mittelpunkt seines künstlerischen Anliegens.

Strenge Formen – Reine Farben (1913)

In den gleichzeitig entstandenen Gouachen und Werken in Mischtechnik wandte Campendonk die geometrischen Gesetze noch strenger an als in seinen Ölgemälden. Das wird vor allem in den Blättern „Die grüne Kuh" (Kat.-Nr. 42), „Gelb-weiße Kuh vor Häusern" (Kat.-Nr. 41), „Circus" (Kat.-Nr. 38), „Kreuzigung" (Kat.-Nr. 37) und „Zwei Akte" (Kat.-Nr. 39) von 1913 deutlich.

Die Sparsamkeit der künstlerischen Mittel, die Konzentration auf wenige Formen und Farben, erzielt eine faszinierende Schlichtheit der Komposition. Jede Form scheint bewußt gesetzt, jede Farbe findet ihr Echo in einer weiteren. Alles dient der reinen Harmonie der Komposition und ist auf das Wesentliche konzentriert.
Die Worte Campendonks, die er Adda 1911 in Anlehnung an den Katalog der „Neue(n) Künstlervereinigung München" von 1909 schrieb, er strebe nach „Formen, befreit von allem Nebensächlichen, um das Notwendige stark zu sagen. Die höchste Knappheit der Mittel um der höchsten Ziele willen" scheinen hier endlich bildnerisch verwirklicht zu sein.
In seinem Bemühen um formale und farbliche Harmonie ordnet er nun nicht mehr, wie noch ein Jahr zuvor, die Bildaussage den formalen Gesetzen unter. Formalkompositorische Mittel und Aussage stehen im Einklang miteinander. Reduziert auf die geometrischen Grundformen Kreis, Halbkreis, Quadrat, Rechteck und Dreieck ist der Kontur aufgegeben, so daß die Einzelformen im orphistischen Sinne in ihrer reinen Farbigkeit aneinandergrenzen oder einander transparent überlappen. Dadurch wird der Komposition ein mosaikhaft-kristalliner Charakter verliehen. Die gegenständlichen Motive selbst sind den strengen geometrischen Formgesetzen der Komposition unterworfen und in sie verwoben. Dennoch bleiben sie – trotz ihrer zur Abstraktion neigenden Einfachheit – erkennbar. Die Komplementärkontraste Rot-Grün, Orange-Blau und Gelb-Violett treten klar hervor und dynamisieren die ansonsten statische Komposition. In ihrer Strenge wirken diese Blätter wie eine Vorwegnahme des Konstruktivismus und sind doch auch konsequent aus dem kubistisch-orphistischen Formenvokabular weiterentwickelt.
In der Gouache „Zwei Akte" zeigt sich die Reife des Stils, zu der Campendonk hier gelangt ist. Die geometrisierende Strenge der Form widerspricht dem lyrischen Thema, einem Liebespaar, nicht: Zwei Akte sitzen einander umarmend nach vorne gewendet, der vordere in ein leuchtendes Zinnober, der hintere in ein helles Zitronengelb getaucht. Gegenstandsbezogene Abbreviaturen wie eine Baumform und abstrakte Flächen umschließen das Paar im Hintergrund. Nur durch die Überschneidung der Formen und durch die Staffelung stehen die Dargestellten miteinander in Beziehung. Mann und Frau sind nicht durch ihre Geschlechtsmerkmale, sondern durch ihre Kopfformen bzw. -bedeckungen gekennzeichnet. Die Frau im Vordergrund trägt hochgesteckte Haare, der Mann hinter ihr eine Art Schirmmütze.
Die Farbgebung der Akte in Zinnober und Zitronengelb leuchtet aus dem gedämpfteren farblichen Ambiente aus Blau, Grün und Schwarz fröhlich heraus.

59 Bild mit Vögeln, 1915

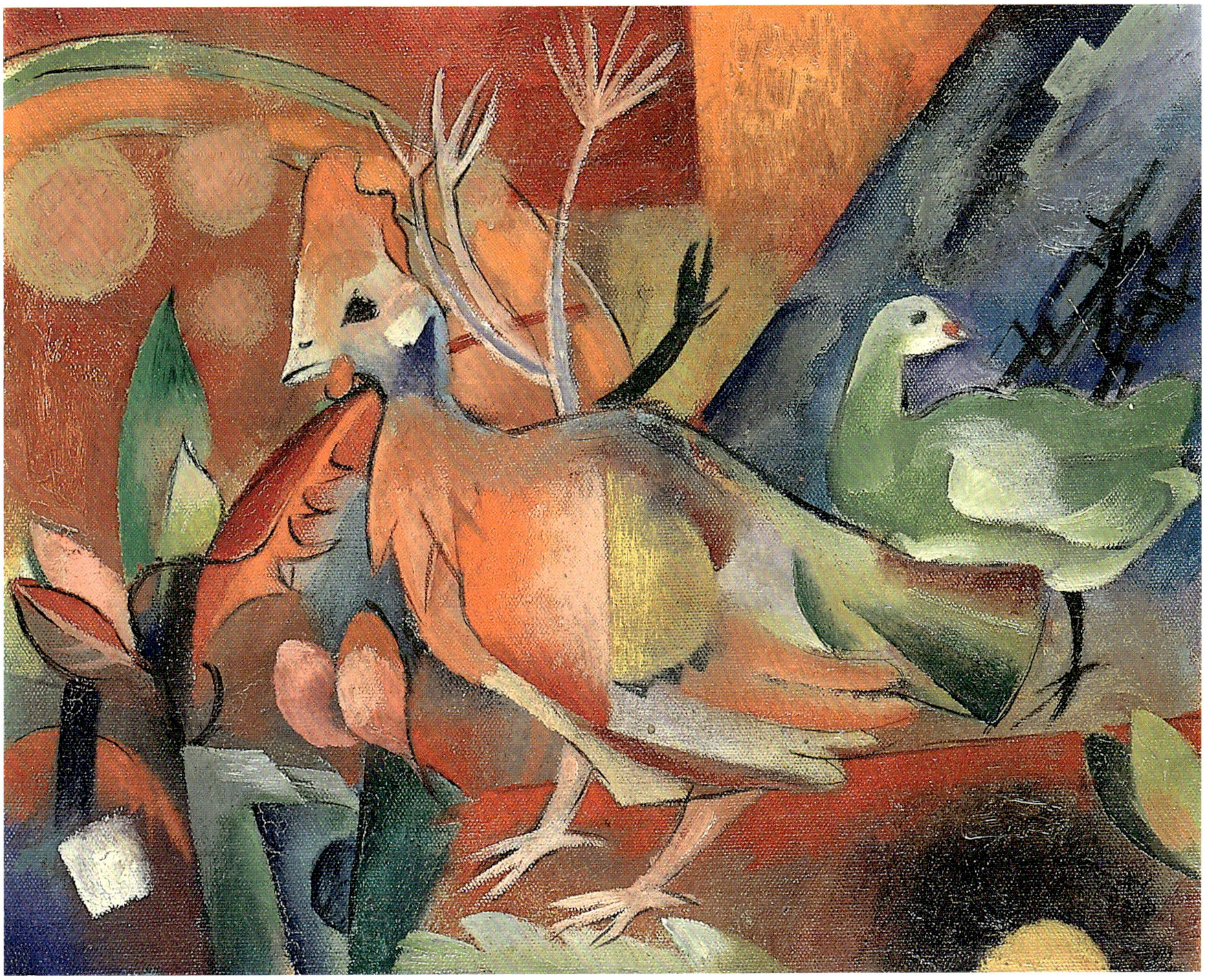

Haltung und Farbigkeit verleihen dem Paar den Ausdruck inniger Liebe. Eine unbeschwerte Heiterkeit liegt in der Szene. Sie wird durch die absolute Harmonie in Form und Farbe hervorgerufen, zu der Campendonk nach langen Jahren seines erbitterten Kampfes um „höchste Knappheit der Mittel um der höchsten Ziele willen, um Formen, befreit von allem Nebensächlichen, um das Notwendige stark zu sagen", gelangt war.

„Der sechste Tag" – Reife des Stils (1914)

1914, im Jahr der Auflösung des „Blauen Reiter", stand Campendonk auf dem Höhepunkt seines nunmehr gereiften Stils. Ganz im Sinne der anderen Maler des Künstlerkreises verband ihn einerseits in Form und Inhalt vieles mit seinen Freunden, andererseits hatte er wie sie souverän zu seinem persönlichen Stil gefunden. Ein Gemälde, in dem diese Stilstufe bildnerisch eindrucksvoll manifestiert ist, trägt den Titel „Der sechste Tag" (Kat.-Nr. 50). Dargestellt ist eine sitzende Katze in einem abstrakten „Formenwald". Wie auf ein Rufen oder ein Geschehen aufmerksam geworden, starren zwei Augen aus einem menschlich anmutenden Gesicht. Äußerst gespannt spitzt das Tier die Ohren.
Der Katzenkörper ist in ein Ensemble abstrakter Formen verflochten, dessen Flächen einander im orphistischen Sinne in Rot, Grün, Orange, Blau, Gelb und Violett prismatisch durchdringen. Eingebunden in die rhythmischen Strukturen der es umgebenden Landschaft ist das Tier unauflöslicher Teil seiner Umgebung. Marcs Theorie vom „unteilbaren Sein"[24] klingt hier an.
Kreise, Rechtecke, Sichelformen, Bögen und unregelmäßig gebrochene Flächen ohne begrenzende Konturen sind wie durchsichtig übereinandergeschichtet. Diese Diaphanie entrückt die Szene in die Sphäre des Übernatürlichen – Unzeitlichen. Der transparente Bildausdruck wird durch die Verwendung von Weiß verstärkt, das in diesem Zusammenhang wie ein unwirkliches, milchiges Licht, in das die Szene getaucht ist, wirkt.
Aus dem abstrakten Formengefüge, das die Katze hinterfängt, schälen sich einige gegenstandsbezogene Elemente heraus: ein ultramarinblaues liegendes Reh, bewegte blaugrüne Tannen mit geschwungenen Ästen, ein orangegelber Kreis als kosmische Sonne und der dunklen Kontur eines Elefanten.
Diese Formen der Umgebung, die Vegetation und Tiere scheinen in den ewigen Rhythmus der Natur einbezogen. Alles ist in Bewegung begriffen. Auch die äußerste Anspannung der aufmerksam verharrenden Katze vermag diese Dyna-

62 Tiere des Waldes und Jäger, 1915

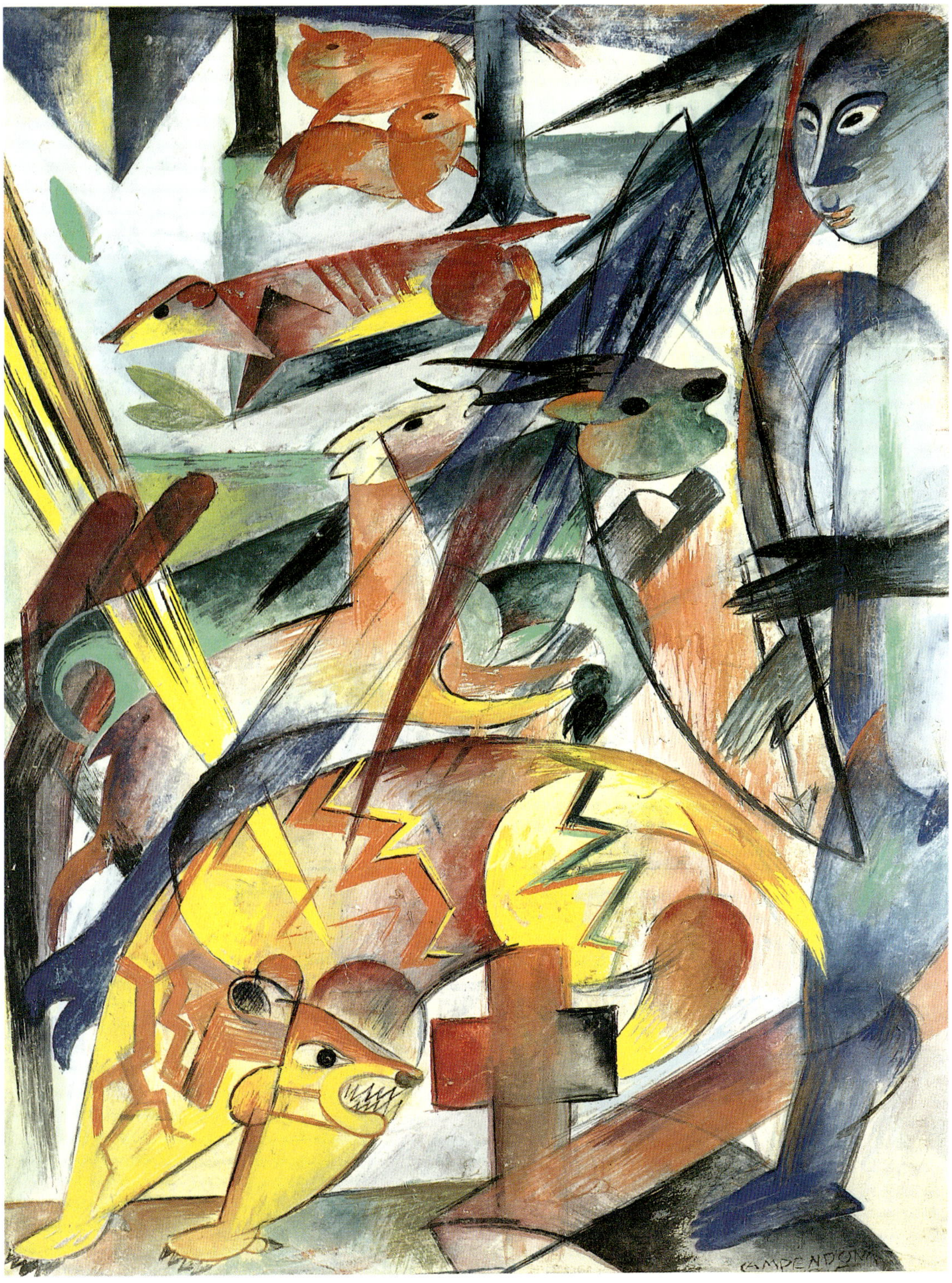

49 Familienbild, um 1914

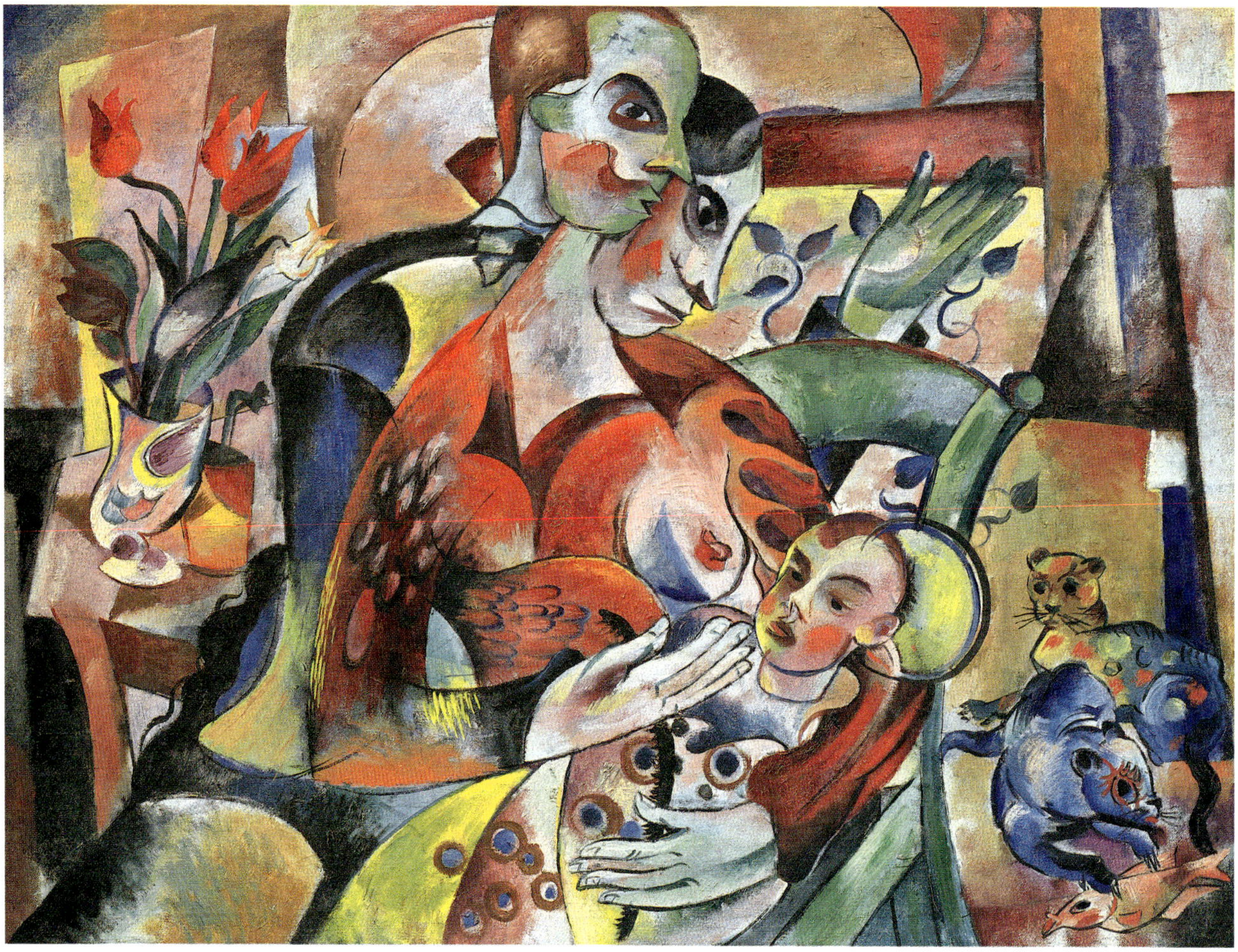

50 Der sechste Tag, 1914

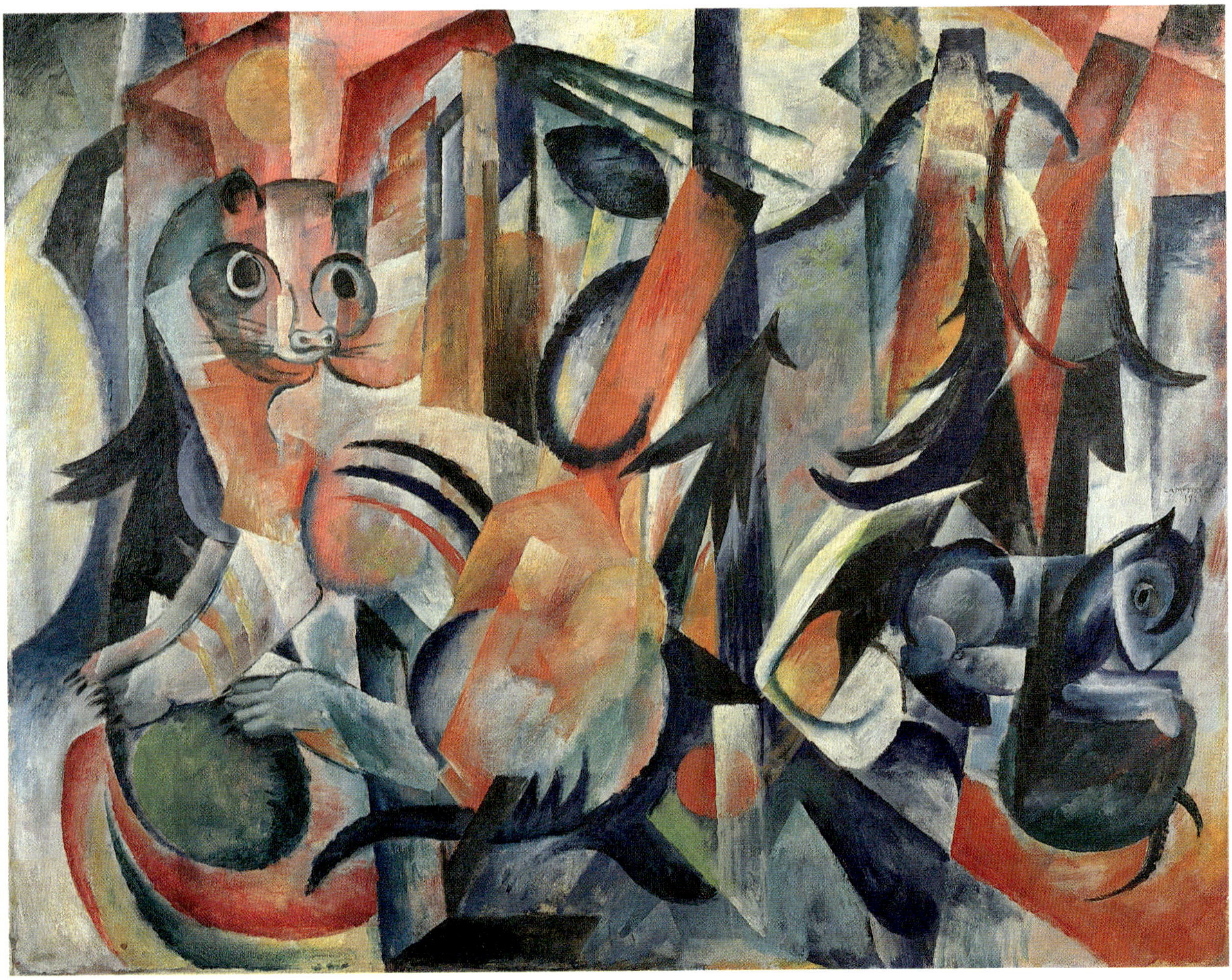

69 Tiere, 1917

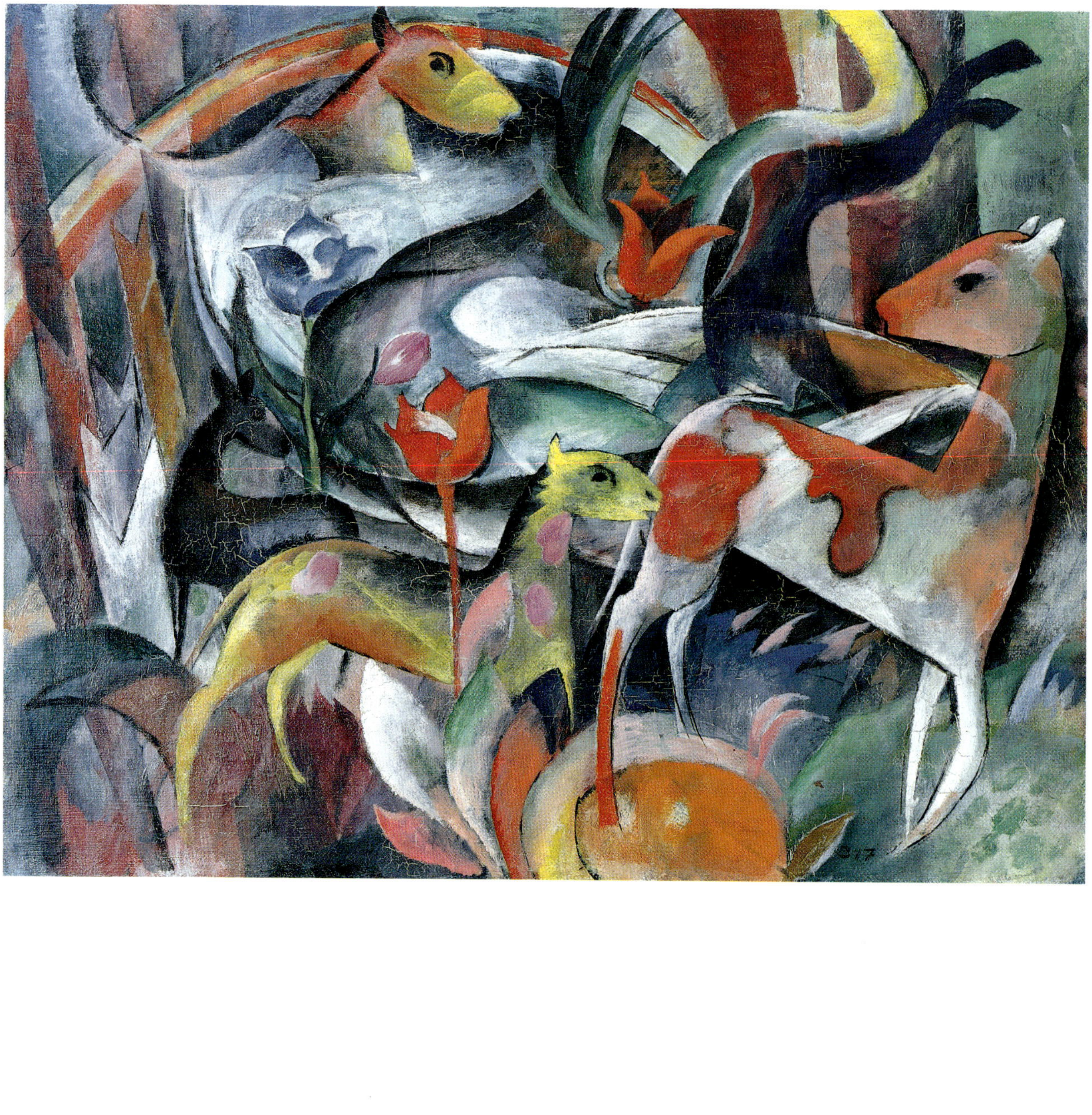

70 Kühe im Stall, um 1917

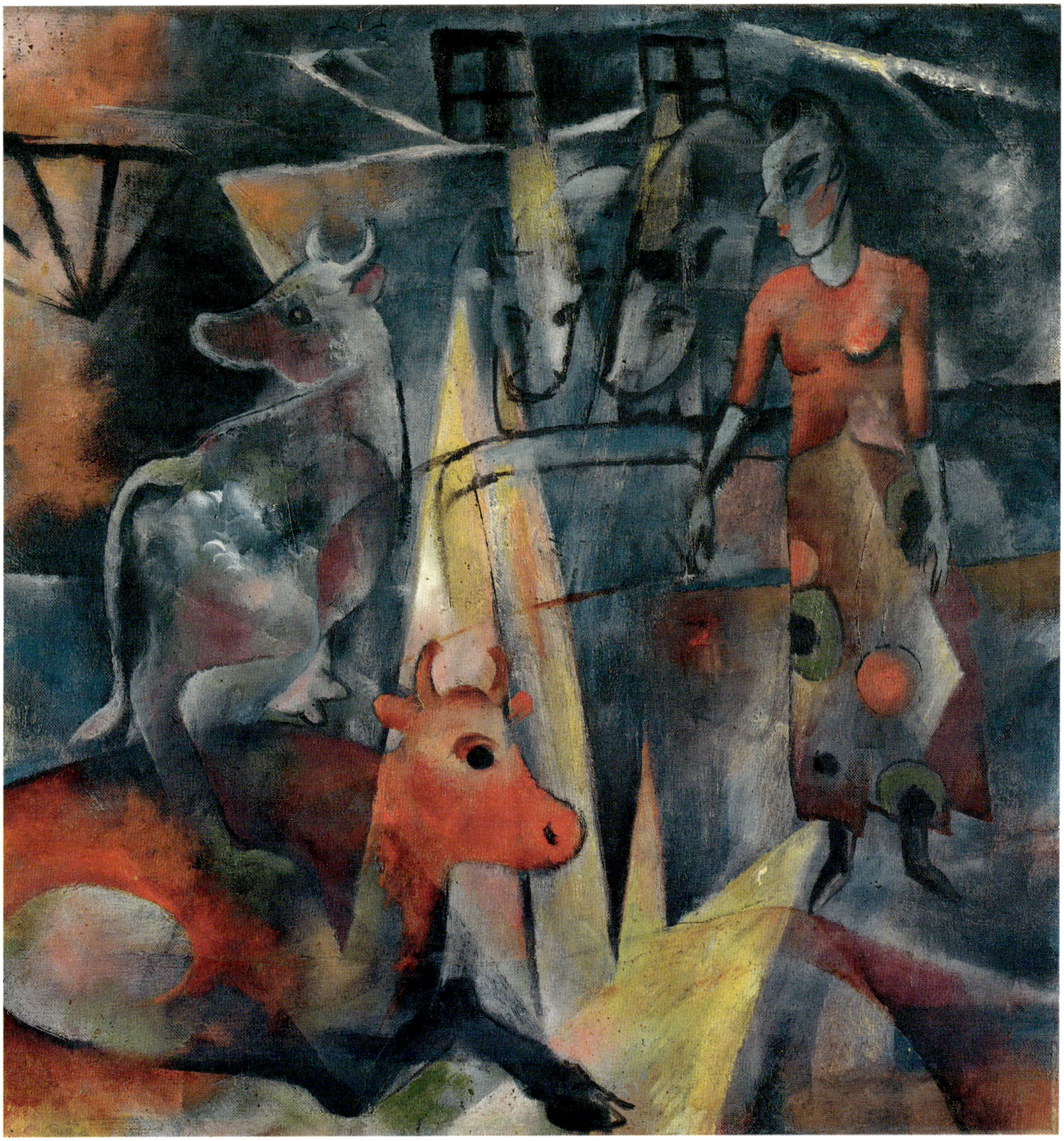

mik nicht zu durchbrechen. Teil dieses ständigen Rhythmus, scheint sie als einzige erstaunt auf einen außergewöhnlichen Vorgang aufmerksam geworden zu sein. Der Titel des Bildes „Der sechste Tag" liefert die Interpretation des Geschehens: Es ist die Darstellung des Beginns des ewigen Kreislaufes allen Lebens. Campendonk thematisiert hier den sechsten Schöpfungstag, an dem Gott die Tiere und den Menschen schuf. Hierzu wurde er vermutlich von Marc inspiriert, der sich ein Jahr zuvor in seinem Bild „Die ersten Tiere"[25] ebenfalls mit dem ersten Kapitel der Genesis auseinandergesetzt hatte. Ähnlich wie Marc beschränkt sich Campendonk auf die Schilderung des Schöpfungsaktes der Tiere. Den am selben Tag erschaffenen Menschen klammert er aus der Darstellung aus. Diese Reduzierung des Themas auf einen Teil des Schöpfungsvorganges ist jedoch nicht wie bei Marc kunstprogrammatisch zu interpretieren. Diese Beschränkung dient der Vereinfachung des Themas und kann als Huldigung an die Erschaffung alles Kreatürlichen schlechthin gedeutet werden.[26]

Das Thema des Kreislaufes von Werden und Vergehen, der endlosen Dynamik des Lebens, das im Schöpfungsakt seinen Ursprung fand, das Motiv der Katze, die sich, noch erstaunt, in dieses Geschehen unwiederbringlich hineinbegibt und zu einer harmonischen Einheit mit dem Kosmos verschmilzt, sind bildnerischer Ausdruck des Lobliedes auf die Schöpfung, das der Künstler anstimmt.

Ankündigung neuer Formen in Arbeiten auf Papier (1915/16)

Seit 1915/16 kündigen sich in Campendonks Arbeiten Wandlungen an, die durch seine biographische Situation seit 1914 bedingt sind: Den Auftakt hierzu bildete der Umzug Marcs nach Ried, wodurch Campendonk die Möglichkeit zu einer engen Zusammenarbeit genommen wurde. Diese Übersiedlung war vielleicht nur äußeres Zeichen dafür, daß der „Blaue Reiter" nicht mehr von Bestand war – Individualitäten drängten nach vorn. Mit dem Ausbruch des ersten Weltkrieges wurde die Auflösung des „Blauen Reiter" dann endgültig. Die Künstler trennten sich. Die Ausländer verließen Deutschland, Marc und Macke zogen in den Krieg.

Bedeutete der Krieg, den viele Maler im Zuge der allgemeinen Kriegseuphorie zunächst begrüßt hatten, für zahlreiche deutsche Künstler ein erschütterndes, grausames Ereignis, so war Campendonk hier vom Schicksal begünstigt. Krankheitsbedingt war er stets nur für wenige Wochen dienstverpflichtet. Das Erlebnis des unmittelbaren Kriegsgeschehens im Angesicht des Todes an der Front blieb ihm erspart. Die direkten Auswirkungen dieses grausamen Infernos spürte er jedoch

76 Große Landschaft, um 1918

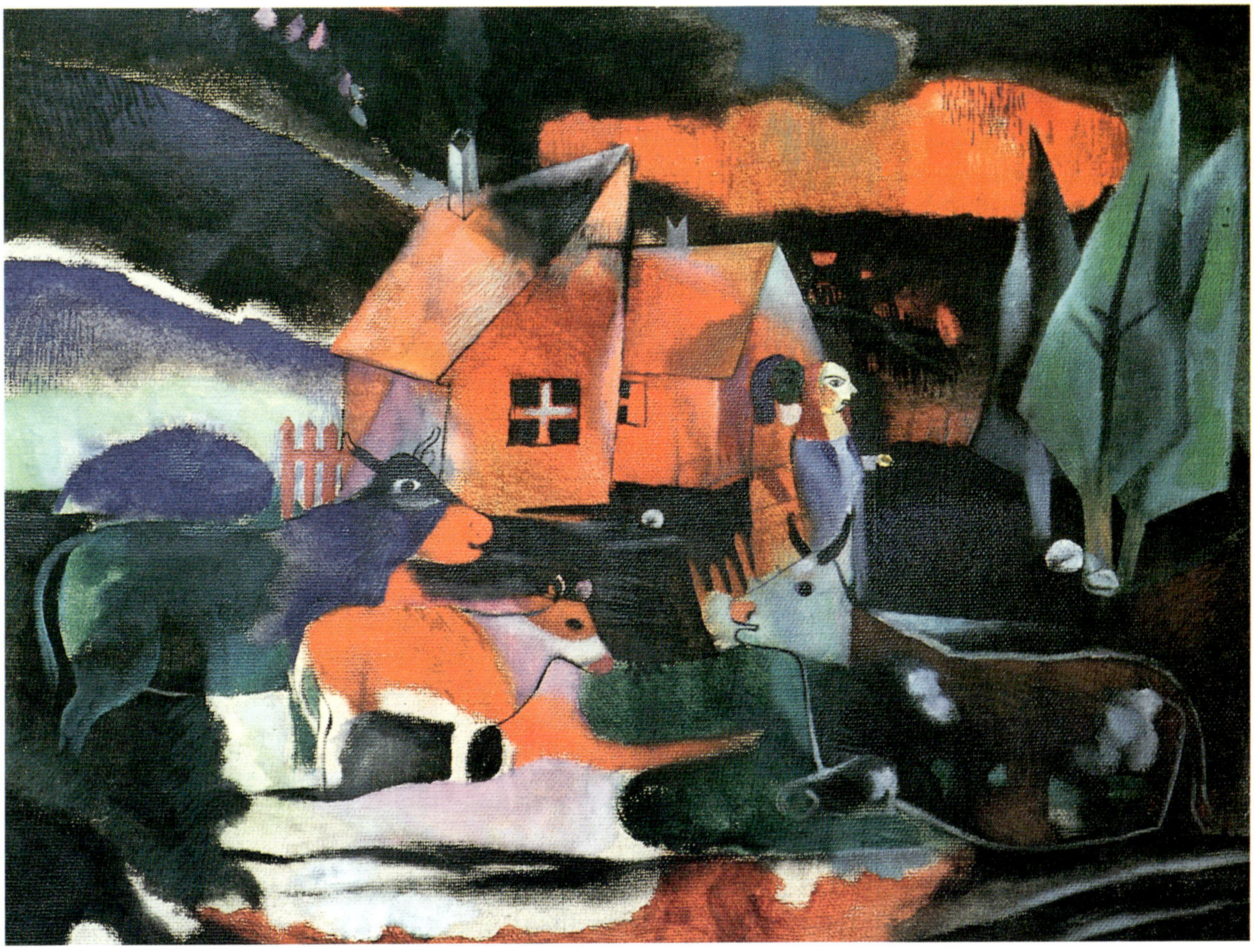

durch den Verlust seiner Freunde Macke und Marc. August Macke fiel 1914, zwei Jahre später wurde Franz Marc von einer Kugel tödlich getroffen. Ihr Tod erschütterte Campendonk tief.

Aber auch seine persönlichen Lebensumstände änderten sich in dieser Zeit. 1915 wurde sein Sohn Herbert geboren, 1916 siedelte die kleine Familie nach Seeshaupt über. Bedingt durch diese inneren wie äußeren Veränderungen entstanden in den Jahren 1915 und 1916 kaum größere Arbeiten in Öl oder Tempera. Seine künstlerischen Zeugnisse dieser Zeit auf Postkarten und in Skizzenbüchern beziehen sich inhaltlich meist auf biographische Ereignisse, die in scheinbar unzusammenhängenden, hieroglyphenhaften Zeichen thematisiert sind.

Formal lösen weich fließende ruhige Flächen das strenge geometrische Formenvokabular der Vorjahre langsam ab. Stilistisch griff der Künstler somit auf seine wenigen, schon 1913 entstandenen Werke ähnlicher Formgebung zurück, die damals wie ein nicht weiter verfolgtes künstlerisches Intermezzo erschienen waren.

Weiche Formen – Mystisch leuchtende Farben – (1917/1922)
Der Almanach „Der Blaue Reiter" als inhaltliches Leitprinzip

Erst 1917, als sich Campendonks Lebensumstände in Seeshaupt konsolidiert hatten, fand er wieder die innere Ruhe, größere Arbeiten in Öl und Tempera zu schaffen. Von nun an entstand eine ungeheure Vielzahl von Gemälden, die seine zweite bedeutende Schaffensphase zwischen 1917 und etwa 1920 einleitete. Formal führte Campendonk jetzt weiter, was sich in seinen Arbeiten auf Papier schon seit 1915 angekündigt hatte: Weich fließende Formen und große, ruhige Flächen von leuchtend intensiver Farbigkeit kennzeichnen seine Werke nunmehr. Alles kantig Zersplitterte, das Charakteristikum seiner Werke zwischen 1912 und 1914 gewesen war, ist ihnen jetzt fremd. Die Strenge jener Arbeiten ist mehr und mehr einer weichen Lyrik im Bildausdruck gewichen.

Abgeschnitten von der Möglichkeit, Anstößen und Einflüssen von Kunstwerken anderer Maler zu verfallen, konzentrierte sich Campendonk jetzt vollständig auf seine eigene formale und farbliche Bildsprache. Auch später, als sich diese Zurückgezogenheit seit etwa 1918/19 zu lockern begann, war er für Tendenzen, die sich in den verschiedenen Kunstrichtungen der Zeit zeigten, nicht mehr empfänglich. Insofern verhalfen ihm die Jahre der Abgeschiedenheit zum gefestigten Vertrauen in die eigene Künstlerindividualität.

75 Mädchen mit Katze, 1918

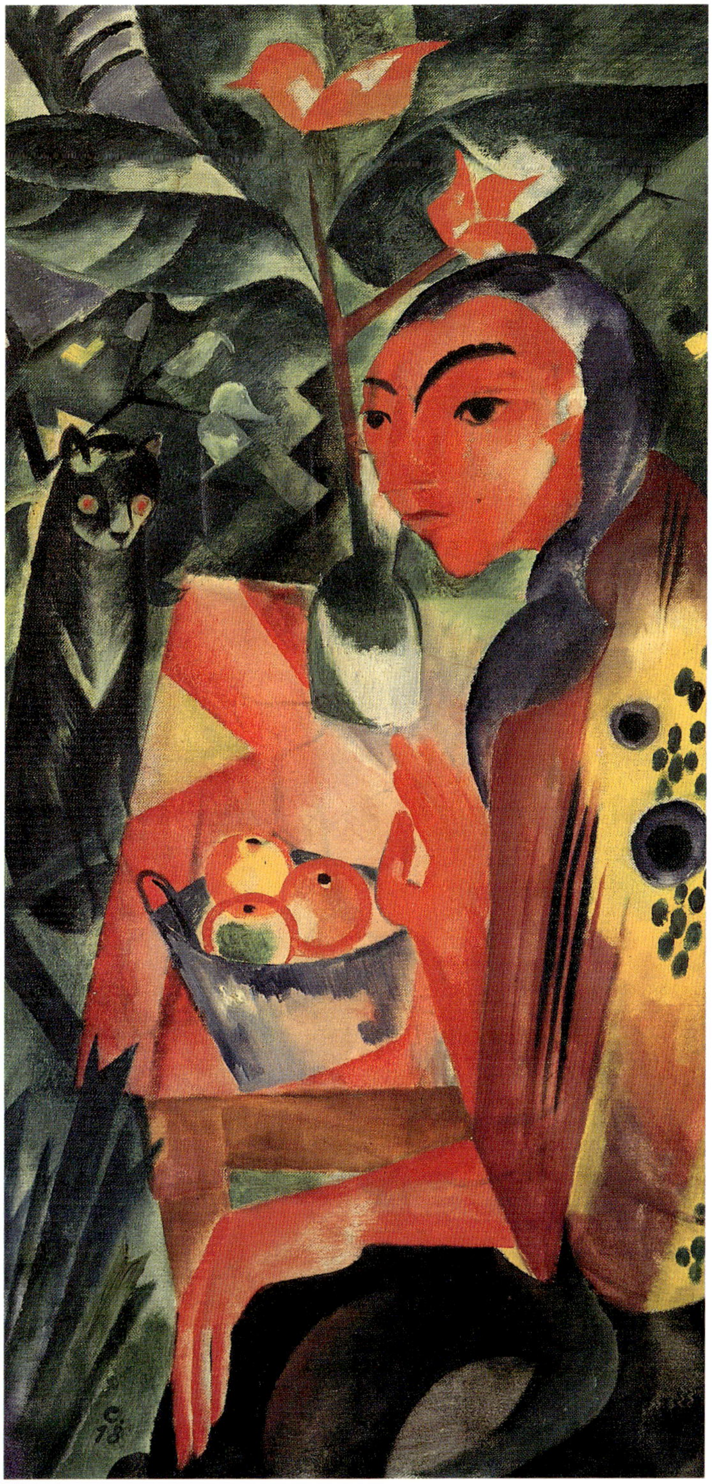

Durch die Farbgebung und durch ikonographische Mittel, wie beispielsweise das Schweben von Figuren, verlieh Campendonk seinen Gemälden eine mystische Ausstrahlungskraft. Die Worte Franz Marcs von der „mystisch-innerlichen Konstruktion"[27] scheinen in Campendonks Arbeiten ihre bildnerische Manifestation erfahren zu haben. Sie spiegeln die Schwierigkeiten, mit denen seine Bilder den Betrachter konfrontieren, wider: Die von nun an geschaffenen Werke ziehen den Betrachter unwiderruflich in ihren Bann, er versinkt in ihre Welt und vermag sie dennoch nicht in ihrer Tiefe zu erfassen. Während sich Campendonk in seiner Kunst seit etwa 1917 stilistisch, das heißt in Form und Farbe, immer mehr von seinen Arbeiten der Sindelsdorfer Zeit entfernte, blieb er dem „Blauen Reiter" inhaltlich noch lange Jahre verhaftet. Es will fast so scheinen, als habe der Künstler jetzt, nachdem sich der Kreis aufgelöst hatte und er isoliert vom Kunstgeschehen nur auf sich gestellt arbeitete, den Almanach „Der Blaue Reiter" hervorgenommen und ihn zum stillen inhaltlichen Leitprinzip seiner Bilder erhoben. Zahlreiche im Almanach anklingende Themen finden in Sujet und Inhalt seiner Werke ein spätes Echo. Er läßt die dort gepriesene Bildwelt in seinen Gemälden gleichsam als Nachklang des „Blauen Reiter" noch einmal erstehen.

In Bildern wie „Mann, Pferd, Kuh" (Kat.-Nr. 73), „Große Landschaft" (Kat.-Nr. 76), „Der Garten" (Kat.-Nr. 84), „Mädchen mit Katze" (Kat.-Nr. 75) und „Drei Akte mit Schildkröte" (Kat.-Nr. 88) tritt diese Bezugnahme des Künstlers auf den Almanach deutlich hervor. Gemälde wie „Mann, Pferd, Kuh", „Der Garten" und „Große Landschaft" wirken in der Naivität ihrer Darstellung wie eine Huldigung an den französischen Maler Henri Rousseau. Die Bilder des Franzosen genossen bei den Künstlern des „Blauen Reiter" höchste Wertschätzung, die sie in ihrem Almanach zum Ausdruck brachten: Keinem der im Almanach erwähnten Künstler sind so viele Reproduktionen zugestanden wie Rousseau.[28] Campendonk wird diese Verehrung für das Werk Rousseaus mit seinen Freunden geteilt haben. Doch während sie in seinem Werk der Sindelsdorfer Jahre keinen sichtbaren Niederschlag gefunden hatte, scheint sich Campendonk nun in einigen Zügen der Bildwelt des Franzosen genähert zu haben. Der „Neue Realismus", der Kandinsky an den naiv primitivistischen Bildern Rousseaus beeindruckte und seiner Ansicht nach durch die stilistische Einfachheit und Unverfälschtheit des „Herausklingen des Inneren"[29] ermöglichte, fand jetzt andeutungsweise in die Kompositionen Campendonks Eingang. Auch die durch Abbildungen im Almanach bezeugte Bewunderung für die eigene Volkskunst, so für bayerische Votivtafeln oder Hinterglasbilder, klingt in diesen Gemälden nach.

77 Selbstbildnis – Gelber Kopf, 1918

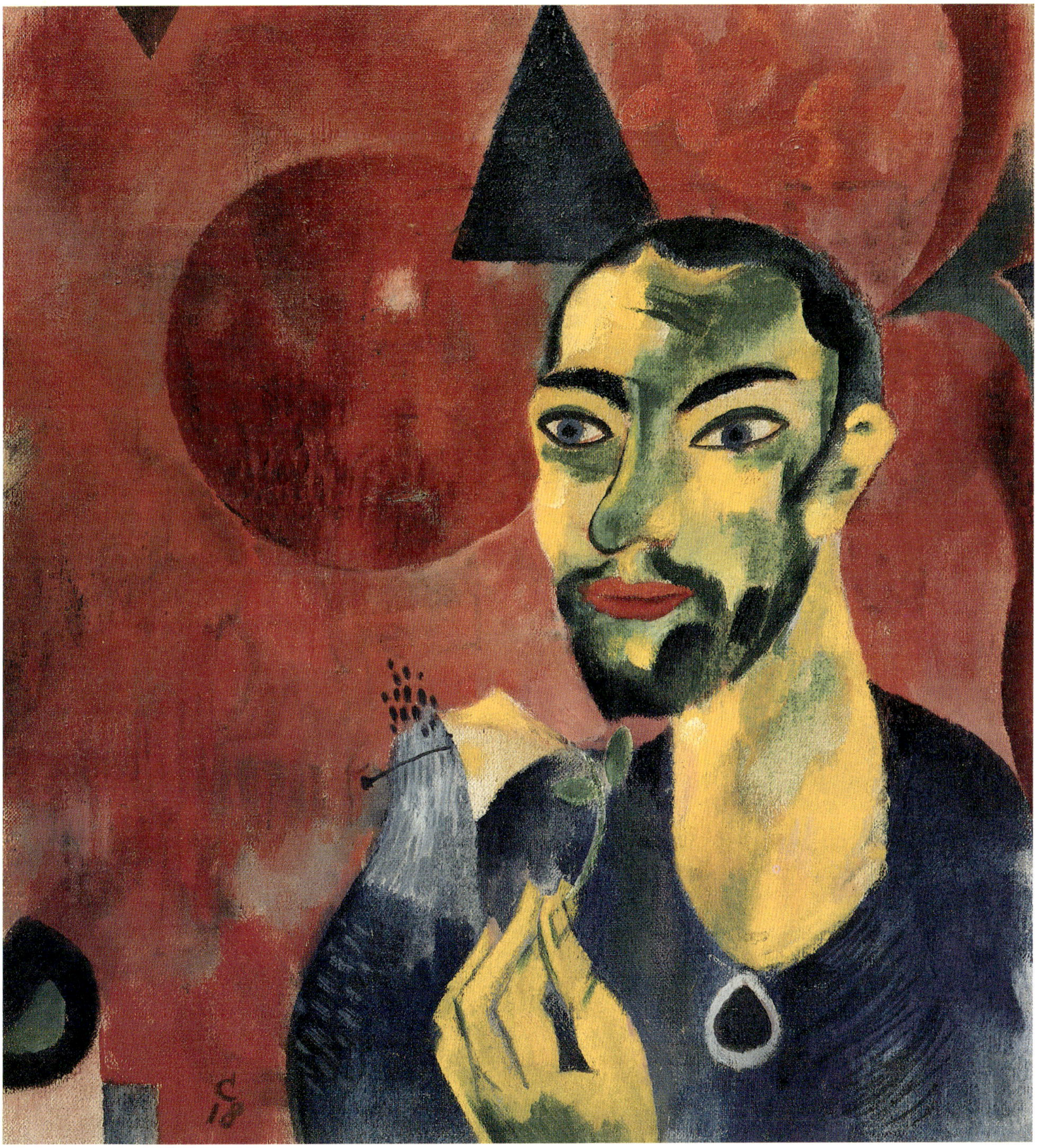

Die Suche nach einfachem, unverbildetem, aus dem Innersten kommenden Bildausdruck war auch der Grund für die Huldigung der Kunst primitiver Kulturen, wie sie sich in Mackes Aufsatz „Masken" und zahlreichen Abbildungen primitiver Volkskunst im Almanach widerspiegelt. Hatte sich Campendonk schon 1911 in seinem Bild „Drei Reiter mit Lasso" diesem „universellen Kunstgriff" angeschlossen, so griff er sie 1918 in seinem Gemälde „Mädchen mit Katze" erneut auf. Zu den markant geschwungenen Augenbrauen und fremdländisch mandelförmigen Augen der dargestellten jungen Frau ließ er sich gewiß von den im Almanach abgebildeten malaischen Holzfiguren anregen. In expressiv leuchtendes Rot im Komplementärkontrast zu dunklem Grün getaucht, wirkt die einfache Szene am Gartentisch geheimnisvoll mystisch, der Alltäglichkeit entrückt.
Die biographischen Hintergründe, vor denen dieses Bild entstand, vermögen seine Deutung zu liefern. 1918 gebar Adda die Tochter Gerda. In diesem Zusammenhang läßt sich die Darstellung als dankbare Hymne auf die Frau als Spenderin neuen Lebens interpretieren.
Aber auch eine späte Verbeugung vor Franz Marcs Gemälde „Rote Frau"[30] von 1912, vor Bildern August Mackes und – mit dem Obst auf dem Tisch – vor Stilleben Cézannes schwingen mit. Seine Bewunderung für die Kunst Gauguins, die alle Künstler des „Blauen Reiter" fasziniert hatte, drückte er mit der Wahl des Aktthemas aus, mit dem er sich in zahlreichen Gemälden dieser Jahre auseinandersetzte. Die Nacktheit des Menschen galt seit Gauguins Darstellungen des weiblichen Aktes, dessen Vorbild er in den Mädchen auf Tahiti gefunden hatte, als Sinnbild der Reinheit, des natürlichen Zustandes des Menschen. Wenn Campendonk dieses Thema in seinem Gemälde „Drei Akte mit Schildkröte" mit der Darstellung des Interieurs verknüpft, so bleibt die Grundaussage dennoch dieselbe. Einem ähnlichen Geist entsprang auch das Gemälde „Liegender Akt" (Kat.-Nr. 72). Damit stand Campendonk erneut in der Tradition der kunsttheoretischen Prinzipien des „Blauen Reiter" und war seinem Hauptanliegen, dem Menschen seinen ursprünglichen paradisischen Zustand in seiner Bildwelt zurückzuschenken, treu geblieben. Auch mit seinen Hinterglasbildern griff Campendonk auf den Almanach und das Streben der „Blauen Reiter", es dem einfachen Kunstausdruck des Volkes gleichzutun, zurück. Schon seit 1911 hatten sich die Maler des „Blauen Reiter" in dieser volkstümlichen bayerischen Technik versucht. Auch Campendonk hatte zahlreiche, heute nicht mehr erhaltene Hinterglasbilder geschaffen. Nun aber übte er sich in verstärktem Maße darin und gelangte zu Schöpfungen ganz eigentümlichen Ausdrucks. Eindrucksvolle Beispiele hierfür sind die Hinterglasbilder „Selbstbildnis in Ober-

bayern" (Kat.-Nr. 71), „Gralsburg" (Kat.-Nr. 95), „Pierrot mit Schlange" (Kat.-Nr. 96) und „Frau mit Blume" (Kat.-Nr. 102).

Loslösung vom „Blauen Reiter"

Während sich Campendonk in nahezu allen 1917 entstandenen Bildern zwar stilistisch von seinen Werken der Sindelsdorfer Zeit im Kreis des „Blauen Reiter" entfernt hatte, dessen im Almanach niedergelegten Prinzipien inhaltlich aber treu geblieben war, schuf er daneben einige Werke, die auch hinsichtlich ihres Grundthemas mit dem „Blauen Reiter" nichts mehr zu tun haben. Paul Wember nannte diese Arbeiten „Zustandsbilder" und beschrieb damit das Wesen dieser Werke. „Die Armen" (Kat.-Nr. 74), „Wirtshaus" (Kat.-Nr. 67), „Penzberger Reiter" (Kat.-Nr. 78), „Penzberg" (Kat.-Nr. 81), „Interieur mit roter Teekanne" (Kat.-Nr. 86) und „Interieur mit Akt und Figuren" (Kat.-Nr. 92) stehen für diese Gruppe.
Unterschiedlich im Sujet – Interieur mit Figuren und Menschen in der Landschaft – ist ihnen die Handlungslosigkeit der Dargestellten gemein. Die an Marionetten oder Puppen erinnernden Figuren mit seltsam starren, maskenhaften Gesichtern wirken in ihrer stillen Umgebung merkwürdig ruhig und verhalten. Sie handeln nicht, sie verharren stumm und steif, harmonisch eingefügt in eine ihnen seltsam gleichkommende, stillstehende Welt. Es ist die Welt des einfachen Menschen. Ärmliche Stuben und die Umgebung des Bergarbeiters bei Penzberg, einem kleinen Bergwerkstädtchen in der Nähe von Seeshaupt. Die Menschen, selbst das Vieh und die Umwelt sind von der Armut und der Last der schweren Arbeit gezeichnet. Doch prangert Campendonk diese sozialen Mißstände nicht an – er stellt, er hält sie fest. Somit charakterisiert der Begriff „Zustandsbilder" diese Arbeiten Campendonks in ihrem Kern.
Diesen nur zögernd eingeschlagenen Weg sollte der Maler von 1921 an zunehmend verfolgen, bis er ab etwa 1924 gegenüber der Richtung, den Prinzipien des „Blauen Reiter" in Inhalt und Bildaussage treu zu bleiben, schließlich überwog. Die in Campendonks Werk lange nachwirkenden Anklänge an den „Blauen Reiter", der sein künstlerisches Schaffen entscheidend bestimmt hatte, verloren sich allmählich. Als Campendonk 1926 eine Professur für Monumentale Malerei an der Kunstakademie Düsseldorf erhielt, trat sein malerisches Schaffen mehr und mehr in den Hintergrund. Schöpfungen in Glas bestimmten jetzt sein künstlerisches Wirken. Die Malerei in Öl, Tempera oder Aquarell blieb ausschließlich seiner privaten Sphäre vorbehalten.

81 Die Barbarazeche – Penzberg, 1919

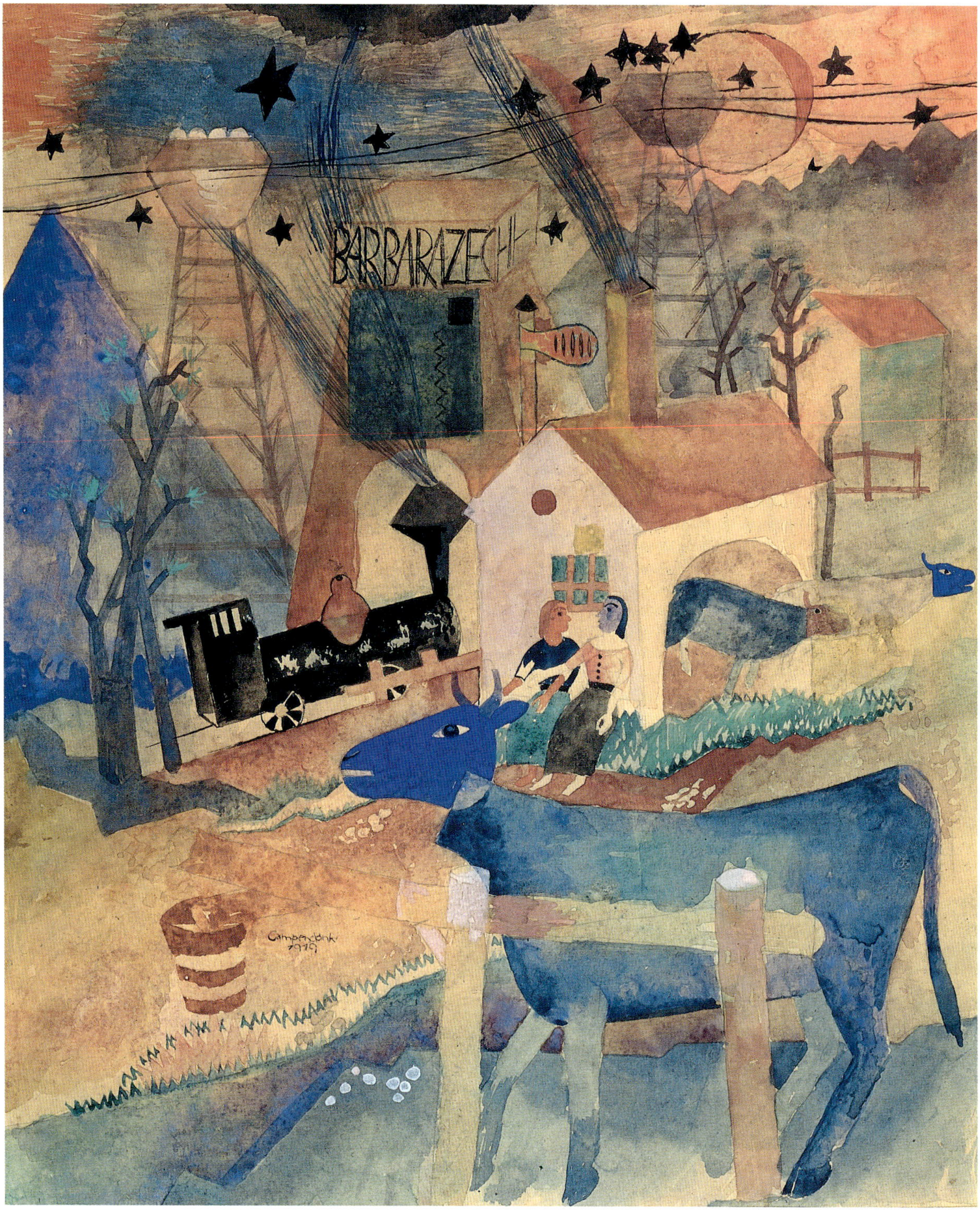

78 Penzberger Reiter, 1918

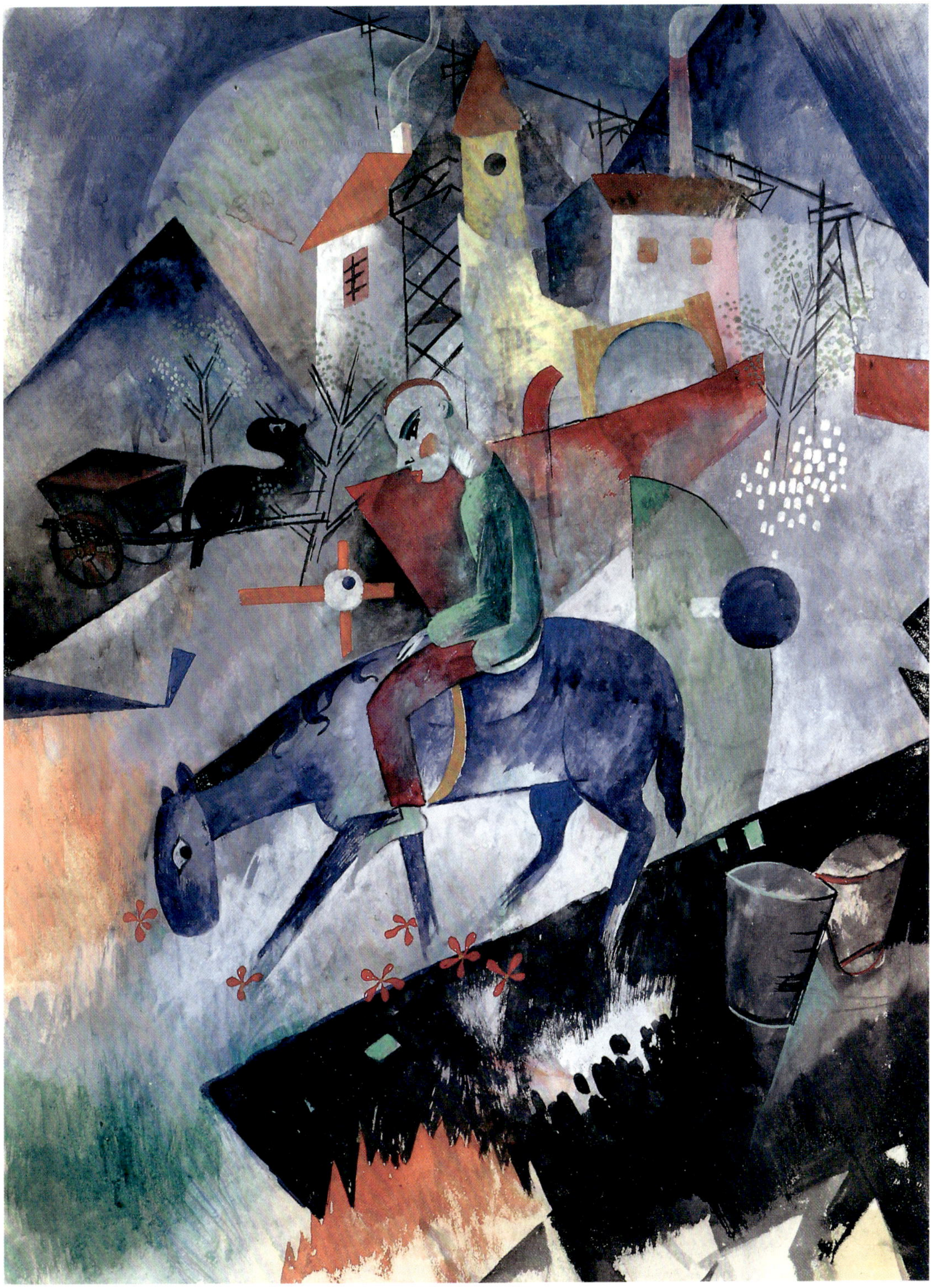

1 Dieses Zitat und alle folgenden Briefzitate sowie zahlreiche biographische Daten sind, sofern nicht anders angegeben, den Briefen Heinrich Campendonks an Herbert Campendonk, Adda Deichmann (später Campendonk), Walter Dexel, Paul van Ostayen, Fritz Stuckenberg und Herwarth Walden entnommen. Sie sind bisher unpubliziert und befinden sich im schriftlichen Künstlernachlaß bzw. im Archiv der Verfasserin. Zu den genauen Angaben und Daten der Briefe vgl. Andrea Firmenich, Heinrich Campendonk (1889–1957) – Leben und expressionistisches Werk. Mit Werkkatalog des malerischen Œuvre, Recklinghausen 1989.

2 Vgl. A. Kat. München 1911, Die Erste Ausstellung der Redaktion „Der Blaue Reiter", Galerie Thannhauser, München 1911.

3 Wassily Kandinsky/Franz Marc, Briefwechsel, Hrsg. Klaus Lankheit, München–Zürich 1983. – August Macke/Franz Marc, Briefwechsel, Köln 1964.

4 Wassily Kandinsky/Franz Marc 1983, S. 71.

5 Wassily Kandinsky/Franz Marc (Hrsg.), Der Blaue Reiter, München 1912 (Dokumentarische Neuausgabe, Hrsg. Klaus Lankheit) München 1979, S. 36.

6 A. Kat. München 1911, S. 4, Nrn. 13 u. 14.

7 Vgl. Andrea Firmenich 1989, WVZ-Nr. 116 Ö.

8 Vgl. Magdalena M. Moeller, Der Blaue Reiter, Köln 1987, S. 112f.

9 Hans Konrad Roethel, Kandinsky, München–Zürich 1982, S. 80–87.

10 Wassily Kandinsky, Über das Geistige in der Kunst, Bern 1965, S. 95–97.

11 August Macke, Masken, in: Wassily Kandinsky/Franz Marc 1912 (1979), S. 21–26.

12 Gustav Vriesen, August Macke, Stuttgart 1957, Nr. 265.

13 Vgl. hierzu auch: Jill Lloyd, Primitivismus und Modernität, ein expressionistisches Dilemma, in: A. Kat. Stuttgart 1986, Deutsche Kunst im 20. Jahrhundert – Malerei und Plastik 1905–1985, hrsg. von Christos M. Joachimides, Norman Rosenthal, Wieland Schmied, S. 98–104.

14 Die genaue Anzahl und das Aussehen der Bilder läßt sich heute nicht mehr exakt nachvollziehen, da nur noch eines der Werke erhalten ist. Doch gibt der Briefwechsel zwischen Kandinsky und Marc hierzu wertvolle Hinweise (Wassily Kandinsky/Franz Marc 1912 (1979), S. 165 f.).

15 Zu den möglichen Vorlagen vgl. Andrea Firmenich 1989, S. 77, Anm. 7, 14.

16 Vgl. Wassily Kandinsky/Franz Marc 1912 (1979), S. 165f.

17 Johannes Langner, Kubismus, Futurismus, Orphismus, Macke und die internationale Avantgarde – 1911–1914, in Ernst-Gerhard Güse (Hrsg.), August Macke, Gemälde, Aquarelle, Zeichnungen, München 1986, S. 77. Ferner: Zur Diskussion über die kunsthistorische Einordnung Campendonks in den „Rheinischen Expressionismus", vgl. Andrea Firmenich 1989, S. 118–129.

18 August Macke/Franz Marc 1964, S. 123.

19 Wassily Kandinsky/Franz Marc 1912 (1979), S. 166.

20 Klaus Lankheit, Franz Marc-Katalog der Werke, Köln 1970, Nr. 156.

80 Liebespaar, 1919

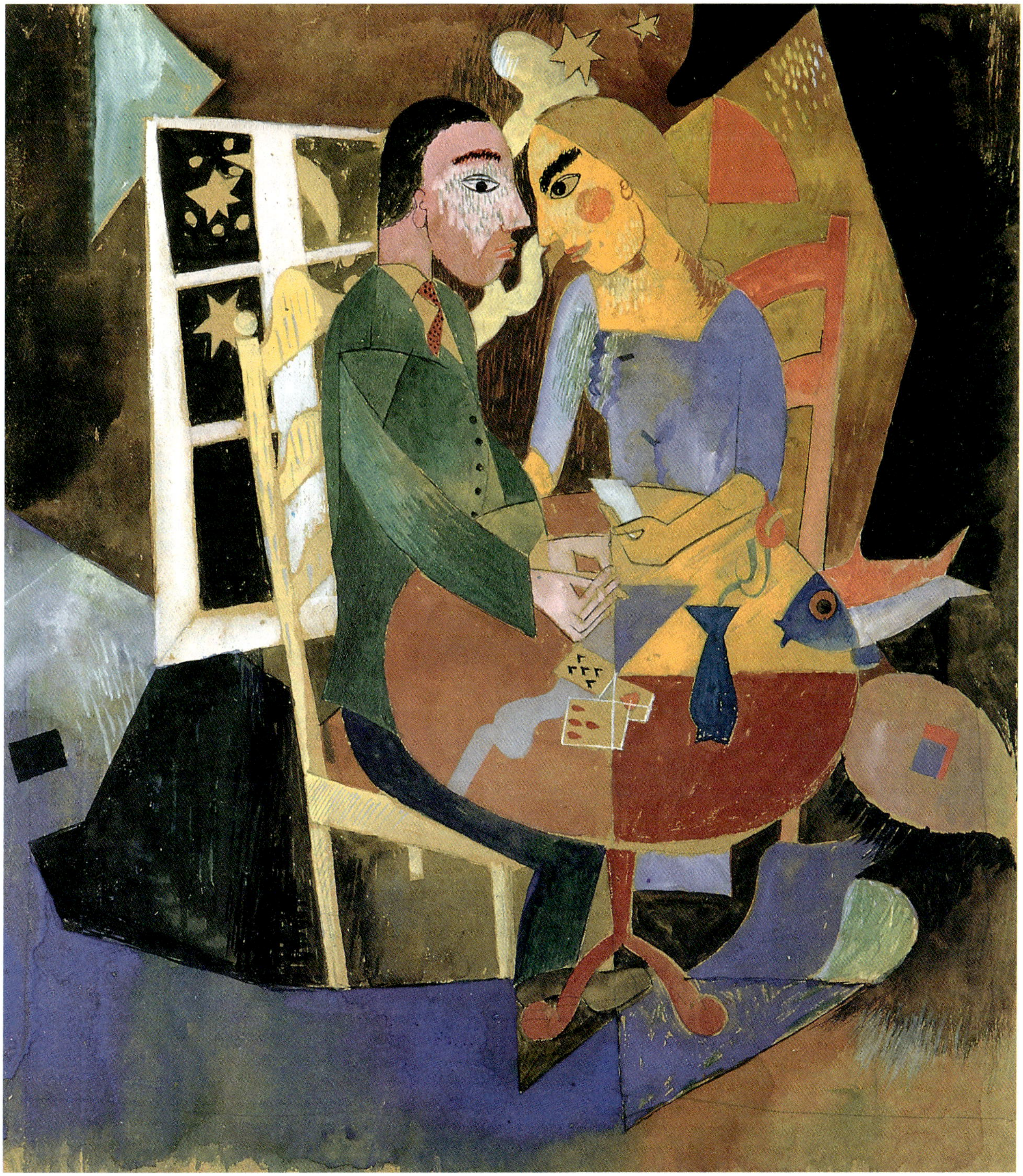

21 Vgl. auch: Dorothea Eimert, Der Einfluß des Futurismus auf die deutsche Malerei, Köln 1974, S. 157f.

22 Elisabeth Erdmann-Macke, Erinnerungen an August Macke, Frankfurt 1987, S. 207.

23 Franz Marc, Briefe aus dem Feld, (Hrsg. Klaus Lankheit/Uwe Steffen), München–Zürich 1985, S. 64f.

24 Franz Marc, Zur Kritik der Vergangenheit, in: Franz Marc, Schriften, Hrsg. Klaus Lankheit, Köln 1978, S. 117–120.

25 Klaus Lankheit 1970, Nr. 207.

26 Christoph Wilhelmi (Handbuch der Symbole der bildenden Kunst des 20. Jahrhunderts, Frankfurt–Berlin 1980, S. 204f.) führt das Motiv der Katze als „Sinnbild des Kreatürlichen schlechthin" an, eine Deutung, die in diesem Zusammenhang die Interpretation der Darstellung bestätigt.

27 Franz Marc, Geistige Güter, in: Wassily Kandinsky/Franz Marc 1912 (1979), S. 23.

28 Wassily Kandinsky/Franz Marc 1912 (1979), S. 138, 156, 170f., 185, 259, 268.

29 Wassily Kandinsky/Franz Marc 1912 (1979), S. 68.

30 Klaus Lankheit 1970, Nr. 174.

85 Hirte mit Kühen, um 1920

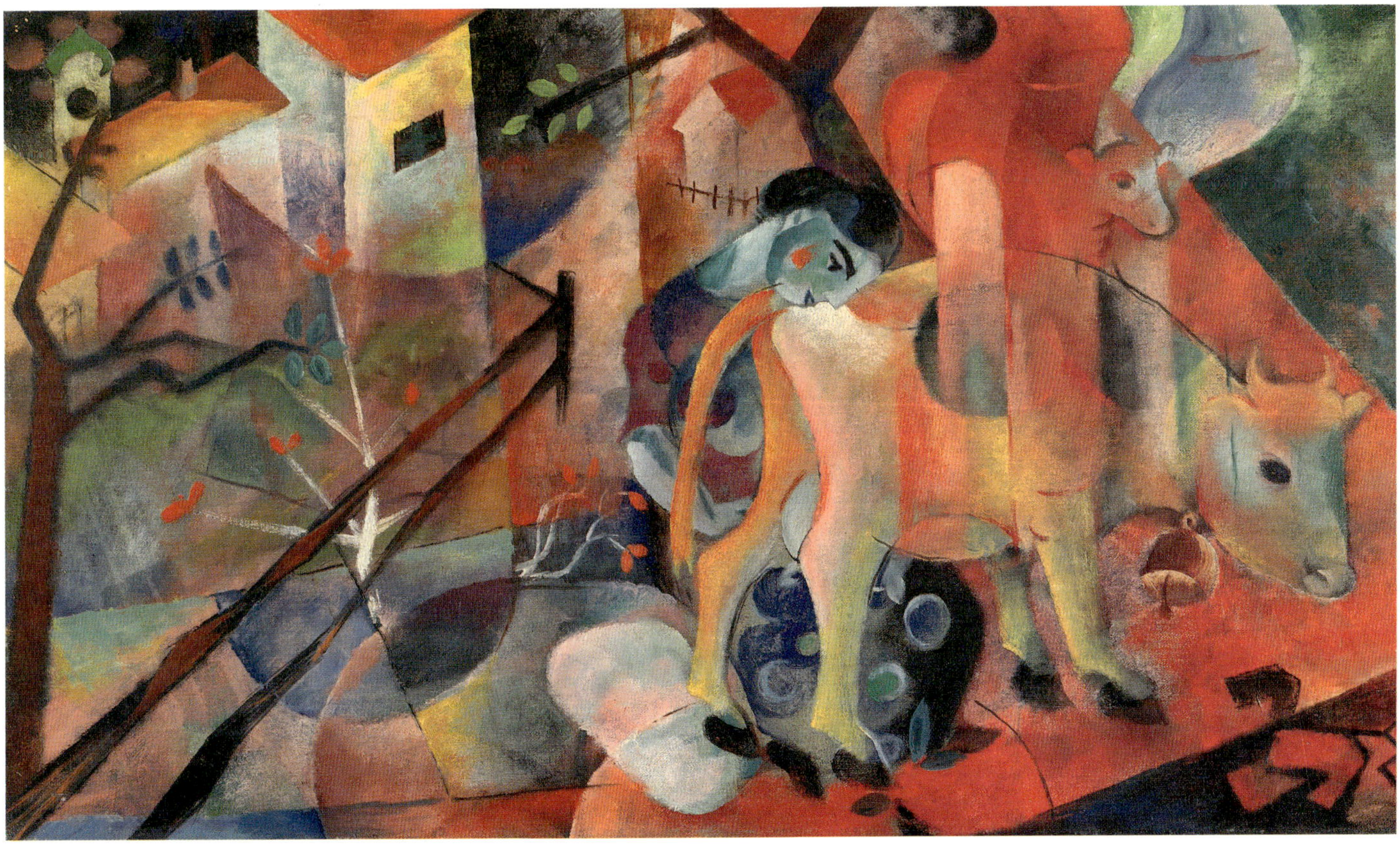

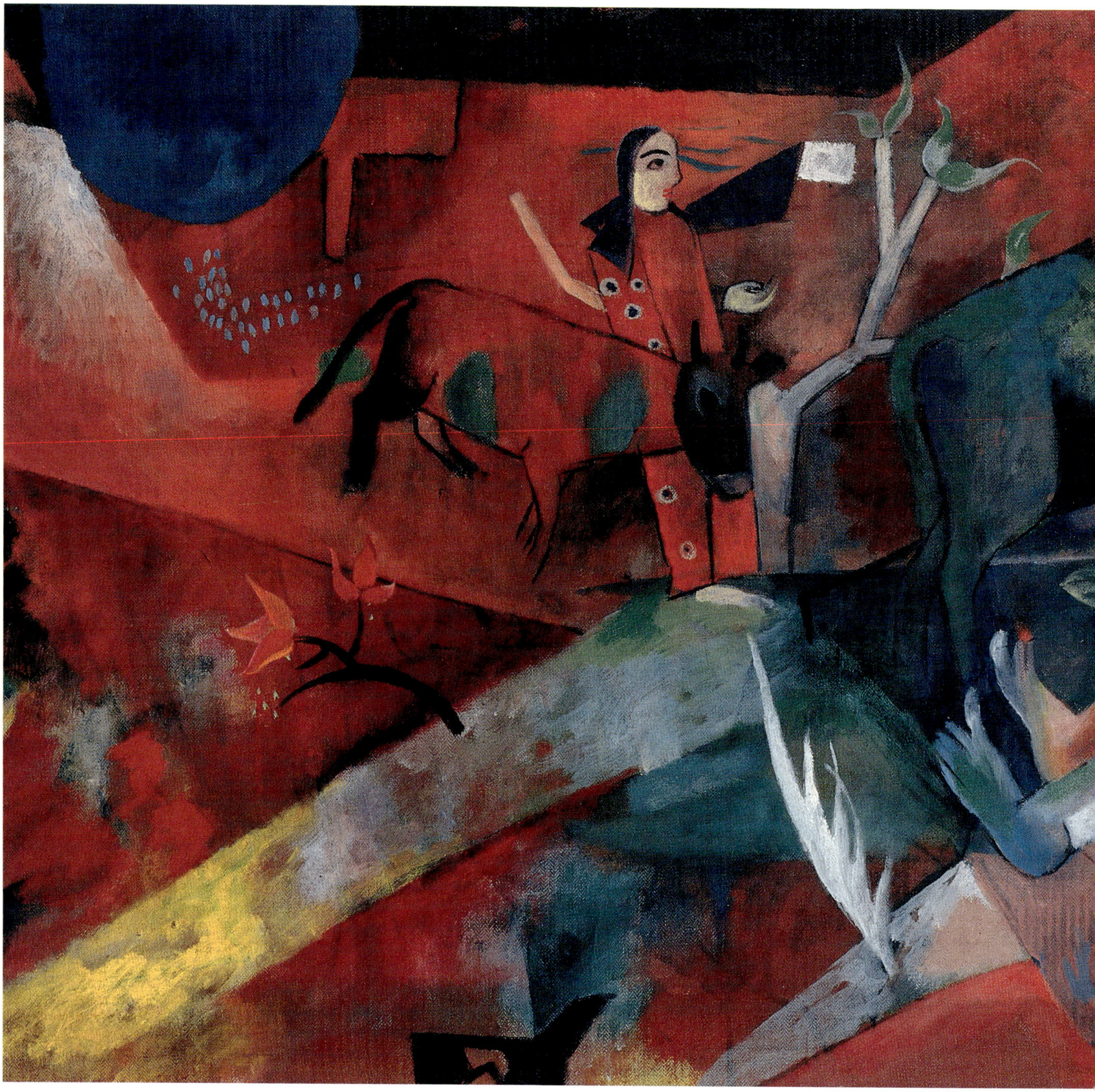

72 Liegender Akt, 1918

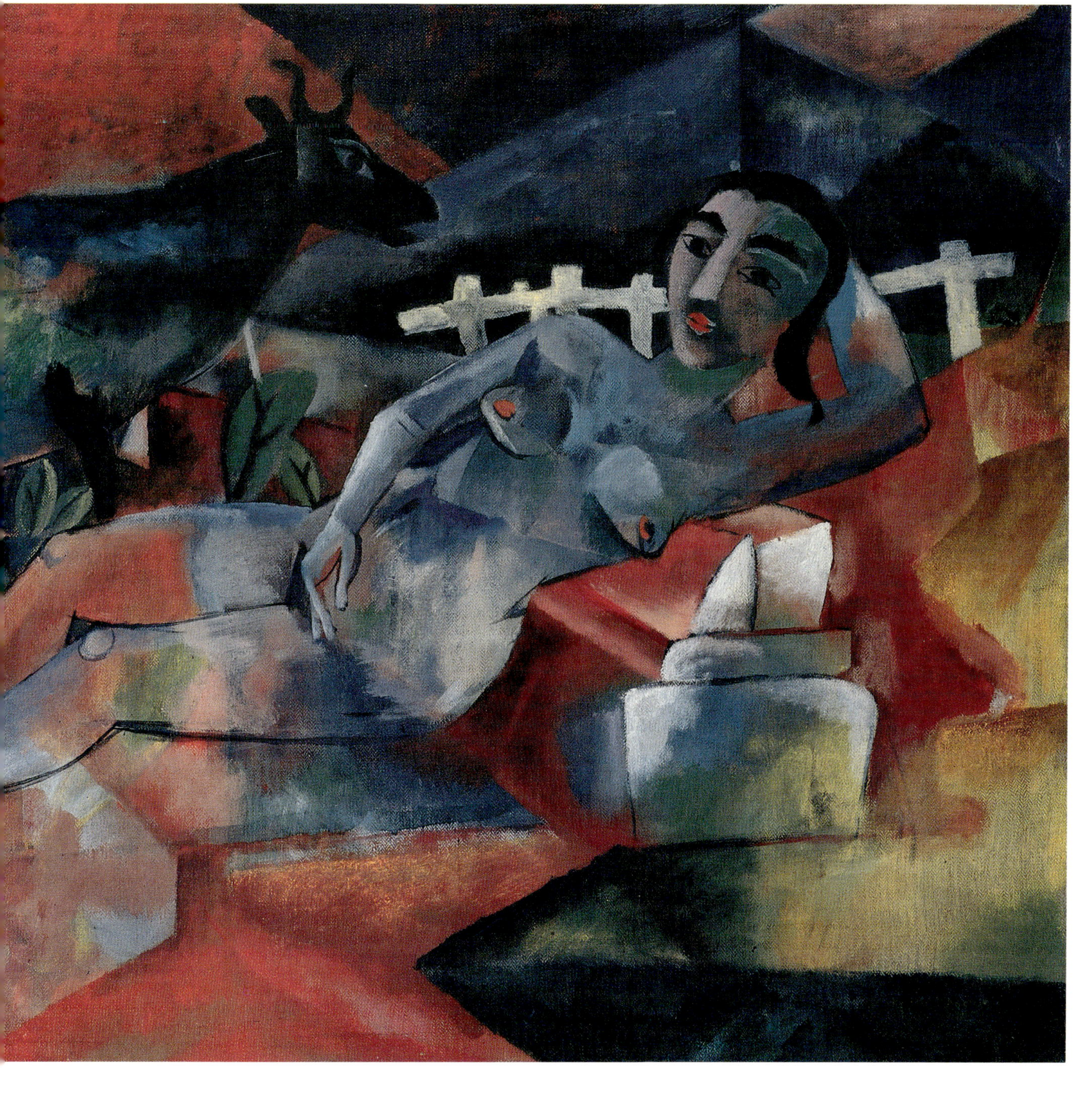

74 Die Armen, 1918

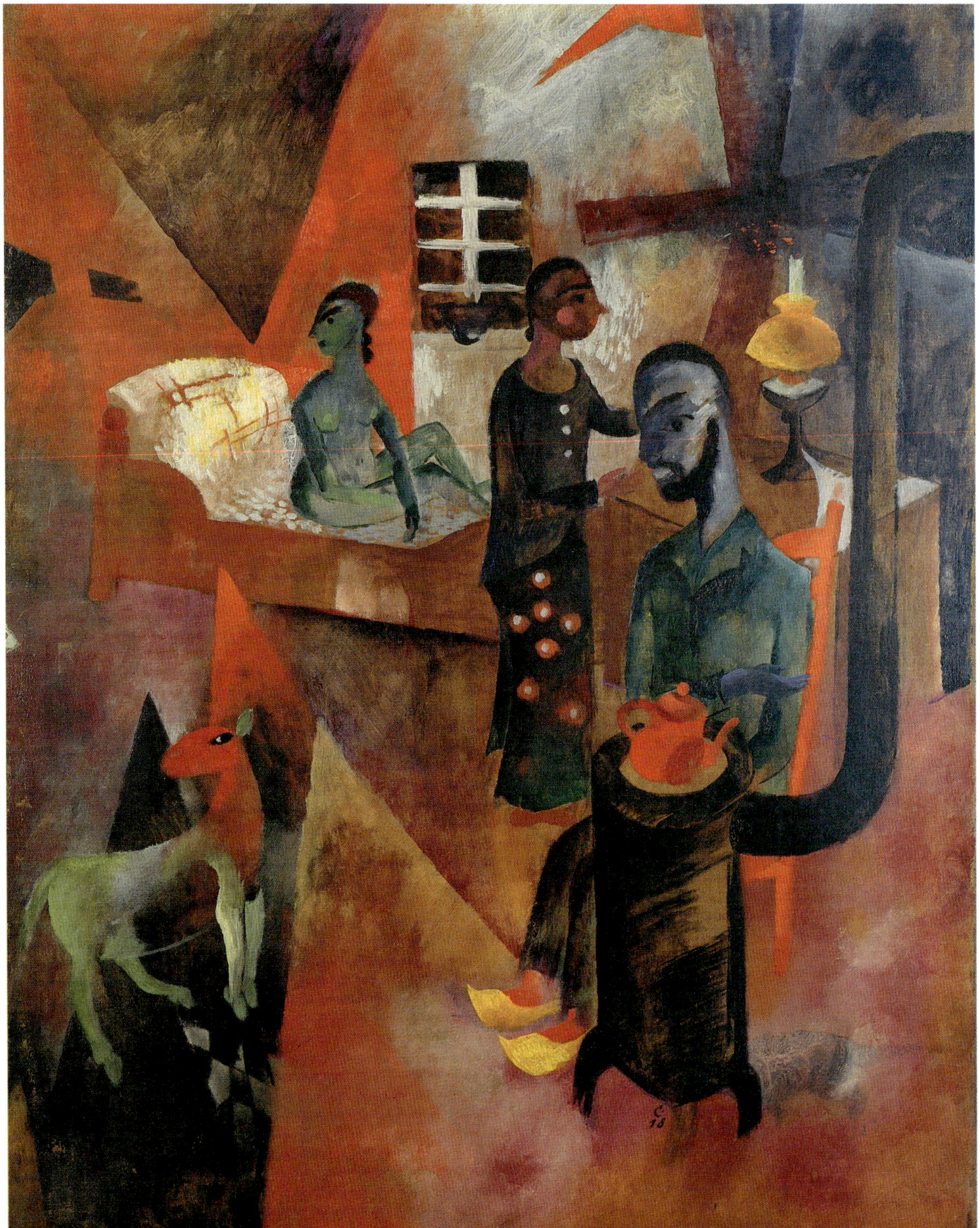

84 Der Garten, 1920

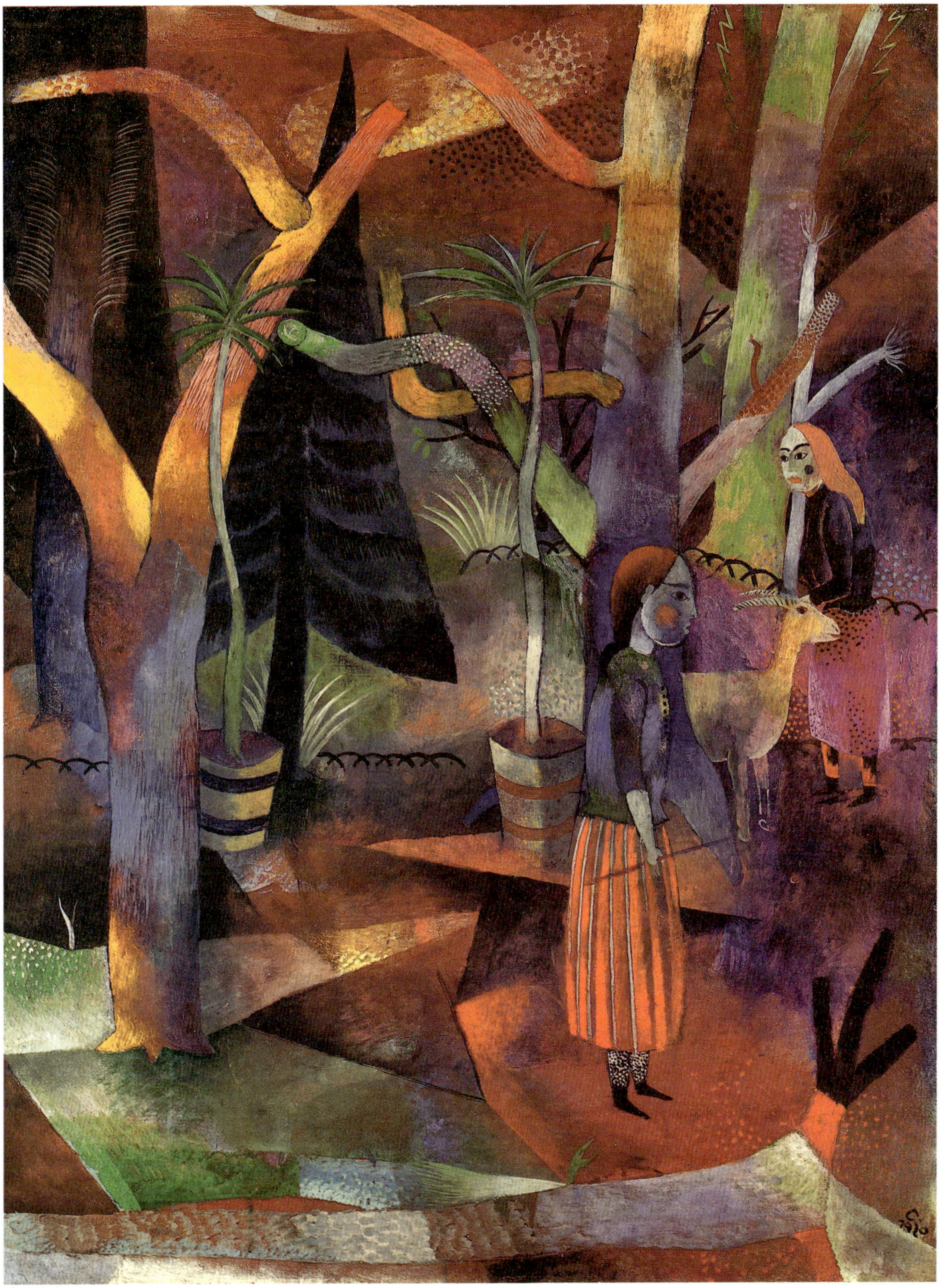

82 Bild mit Fisch, 1920

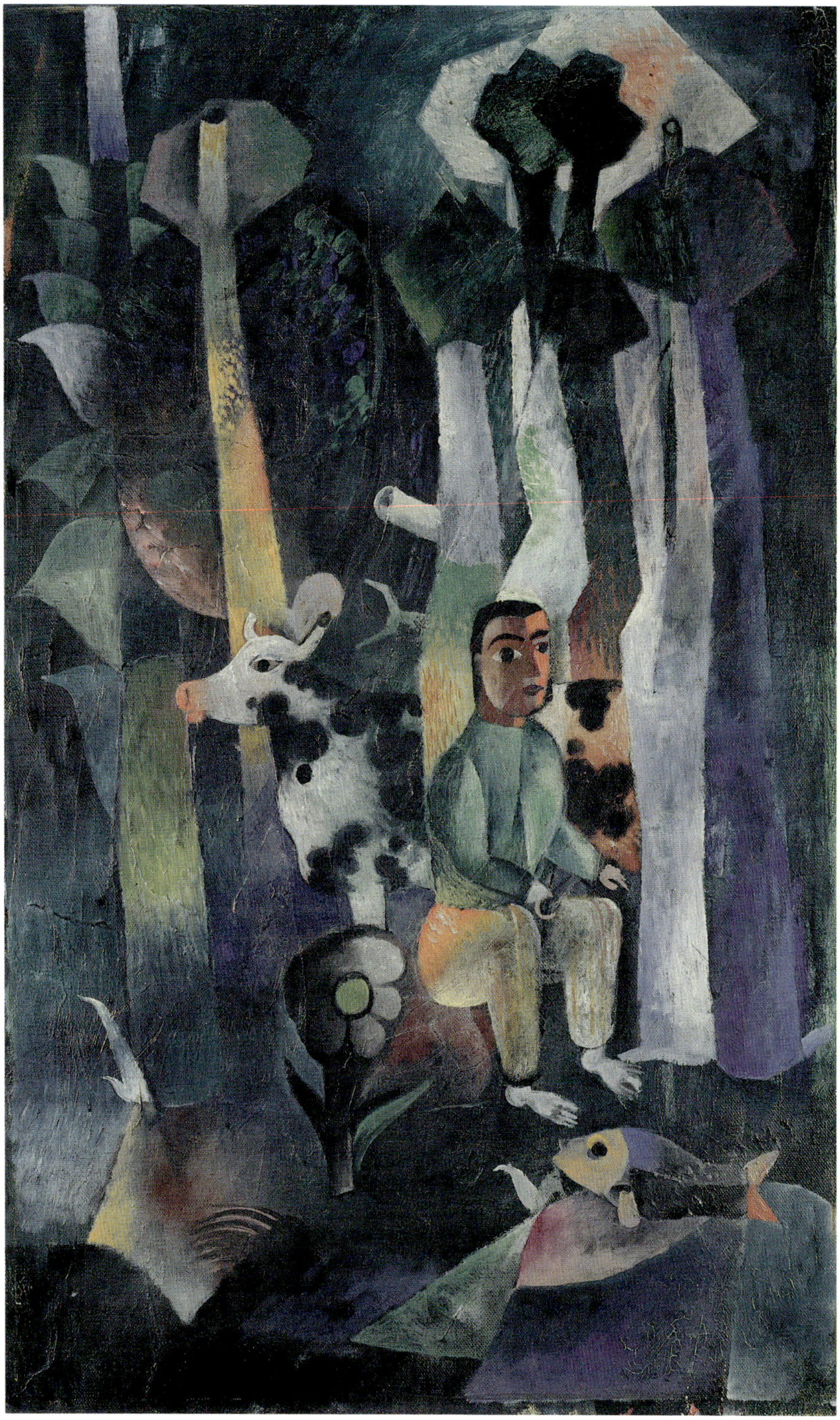

88 Drei Akte mit Schildkröte, um 1920

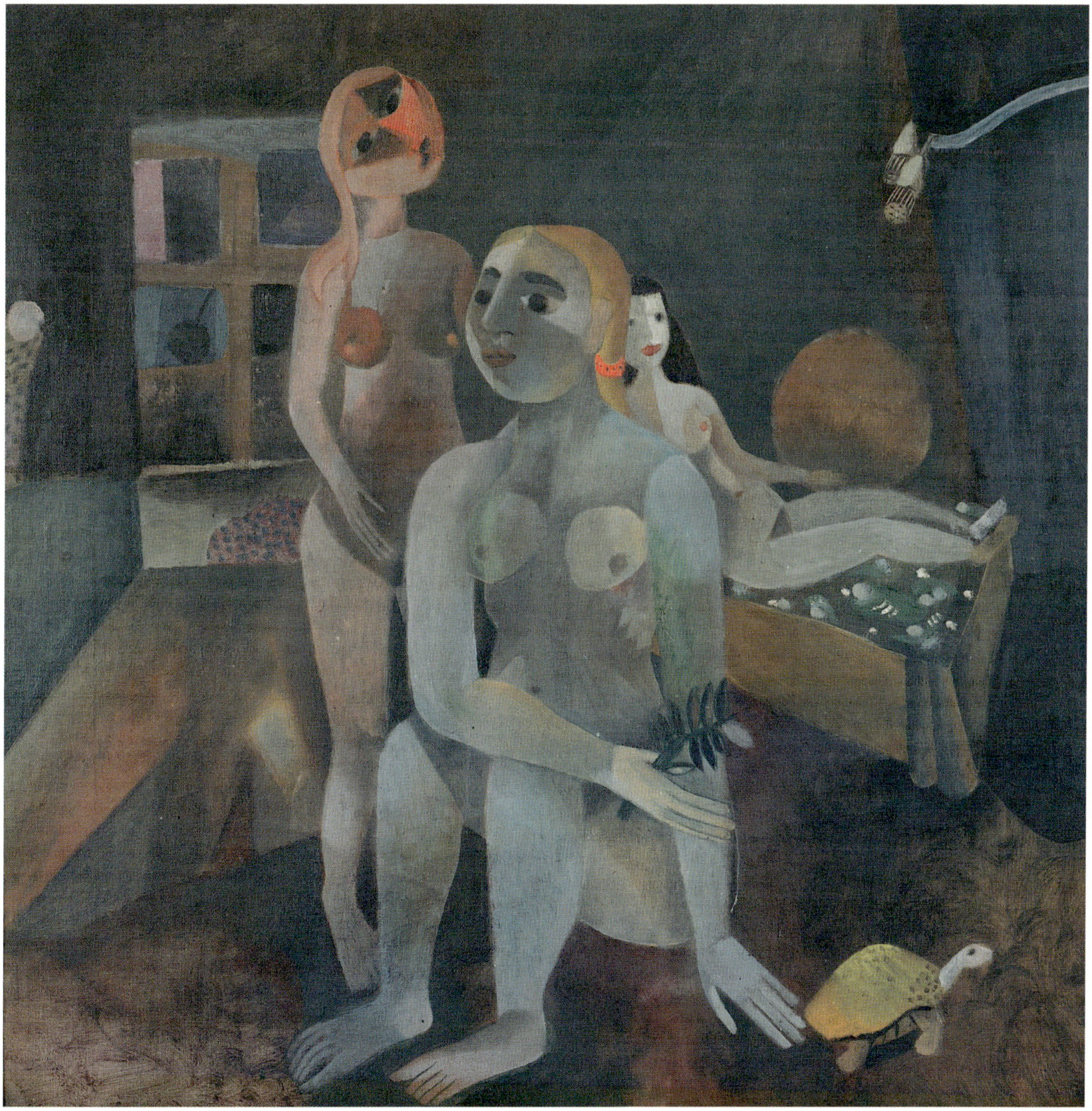

89 Kuhstall I, 1920

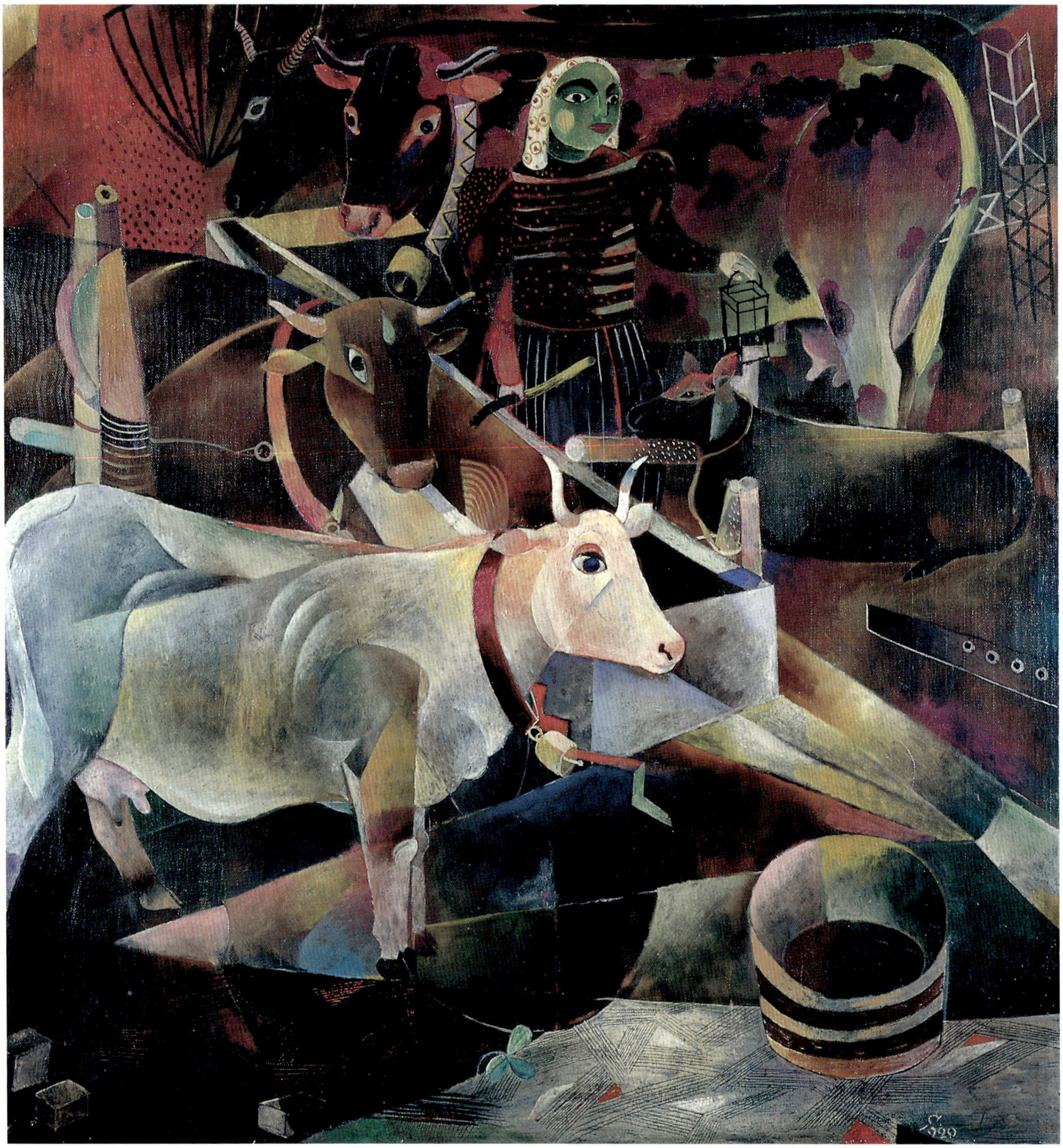

92 Interieur mit Akt und Figuren, 1921

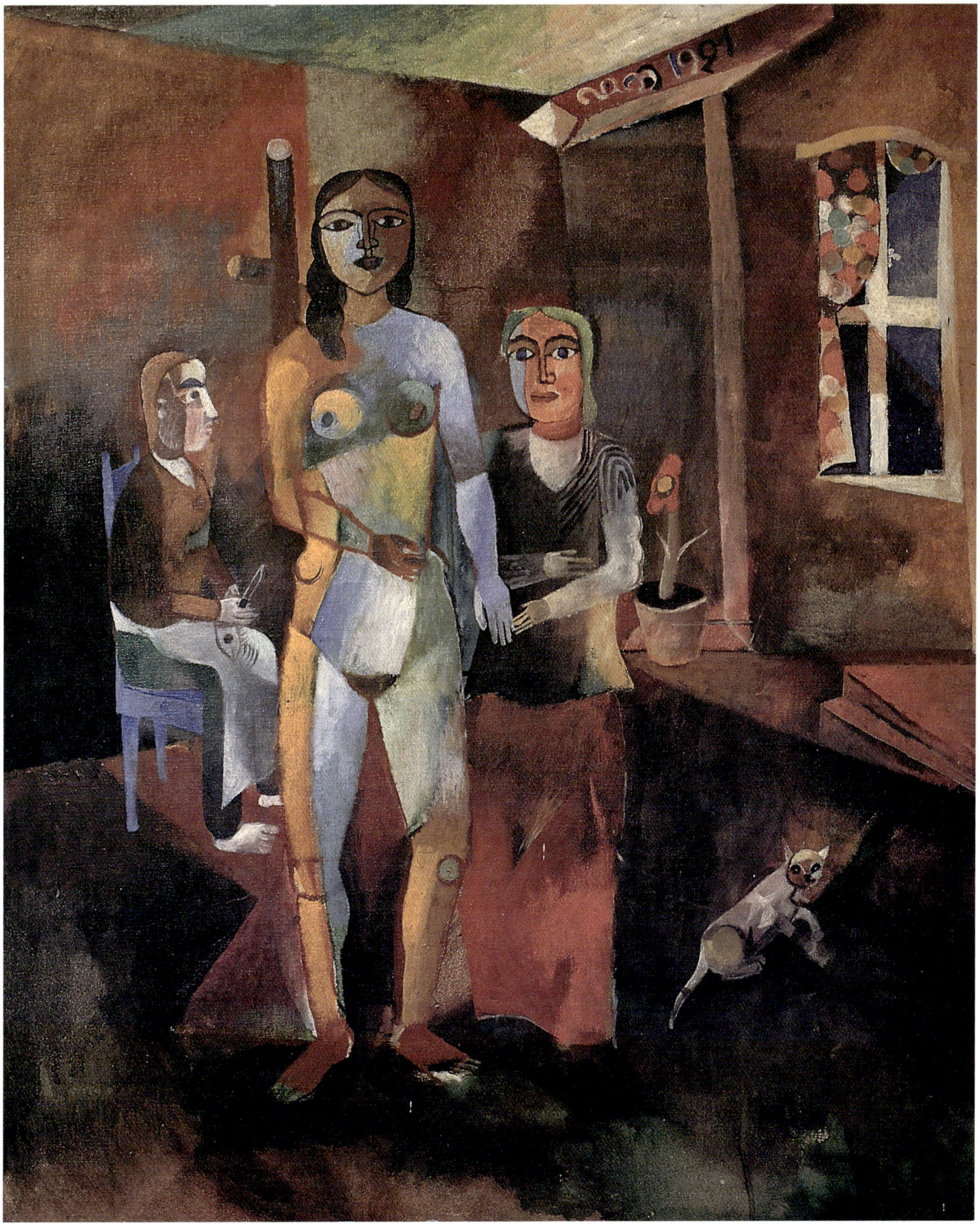

95 Gralsburg, um 1923

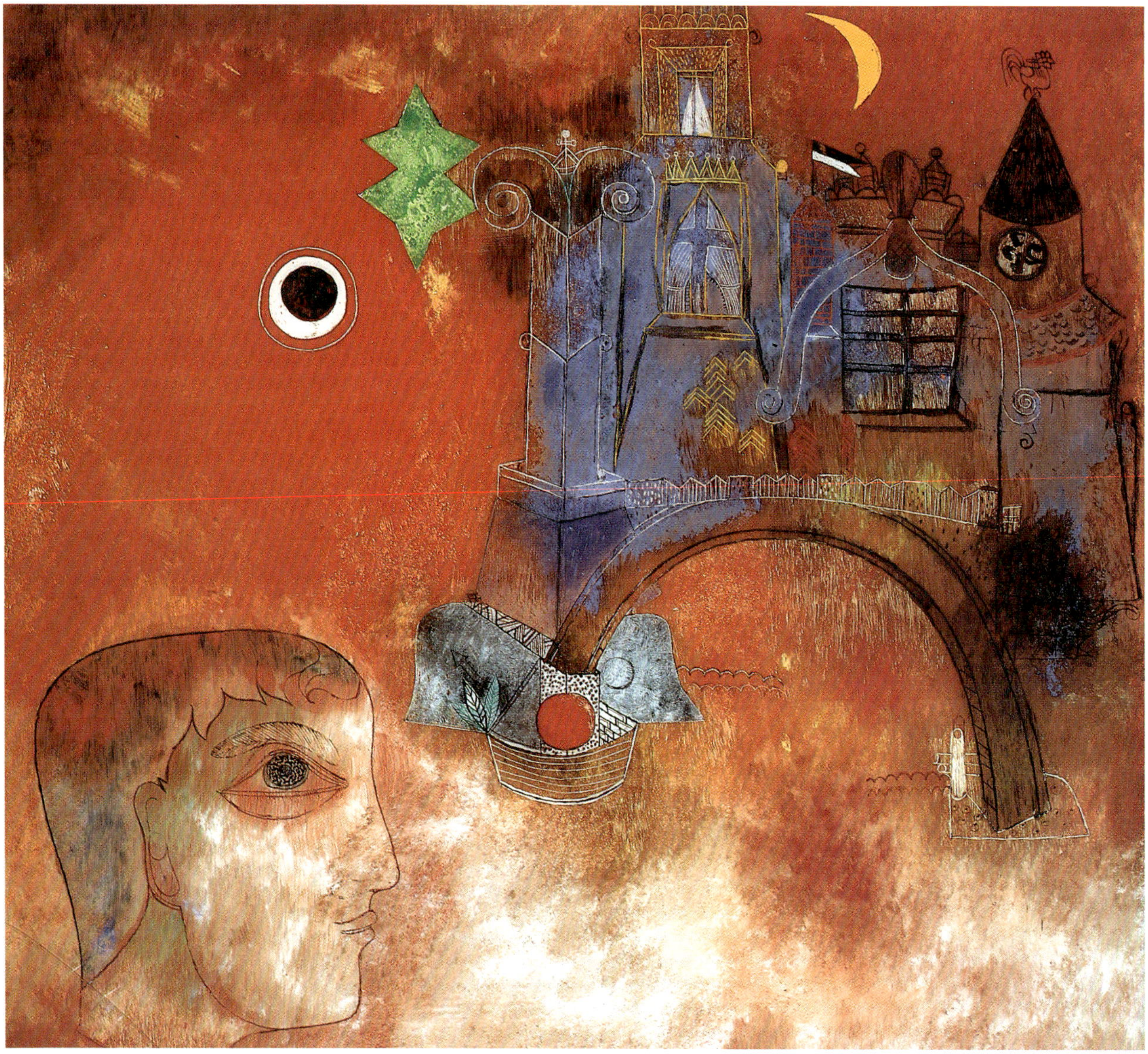

96 Pierrot mit Schlange, um 1923

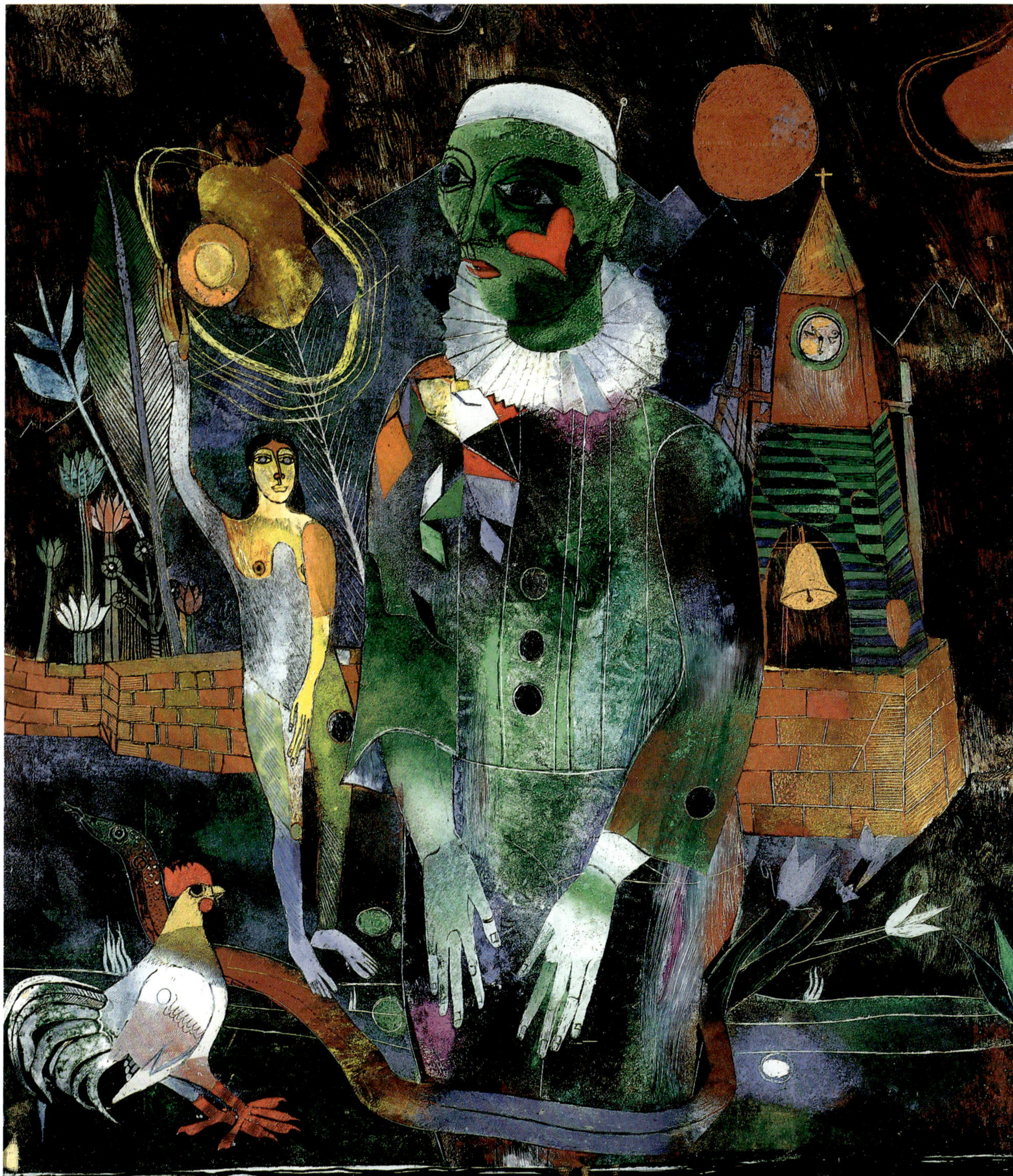

94 Stilleben mit Krug und Schale, um 1923

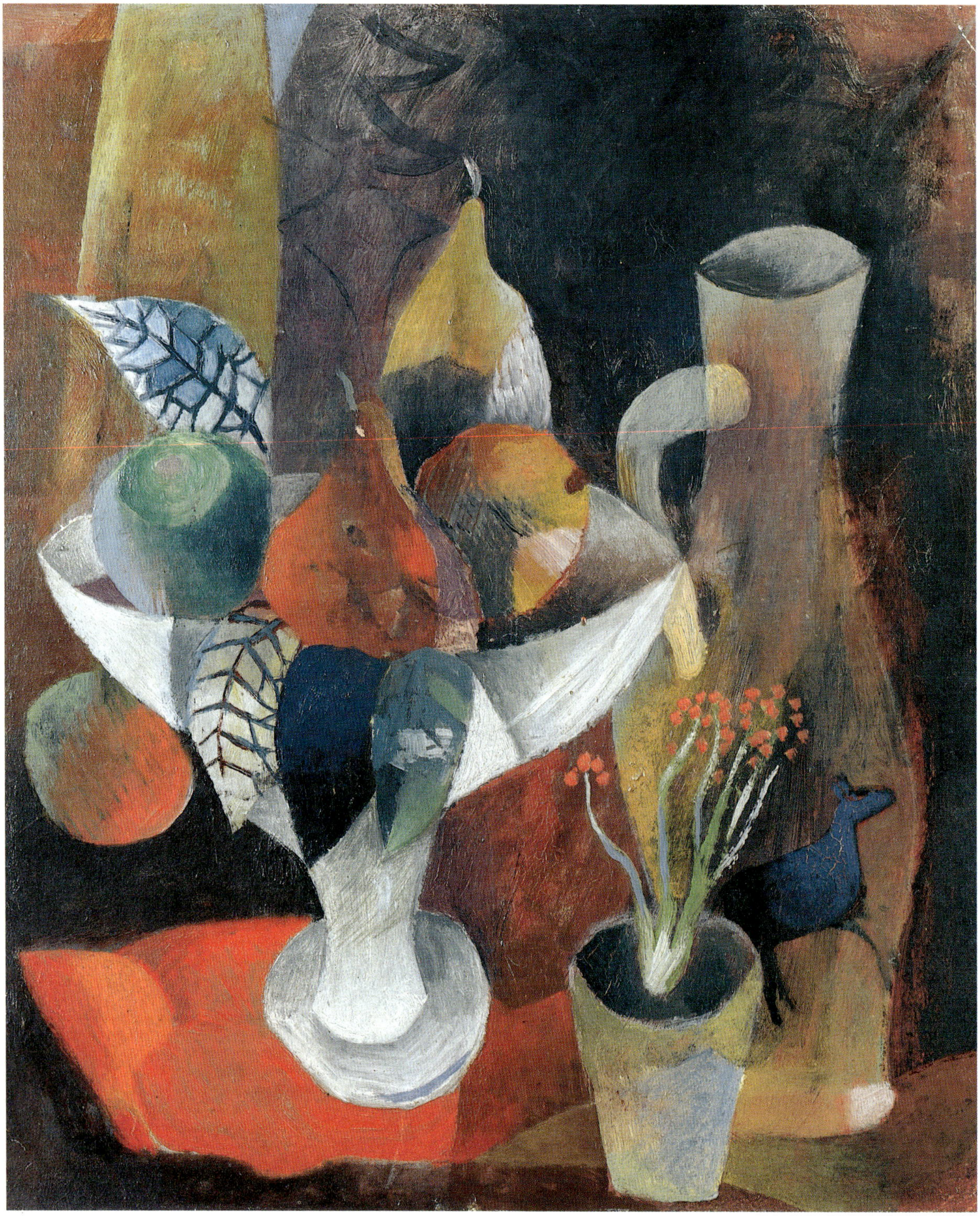

103 Der Rote Hirte, 1928

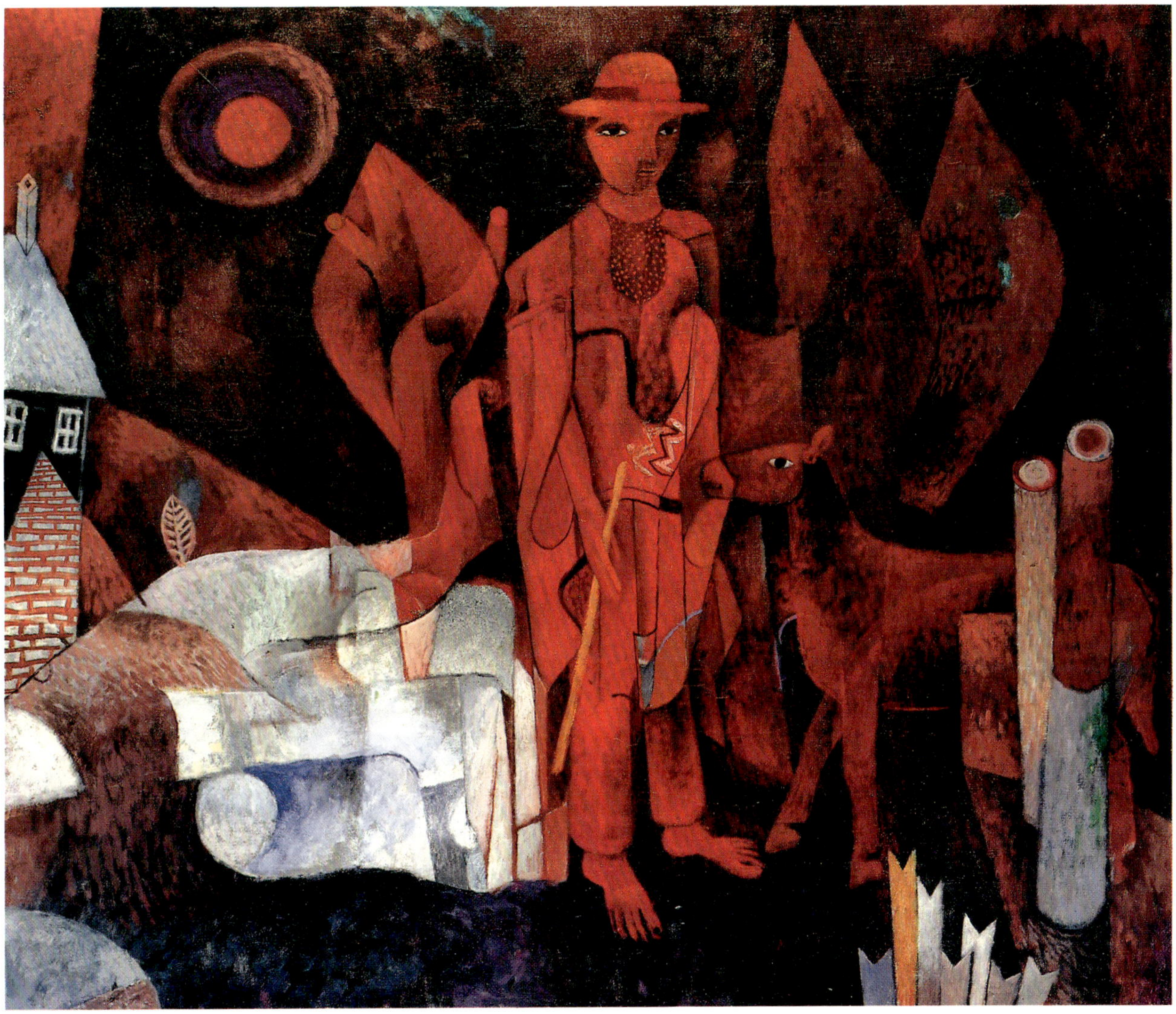

Gisela Götte

Zum Holzschnittwerk von Campendonk 1912–1925

1959, zwei Jahre nach dem Tod des Künstlers, erschien das Werkverzeichnis seiner Holzschnitte, das Mathias T. Engels nach einer mehr als 10jährigen – also auch noch zu Lebzeiten Heinrich Campendonks durchgeführten – Erfassung aller erreichbaren Drucke publizierte.[1] Es umfaßt einschließlich der Entwürfe und unvollendeten Schnitte 77 Nummern. Eine Ausstellung des gesamten Holzschnittwerks im Clemens-Sels-Museum, Neuss, begleitete damals die Publikation. Campendonk selbst bezifferte die Zahl der von ihm geschaffenen Schnitte auf 90. Fest steht, daß eine Reihe von Drucken in Zusammenhang mit der Emigration des Künstlers nach Amsterdam und der Maßnahmen gegen die sogenannte „entartete" Kunst verlorengegangen ist. Gleichwohl ist das Holzschnittwerk Campendonks im Blick auf die Gesamtheit seiner künstlerischen Produktion zahlenmäßig nicht sehr groß.
Campendonk zog den einfachen Druck in Schwarz dem Vielfarbendruck vor. Offenbar nur bei drei Schnitten (Engels Nr. 45, 46, 47) wandte er das Verfahren des in Teilen farbigen Druckes von einem gleichzeitig in mehreren Farben eingefärbten Stockes an. Im übrigen hat Campendonk, wie Engels mitteilt, hauptsächlich in den 20er Jahren, eine größere Zahl von Drucken mit Aquarellfarben koloriert. Für den heutigen Betrachter der Holzschnitte ist es wesentlich zu wissen, daß der Künstler nur in wenigen Ausnahmefällen seine Holzschnitte betitelt hat. Die im Werkverzeichnis aufgeführten Titel sind erfundene, die versuchen, Motiv, Thema oder mutmaßlichen Bedeutungsgehalt der Darstellung zu benennen.
Die ersten, 1912 in Sindelsdorf entstandenen Holzschnitte, lassen in ihrer Bildsprache kaum Elemente der für den Blauen Reiter typischen Gestaltungsweise erkennen. Die in ein nahezu quadratisches Format gefaßte Bildordnung erscheint als konsequente Zertrümmerung der Naturform. Erst nach den zahlreichen Schnitten der Jahre 1916/17, die zum Teil unübersehbar in Anlehnung und Erinnerung an Arbeiten seines Freundes Franz Marc entstanden sind, findet Campendonk zu einer Ausdrucksform, die ihn in den folgenden zwei Jahrzehnten zu Bildlösungen führt, welche unverwechselbar seine eigene Sprache sprechen.
Campendonk konzentriert sich in seiner Holzschnittkunst auf präzise Formen des reinen Schwarz-Weiß-Kontrastes und auf die Möglichkeiten einer linearen Strukturierung und Ornamentalisierung der Fläche. Im Unterschied zu Munch und den Künstlern der „Brücke" vermeidet er es, daß die Spur des Handwerks oder das Profil der Holzmaserung als selbständige Werte in der Darstellung eine Rolle spielen. Seine Holzschnitte zeigen eine jede Zufallswirkung ausschließende Synthese von Linienornamentik und Flächenkonstruktion, in der das Mustermotiv ebenso stark ist wie das graphische oder darstellende Motiv. Dadurch wird oft die Lesbarkeit

145 Prometheus (Tanzender Bauer), 1912

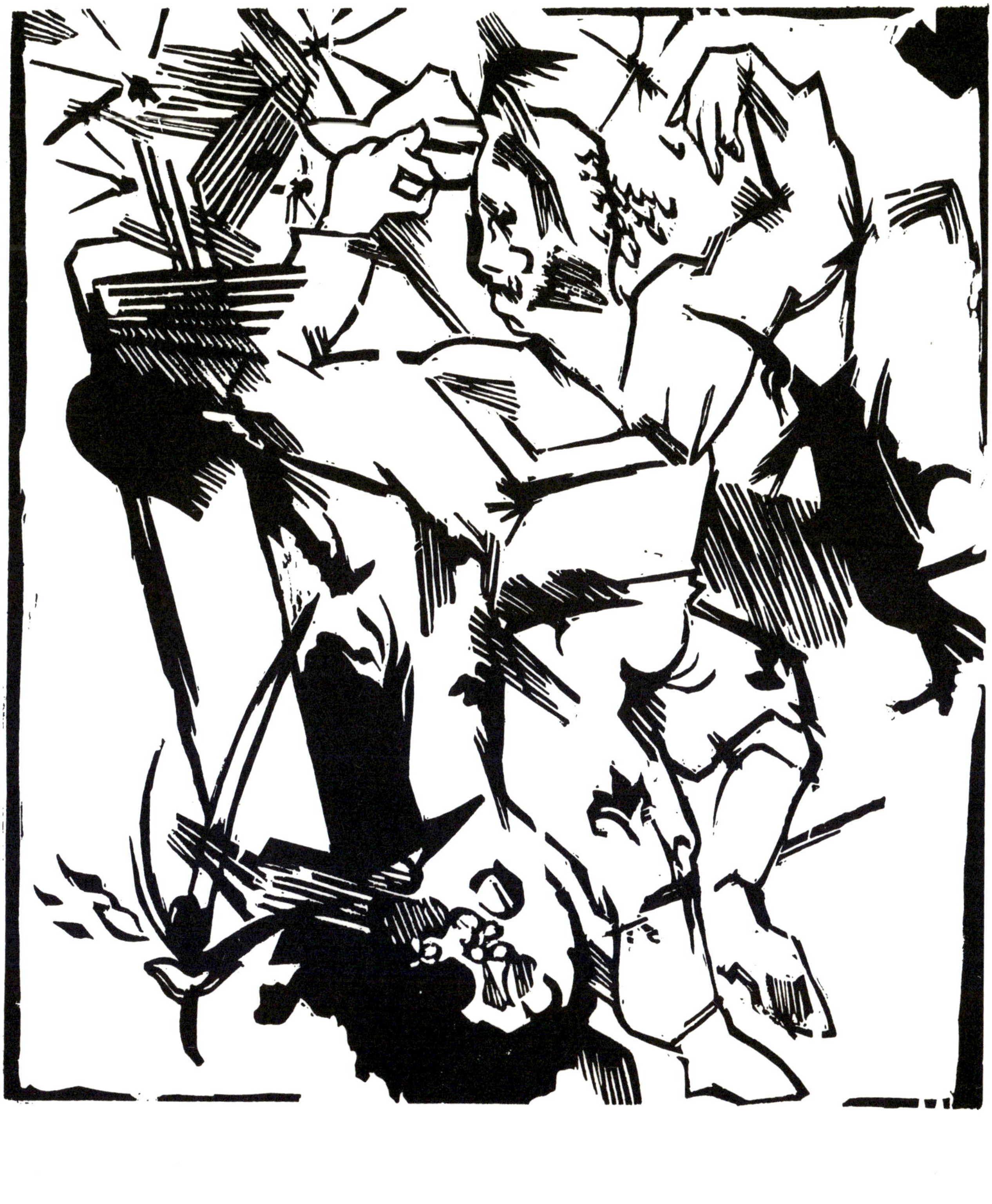

151 Komposition mit Tieren, um 1916

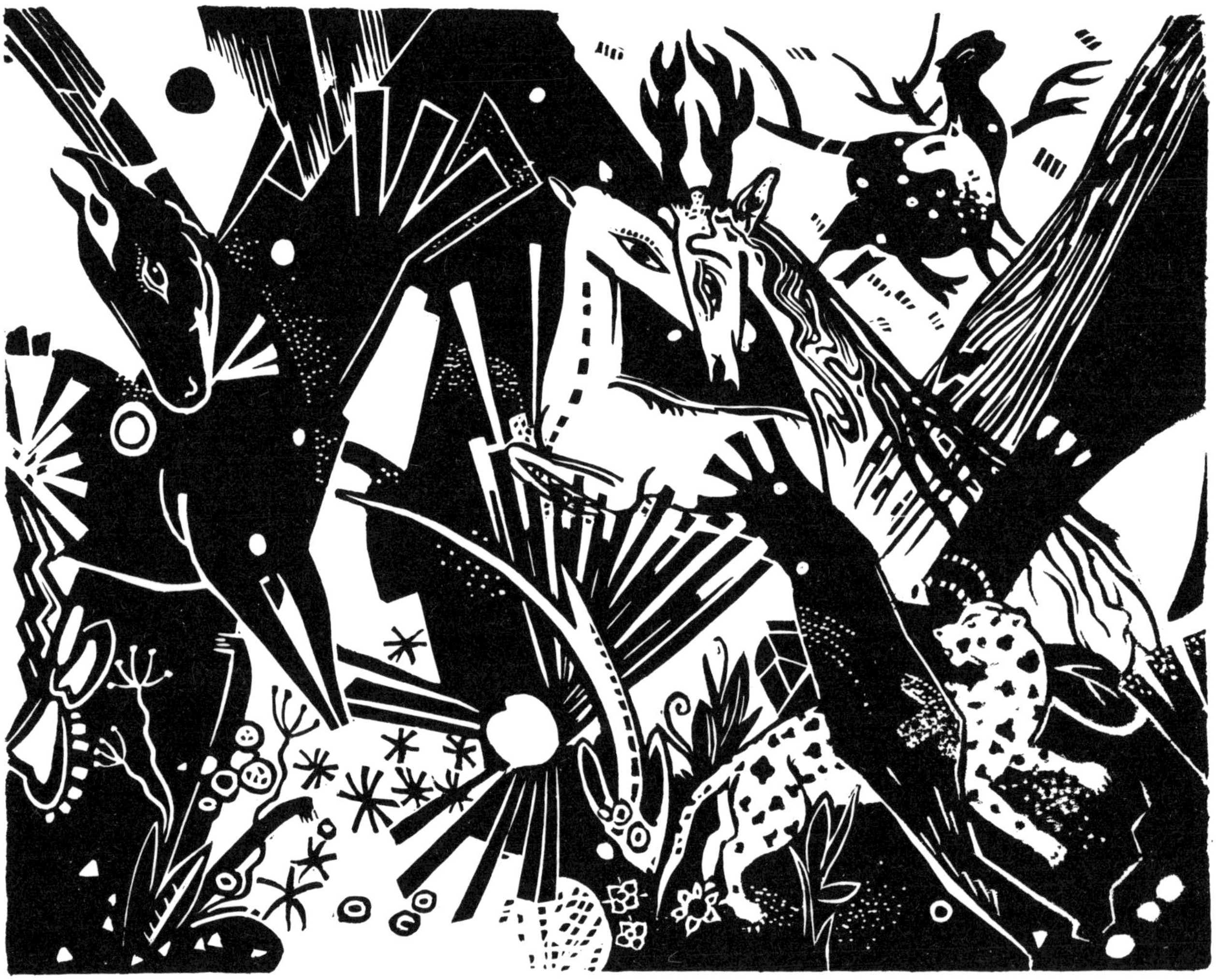

153 Sitzendes Mädchen mit Hirsch, 1916

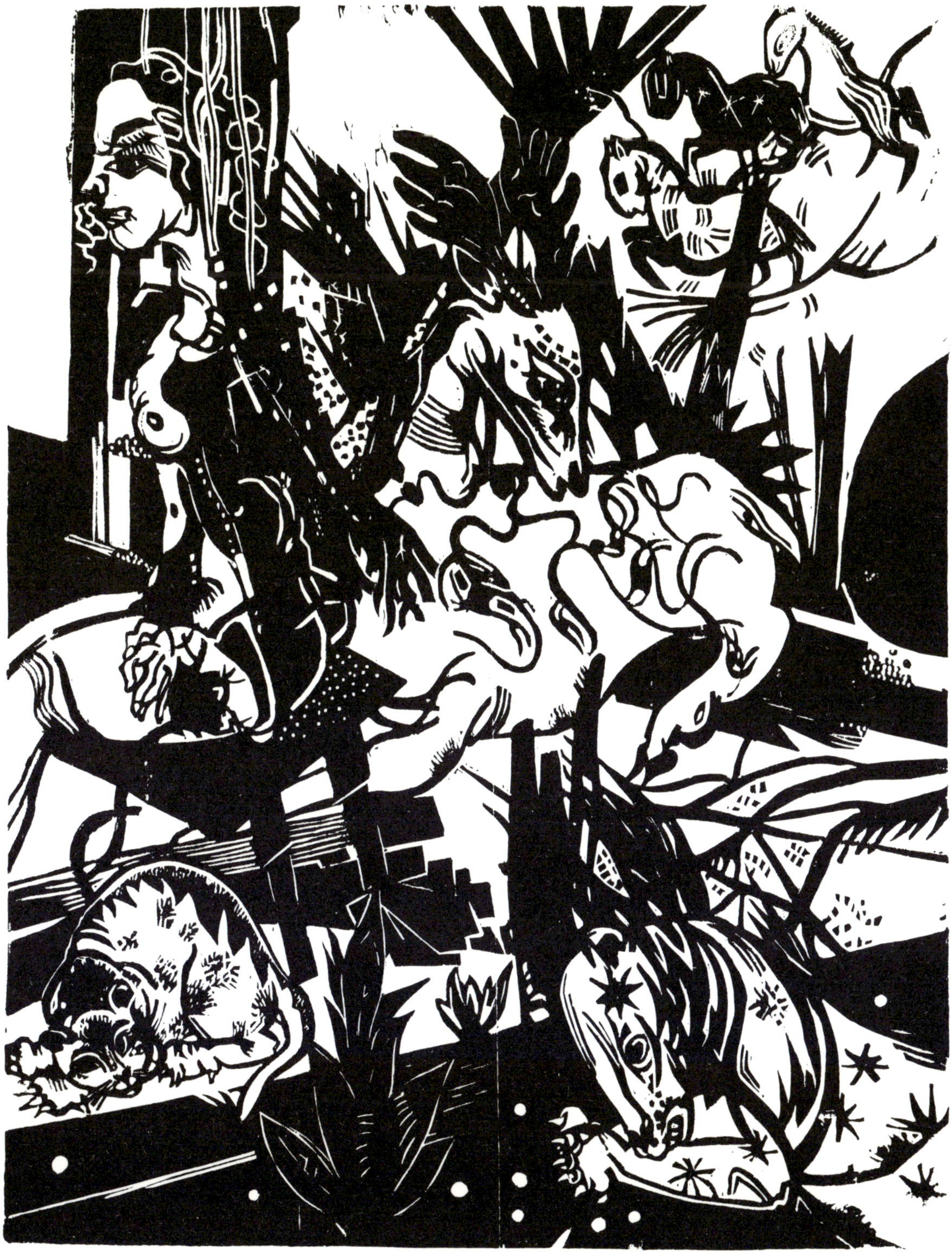

158 Leda mit Schwan, 1917

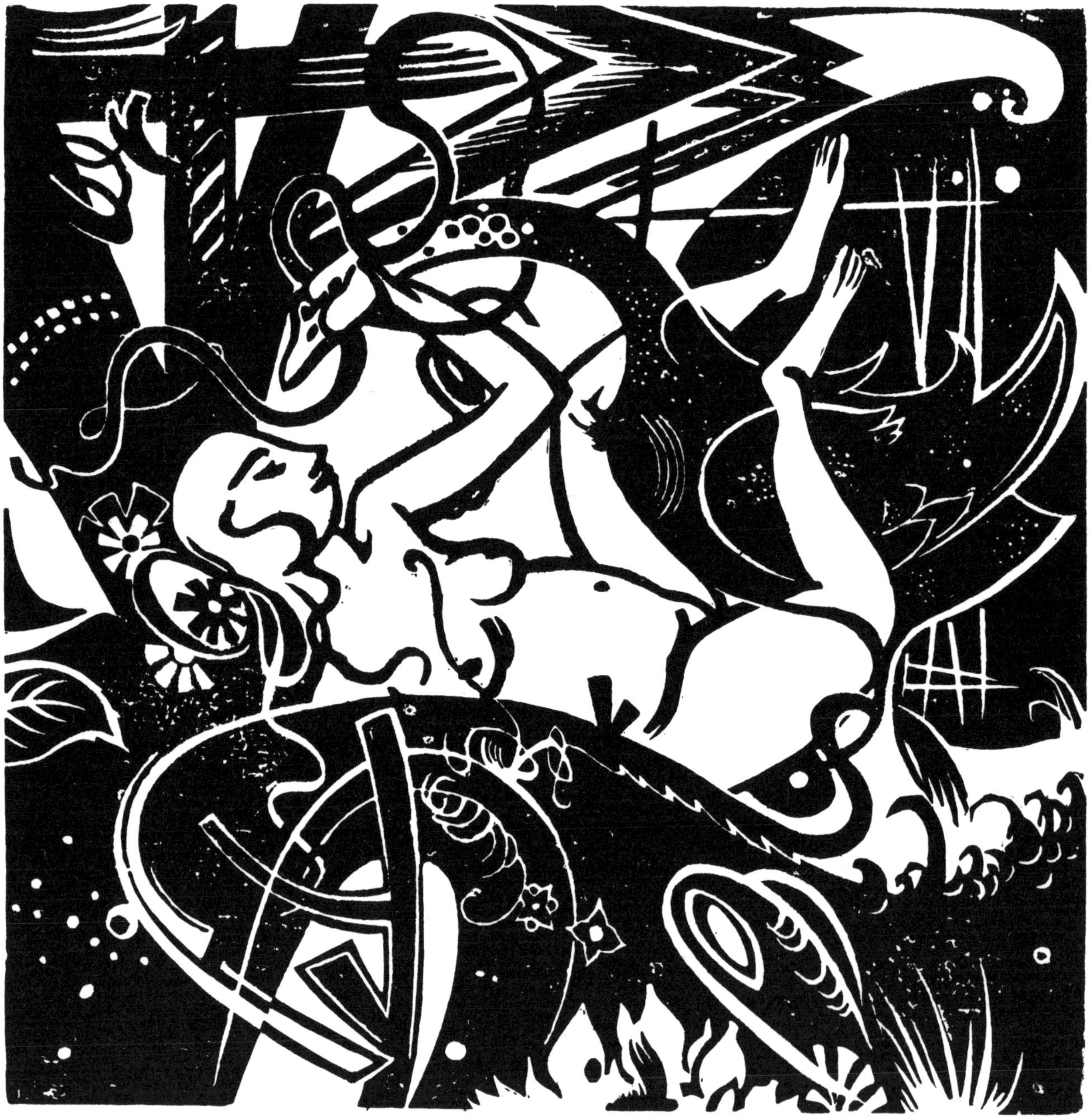

163 Auf dem Meeresgrund, 1918

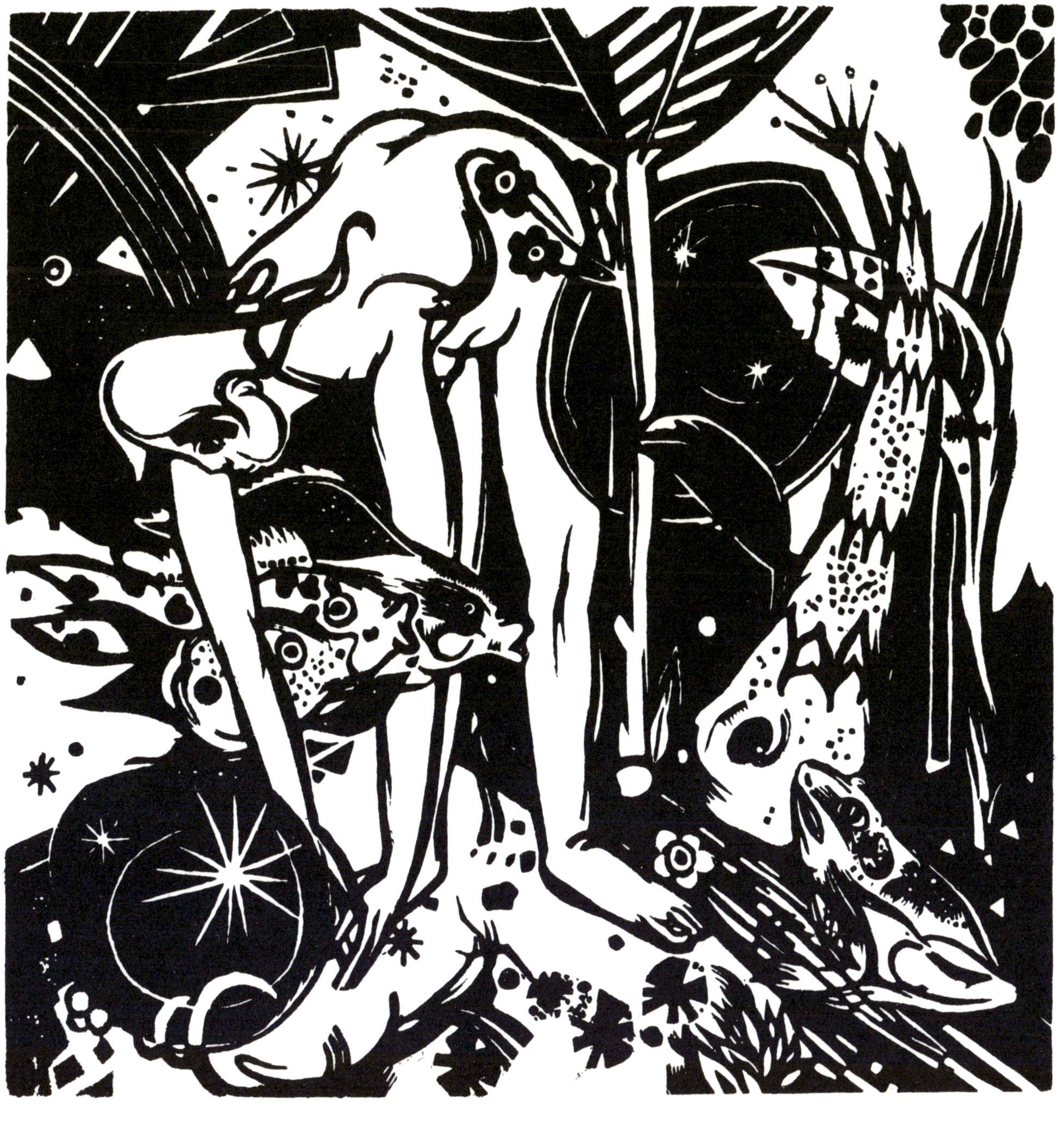

159 Männlicher Akt mit Fischen, 1917

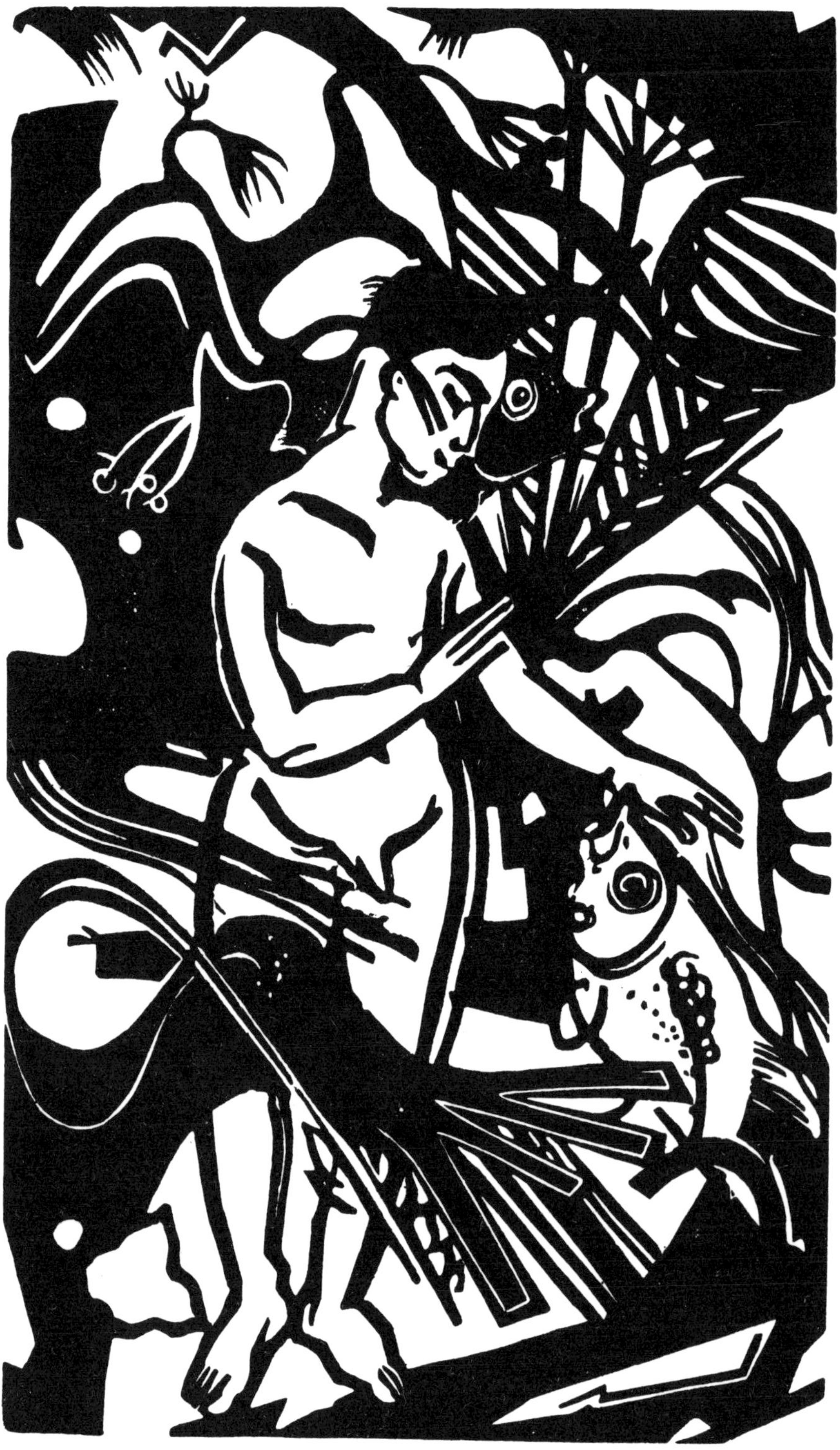

160 Nacktes Mädchen mit Katze vor einem Fenster, 1917

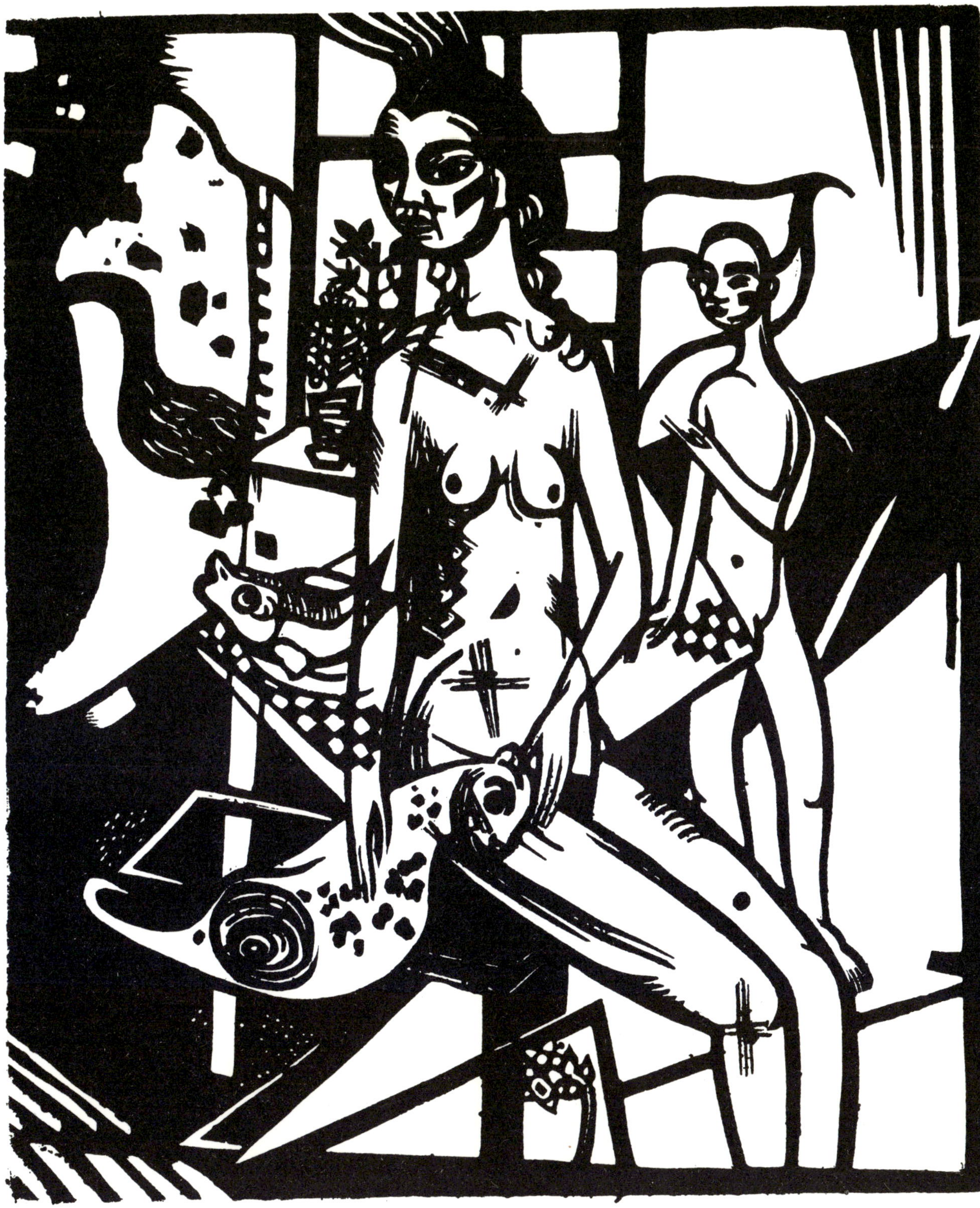

161 Frau mit Blume, 1918

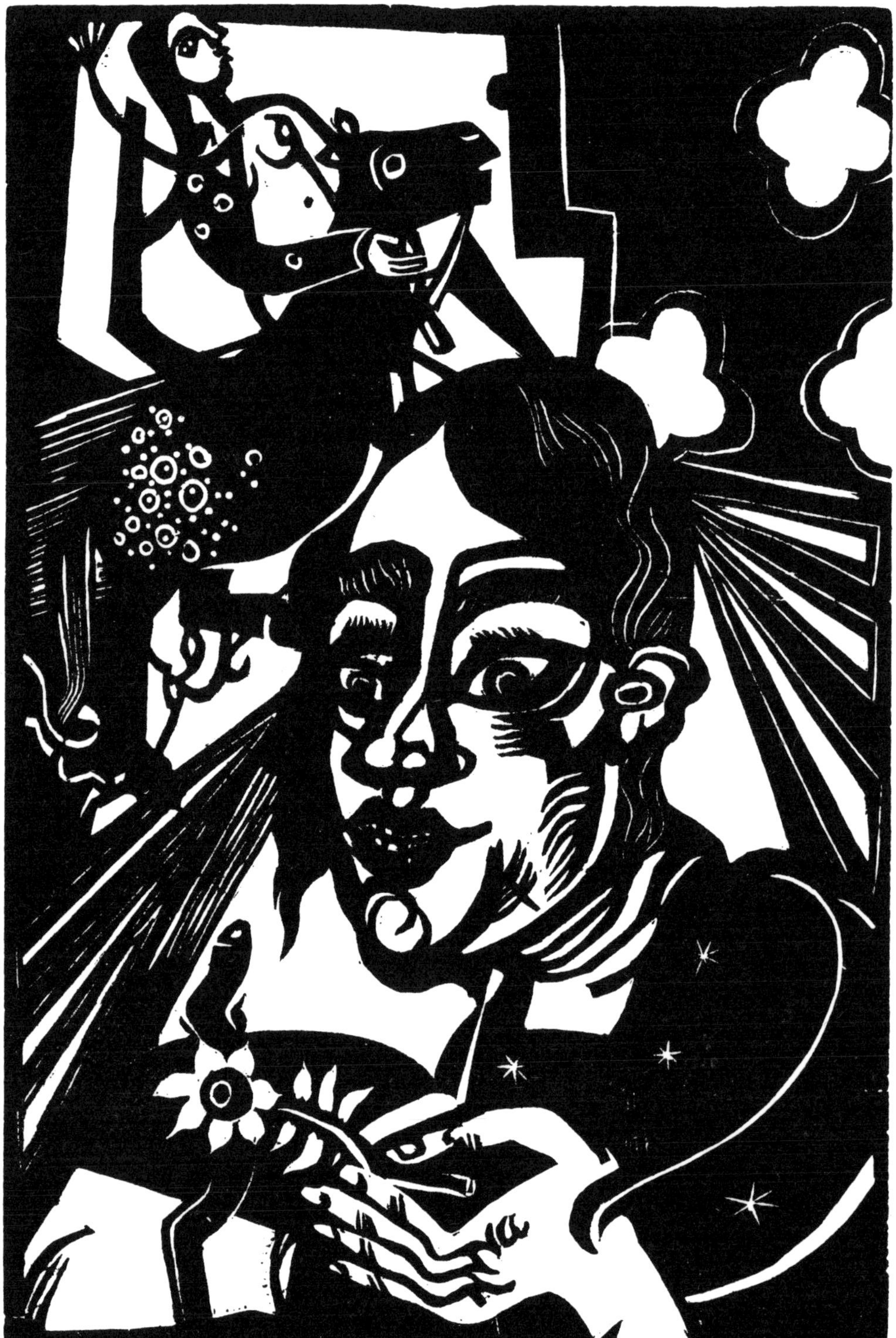

erschwert. Figur und Grund sind nicht voneinander unterschieden, sondern durchdringen sich in einer Ebene. Dem Wesensmerkmal des Flächenholzschnitts entsprechend, bringt Campendonk den von der japanischen Holzschnittkunst übernommenen Flächenraum zur Darstellung, arbeitet mit Gestaltungsprinzipien und Kompositionsformen, die die Eigengesetzlichkeit der Bildfläche, ihre Zweidimensionalität zur Geltung bringen. Die Darstellungsgegenstände – der Mensch, das Tier, die Pflanze – sind übereinander und nebeneinander geordnet, oft mit sprunghaftem Wechsel des Maßstabs. Groß- und Kleinmuster, geometrisch-abstrakte Formen, über das Bildfeld verstreute Ornamente und die häufig auftretende Diagonale – als Linie oder Strahlenbündel – sind Träger einer Bildgestaltung, deren freies rhythmisches Spiel der Entsprechungen als ein Merkmal der persönlichen Handschrift Campendonks zu gelten hat. Mensch, Tier und Vegetation gehen mittels dieser formalen Programmatik eine Verbindung ein, welche die Einheit von Kreatur und Kosmos eindrucksvoll verkündet.

Die naiv konkrete und poetische Bildwelt der Holzschnitte nähert sich bisweilen dem Märchenhaften, der Fabel, ohne freilich Erzählung zu sein. Das Miteinander von Mensch und Tier, von Mensch und Mensch, in hieratische Bildzeichen gebannt, ist stets von einer Ausdruckskraft, die auf die Ursprünge der Kunst zurückverweist, auf eine Epoche, in der das Zusammengehörigkeitsgefühl des „primitiven" Menschen mit den Tieren seiner Umwelt, die er sowohl als ihm nützliche wie auch als ihn bedrohende Wesen erlebt, selbstverständlich war. In seinen Holzschnitten entwirft Campendonk ein Kaleidoskop phantasievoll imaginären Lebens, in dem Menschen, Tiere, Pflanzen und Dinge zu Symbolen seines Weltverständnisses werden.

1 Mathias T. Engels, Campendonk-Holzschnitte, W. Kohlhammer, Stuttgart 1959.

100 Harlekin, um 1925

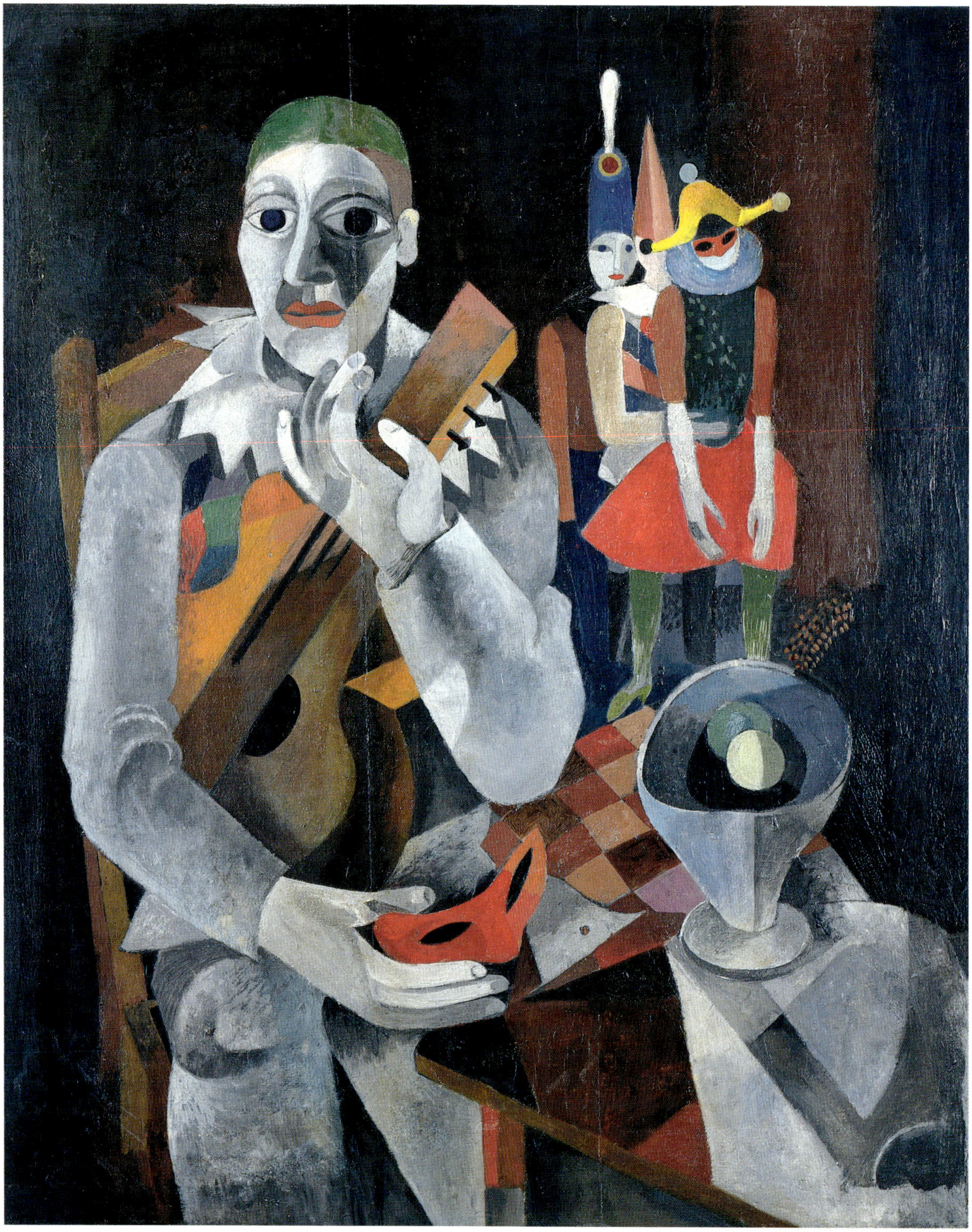

Sabine Röder

Zwischen „freier" und „angewandter" Kunst: Werke nach 1922

1926 bietet sich für die kunstgewerblichen Betriebe in Krefeld die willkommene Gelegenheit, beispielhafte Entwürfe und Erzeugnisse auf nationaler Ebene zu präsentieren: Der Deutsche Werkbund hat die Samt- und Seidenstadt für seine Tagung auserwählt, ein spektakuläres Ereignis, das in der Presse gebührende Beachtung findet.

Zentraler Veranstaltungsort ist das Kaiser Wilhelm Museum, in dem eine umfangreiche und vielfältige Ausstellung zu sehen ist. Gezeigt werden nicht nur Produkte der Textilindustrie und anderer kunsthandwerklicher Werkstätten, wie z. B. Keramik und Holzarbeiten, sondern auch volkskundliche Sammlungen und moderne zeitgenössische Malerei, darunter zahlreiche Gemälde und Hinterglasbilder von Heinrich Campendonk.

In seiner Eröffnungsrede beschwört der Museumsdirektor Max Creutz noch einmal die enge Verbindung und gegenseitige Befruchtung von „freier" Malerei und „angewandter" Kunst,[1] eine Idealvorstellung, die schon die Gründungsväter der Krefelder Kunstgewerbeschule 1904 bewegt hatte und die nun noch einmal Wirklichkeit werden soll. Ein großer Saal ist den Wandmalereien und Glasfenstern von Thorn Prikker gewidmet, ehemals Lehrer an der Kunstgewerbeschule und eine der beeindruckendsten Persönlichkeiten im künstlerischen Leben der Stadt.

Die moderne Kunst wird durch die Sammlung von Hermann Lange repräsentiert, die allerdings neben Werken des „Blauen Reiter" und der „Brücke" auch Arbeiten der Kubisten umfaßt.[2]

Den größten Anteil eines einzelnen Künstlers an der Ausstellung besitzt ohne Zweifel Heinrich Campendonk: nicht nur zeigen zwei Räume neuere Arbeiten von ihm, auch die ästhetische Gestaltung des Tagungsprogramms liegt in seiner Hand. So ist u. a. das Programmheft von ihm entworfen und mit Holzschnitten ausgeschmückt worden; für die Damen, die zur Teestunde die Gäste bedienen, hat er sich „ausgefallene, reizvolle Kostüme"[3] ausgedacht. Als ehemaliger Schüler von Thorn Prikker und Mitglied des „Blauen Reiter" stellt seine Person zugleich ein interessantes Bindeglied zwischen den verschiedenen künstlerischen Positionen dar.

Seit vier Jahren lebt Campendonk nun wieder in Krefeld. Die ausgestellten Arbeiten offenbaren, daß er sich in dieser Zeit neben der Malerei in den unterschiedlichsten Bereichen gestalterisch betätigt hat. Gezeigt werden nicht nur Gemälde und Hinterglasbilder von ihm, sondern auch Textilarbeiten, Bühnenbildmodelle und Kostümentwürfe. Fast scheint es, als ob Campendonk wieder an seine Ausbildungszeit an der Kunstgewerbeschule angeknüpft hat, indem er sich der angewandten Kunst zuwendet.

Wandmalerei und Bühnenbilder 1923–1926

Es waren sicherlich sowohl finanzielle Probleme als auch die zunehmende persönliche Isolation, die Campendonk veranlaßten, 1922 zum Niederrhein zurückzukehren. Franz Marc und August Macke waren im Krieg gefallen, und auch Kandinsky kehrte nicht mehr nach Bayern zurück. 1921 verließ sein enger Freund Paul Klee München, und Campendonks früherer, immer noch bewunderter Lehrer Thorn Prikker, der inzwischen in München ein Lehramt bekleidete, ging nach Düsseldorf. Die Bildverkäufe der Galerien „Der Sturm" in Berlin und Flechtheim in Düsseldorf waren vermutlich nicht einträglich genug, um ein regelmäßiges Einkommen zu sichern.
Die Kontakte Campendonks zu rheinischen Kunstkreisen waren nie abgerissen. 1913, als er schon in Sindelsdorf im Kreise des „Blauen Reiter" arbeitete, nahm er an der Ausstellung „Das junge Rheinland" im Kölnischen Kunstverein teil, und auch nach dem Krieg war er auf fast allen wichtigen Ausstellungen moderner Malerei im Rheinland vertreten. Dazu gehörte auch 1920 die „Erste Ausstellung zeitgenössischer deutscher Kunst" im Kaiser Wilhelm Museum Krefeld, wo inzwischen Max Creutz als Nachfolger von Deneken das Ruder übernommen hatte mit wesentlich größerem Engagement für die moderne Kunst als sein Vorgänger.
Den letzten Anstoß zu Campendonks Rückkehr mag jedoch das großzügige Angebot des Düsseldorfer Sammlers und Mäzens Paul Multhaupt gegeben haben. Er forderte den Maler nachdrücklich auf, wieder nach Krefeld zu ziehen, wo er ein eigens für ihn entworfenes Künstlerwohnhaus errichten ließ. Architekt war der dem konservativen Flügel der Wandervogelbewegung zugehörige Baumeister Karl Buschhüter, mit dem Multhaupt zur gleichen Zeit ein ehrgeiziges Bauvorhaben realisierte, „Haus Jungfried", eine Verbindung von Kulturzentrum und landwirtschaftlichem Betrieb zu einem „Deutschen Kulturwerk".[4] Auf einem riesigen Gelände in der Nähe von Oberlahnstein waren mehrere Gebäude in dem für Buschhüter charakteristischen „altdeutschen Stil" geplant. Campendonk erhielt den Auftrag zur Innengestaltung, das heißt Ausmalung der Häuser. Aufgrund finanzieller Probleme und des späteren Zerwürfnisses von Multhaupt und Buschhüter blieb zwar das Gesamtprojekt unvollendet, doch das „Walterhaus" einschließlich der Wandgemälde von Campendonk war bereits 1923 fertiggestellt. Leider sind weder Entwurfszeichnungen noch fotografische Aufnahmen von dieser ersten Auftragsarbeit[5] des Malers bekannt. Ihre abschreckende Wirkung auf den deutschtümelnden Buschhüter läßt vermuten, daß Campendonk halb-

abstrakte Fresken von leuchtender Farbigkeit im Stile seiner Gemälde geschaffen hatte. In einem Rechenschaftsbericht beschwert sich der Architekt über die „fremden Farben ..., die keinerlei Beziehung zum deutschen Wesen ... haben. Ein greulicher Mißklang für das deutsche naive Auge wie für das des Künstlers, den hellen, reinen, farbenumfassenden Sinn des reinen Ariers".[6]
Wesentlich mehr Verständnis für die künstlerischen Vorstellungen von Campendonk hatte der jüdische Kaufmann Richard Merländer aus Krefeld. Er erteilte ihm nach Abschluß der Ausmalung von „Haus Jungfried" den Auftrag, die repräsentativen Räume seiner neu errichteten Villa mit Fresken zu schmücken. Zusätzlich bemalte Campendonk auch die hellen Möbel, die eigens für das Haus entworfen wurden.[7] Von diesem interessanten „Gesamtkunstwerk" sind keine schriftlichen Dokumente mehr erhalten. Die Fresken wurden vermutlich von den Nationalsozialisten zerstört, nachdem Merländer nach Theresienstadt deportiert worden war. Einen Eindruck von den Wandgemälden vermitteln Fotografien (Abb. S. 130), die sich im Nachlaß des Künstlers befinden. Für die Decke wählte Campendonk eine abstrakt-geometrische Komposition aus prismatischen Formen. Soweit erkennbar, wurde die Farbe in Form eines Gewebes zarter Striche dünn aufgetragen. An den Wänden tauchen auch zahlreiche figurative Elemente auf, vor allem symbolhafte Anspielungen auf die glücksverheißenden Seiten des Lebens: Spiel, Theater, Reisen und Natur. In einem Gefüge abstrakter Formen sind zahlreiche Tiere, Masken, eine Zirkusreiterin, Spielkarten, ein Billardtisch, Herzen und ähnliches mehr zu einer harmonischen Einheit miteinander verwoben. Mehrere der Motive tauchen in den Gemälden Campendonks aus der Zeit um 1925 in fast identischer Form wieder auf, besonders deutlich in dem Bild „Die rote Katze".[8]
Aus den Jahren von 1923 bis 1926 sind von Campendonk noch zahlreiche andere „kunstgewerbliche" Aktivitäten bekannt, vor allem für die Krefelder Textilindustrie, wovon leider nur sehr wenig erhalten ist: So weiß z.B. der Sohn des Künstlers – Herbert Campendonk – von Entwürfen seines Vaters für Priestergewänder zu berichten.[9] In der Sammlung des Kaiser Wilhelm Museums befindet sich noch ein Gobelin mit „Liegendem Akt", auch ein beliebtes Motiv seiner Gemälde jener Zeit (vgl. Kat.-Nr. 72). Verschollen sind leider die Arbeiten des Malers für die Königlich-Preußische Porzellan-Manufaktur in Berlin: Diesen ungewöhnlichen Auftrag erhielt Campendonk von Nicola Moufang, dem ehemaligen Leiter der KPM, der bereits 1919 das Bild „Der rote Mäher" (Kat.-Nr. 44) gekauft hatte.[10]
Das größte Aufsehen erregte Campendonk 1924 und 1925 mit seinen Bühnenbildentwürfen für das Krefelder Stadttheater. Der Intendant Ernst Martin, ein neuen

Haus Merländer, Wandgemälde, um 1924

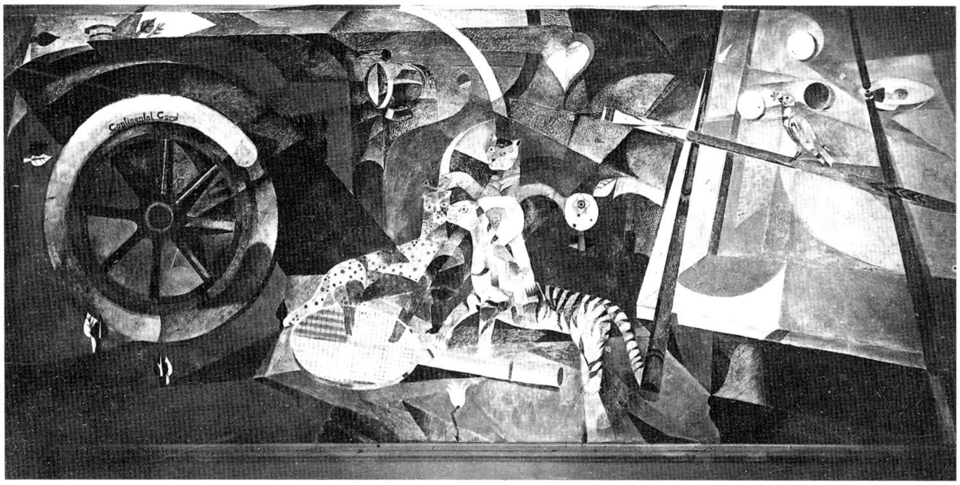

Ideen und Experimenten aufgeschlossener Theatermann, bewies eine glückliche Hand, als er 1924 den Auftrag für „Wie es Euch gefällt" von William Shakespeare Campendonk anbot. Der Maler hatte zwar noch keine Erfahrungen in der Theaterarbeit, doch dessen oft mystisch-märchenhaft wirkenden Bildräume schienen Martin die Ideen Shakespeares in moderner Weise zu verkörpern. „Die ganz unwirklichen Märchenszenen in Shakespeares ‚Wie es Euch gefällt' suchten also einen Maler, der losgelöst von den gewohnten Formen der Wirklichkeit in einer erträumten Welt dem geheimen Geist des Hinter-allen-Dingen-Webenden nah zu kommen suchte."[11] So wie der hier zitierte Gerhard Reinboth waren auch andere Kritiker nach der Erstaufführung am 25. Oktober 1924 von den Bühnenbildern Campendonks begeistert. In diversen Theater- und Kunstzeitschriften wurden sie in Form von fotografischen Aufnahmen als beispielhaft vorgestellt.[12]

Campendonk hatte für alle Bilder des Stückes phantasievolle, aber trotzdem strenge Kombinationen farbiger geometrischer Formen gewählt (Abb. S. 134). Der Vergleich zwischen Entwurf (Kat.-Nr. 98) und Ausführung des vierten Aktes zeigt, daß er die einzelnen Elemente noch nachträglich vereinfachte und reduzierte. Ähnlich wie in seinen Gemälden erscheinen zwischen den bizarren abstrakten Formen plötzlich Pflanzenformen und Tiergestalten, die die magische Wirkung des Raumes ins Märchenhafte steigern.

Das Bild zum vierten Akt, von dem ein Entwurf und ein von Campendonk gebautes Modell (Kat.-Nr. 136) erhalten sind, hatte bei der Kritik den größten Erfolg: „Das Ereignisvollste, und Martins besonderes Verdienst, waren Heinrich Campendonks

131

Haus Merländer, Decken- und Wandgemälde, um 1924

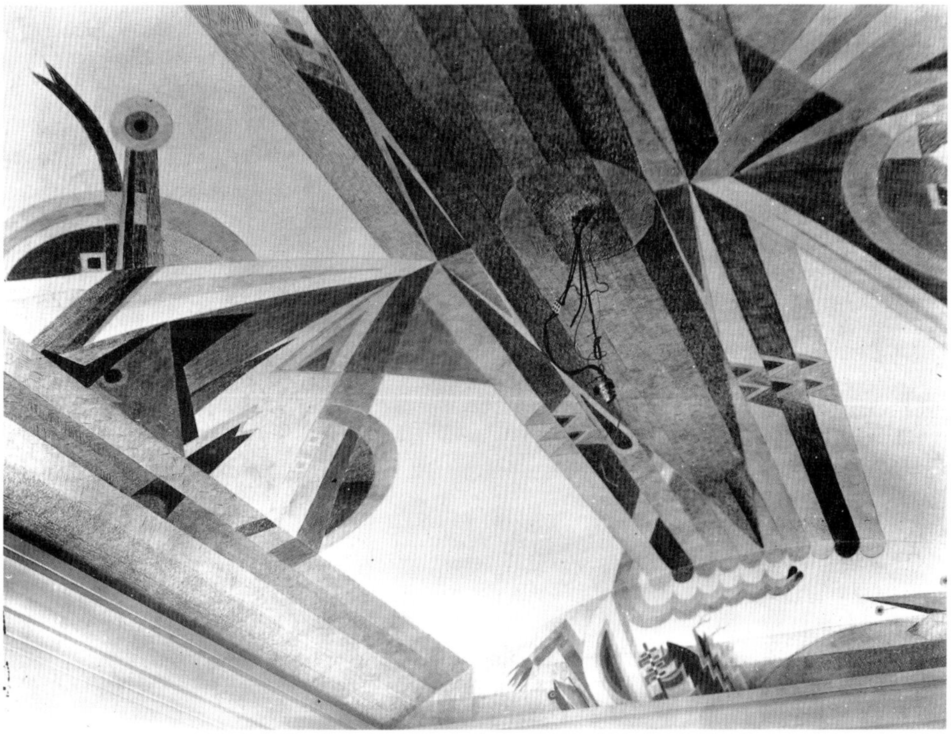

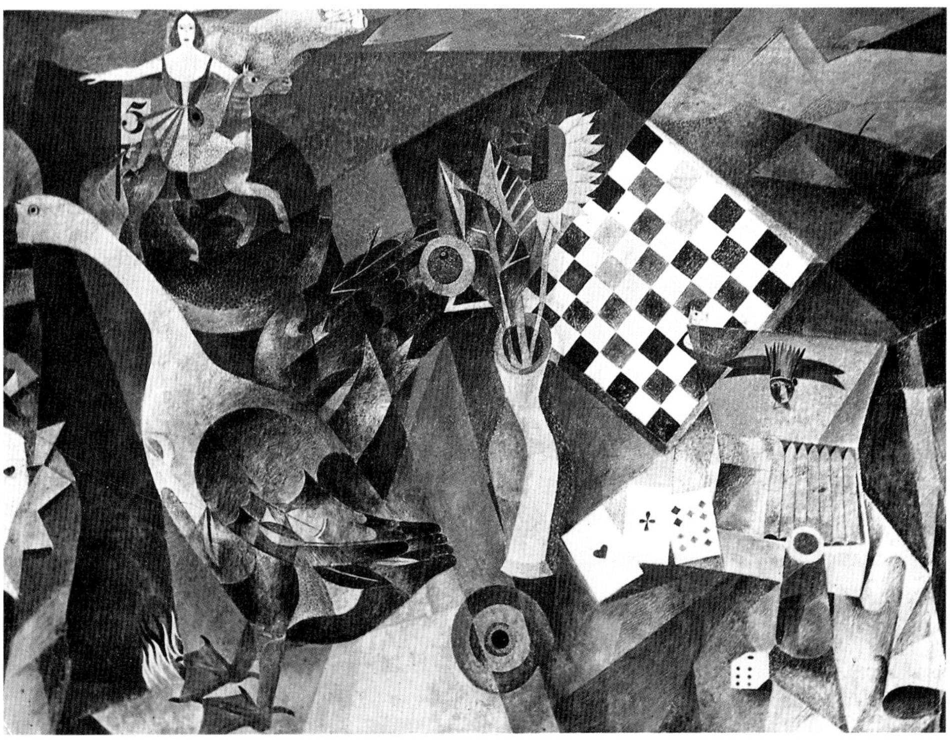

Bühnenbilder. Seine Formen beherrschen den Raum, wie ich das noch nirgends erlebt hatte. Aus den einfachsten Mitteln wachsen die Bäume des Ardennerwaldes zu ungeahnt phantastischen Formen in leuchtenden und mystischen Farben auf. Von märchenhafter Schönheit ist das Bild, dessen leuchtender Formenreichtum ins Übersinnliche wächst. Und mitten darin ein riesiger Fisch wie eine Erscheinung aus Tausend und einer Nacht (...). Der Schauspieler steht frei im Raum und wird von den hereinragenden Formen nicht erdrückt, sondern bestätigt."[13]
Bestärkt durch die positive Resonanz auf Campendonks Shakespeare-Gestaltung, engagierte Ernst Martin den Maler gleich für ein weiteres Bühnenbild: „Magie" von Keith Gilbert Chesterton, das am 10. Oktober 1925 zur Aufführung gelangte. Die Kritikermeinungen waren nun wesentlich gespaltener als bei Shakespeare,[14] denn Campendonk präsentierte eine ungleich mutigere und radikalere Raumgestaltung. Hatte er für „Wie es Euch gefällt" noch mit geometrischen, farbig bemalten Elementen gearbeitet, verzichtete er nun auf jegliche Bemalung und wählte eine kubistisch anmutende Raumkonstruktion aus spitzen diagonalen Formen, die sich kreuzen und überlagern. Dazu spannte er Segeln ähnlich weißen, halbtransparenten Stoff zwischen Bambusstangen und schuf so einen bizarren, aufgesplitterten Raum, in dem mit Licht- und Schatteneffekten und wechselnder farbiger Beleuchtung ein verwirrendes Spiel getrieben werden konnte (vgl. Kat.-Nr. 137). Auch die Schauspieler trugen weiße Kostüme, deren Wirkung sich durch Lichteffekte veränderte. „Magie" ist sicherlich der ausgefallenste und am deutlichsten konstruktivistisch beeinflußte Bühnenbildentwurf von Campendonk.[15] Zugleich erinnert er an die prismatisch aufgefächerten Bildräume, die zahlreiche seiner Gemälde aus der Zeit von 1912 bis 1918 charakterisieren. War der Erfolg beim breiten Publikum auch nicht groß, so fand dieses Bühnenbild doch einige Beachtung in der Fachwelt.[16]
Die dritte und letzte Inszenierung, an der Campendonk beteiligt war – „Der Sturz des Apostel Paulus" von Rolf Lauckner, aufgeführt am 3. März 1926 – war dagegen ein großer Reinfall. Das mag jedoch eher an dem abstrusen Stück eines jungen Autors gelegen haben als an Campendonks avantgardistischem Bühnenbild, von dem nur noch einzelne Szenenaufnahmen erhalten sind. Eine zeigt das Innere der Irrenanstalt, in der die Hauptperson des Dramas, ein Wunderheiler, zum Schluß landet.[17] Auch hier hat der Maler eine Kombination aus konstruktivistischen Formelementen und extremen Licht- und Schatteneffekten gewählt.
Angesichts des Erfolges von Campendonks Bühnenbildern ist es nicht verwunderlich, daß auf der zu Beginn beschriebenen Werkbund-Tagung der Ausstellung sei-

98 Bühnenbildentwurf – Wie es Euch gefällt, um 1924

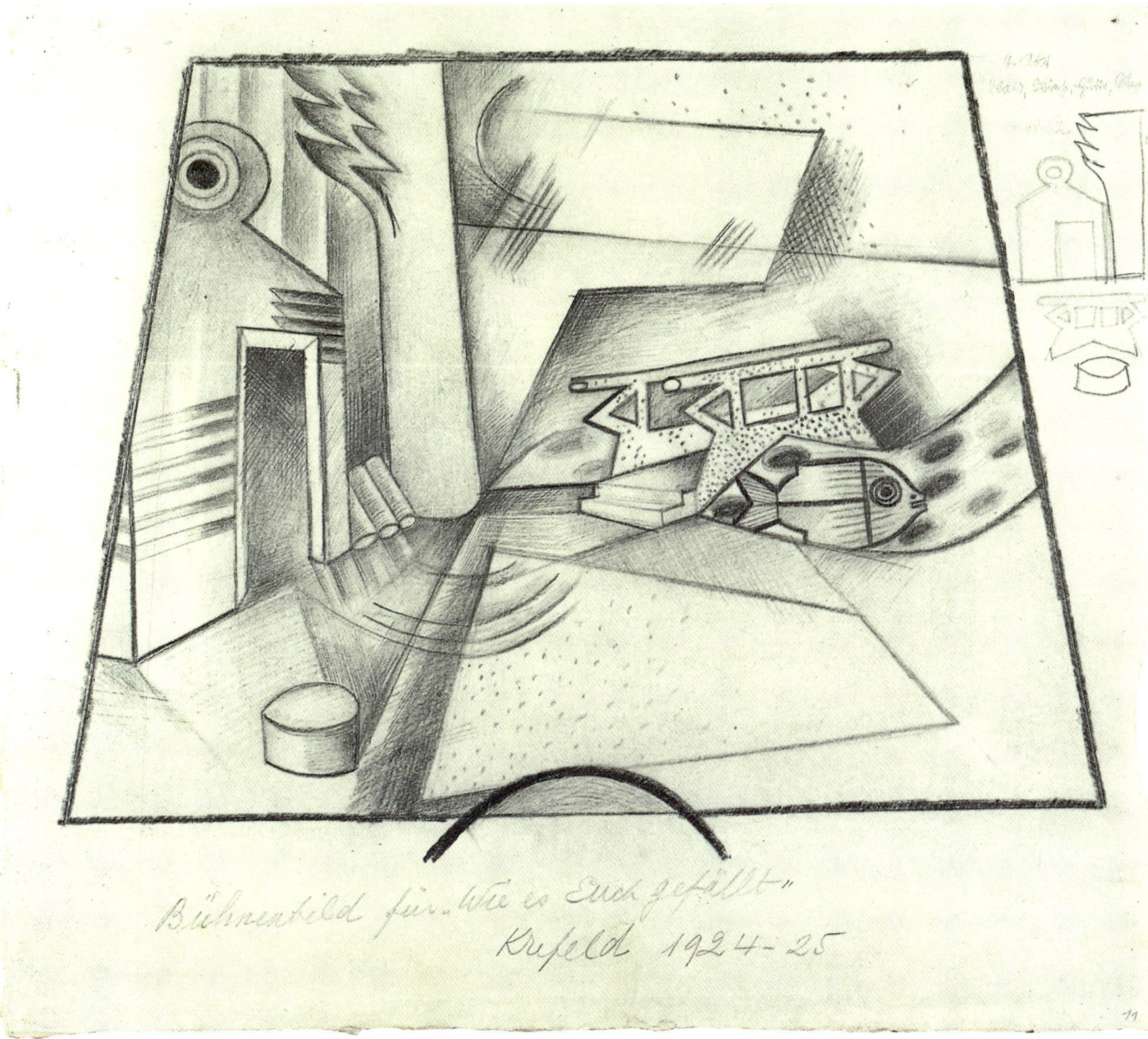

Wie es Euch gefällt, vierter Akt, 1924

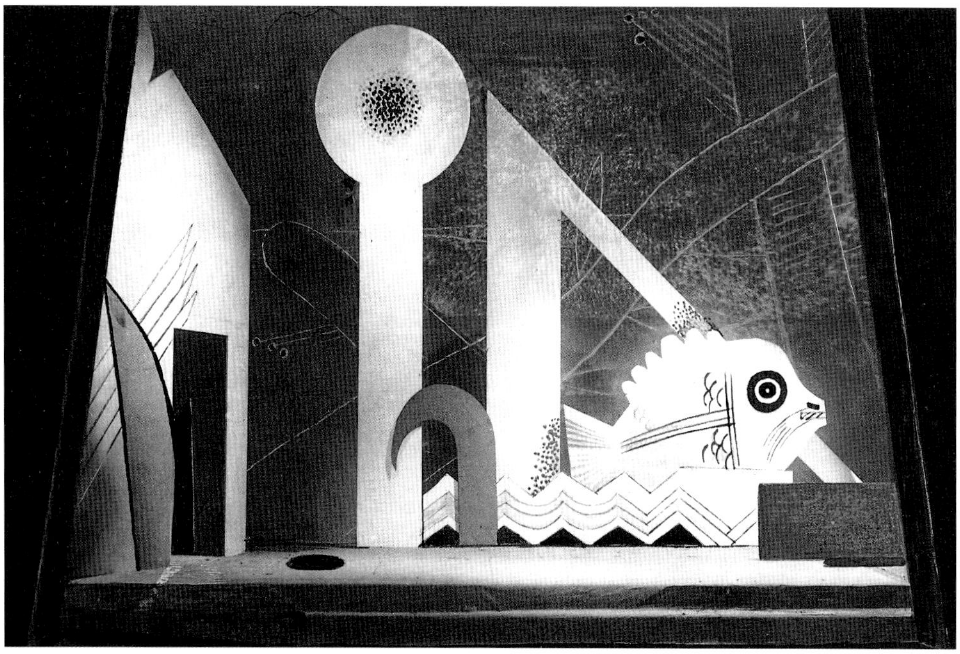

ner „Theaterinszenierungen und -figurinen"[18] ein gesonderter Raum vorbehalten war. Für kurze Zeit wurde sogar die Idee diskutiert, den Maler ganz für das Theater zu gewinnen. Doch Campendonk entschied sich anders. 1930 gestaltete er zwar noch einmal einen Bühnenraum für die Tournee des amerikanischen Tänzers Ted Shawn, einem Schützling von Katherine S. Dreier,[19] ansonsten blieben die Krefelder Arbeiten jedoch eine interessante Episode in seiner Entwicklung.
Die Werkbund-Tagung 1926 markiert einen Wendepunkt in Campendonks künstlerischem Werdegang. Wenn bis dahin seine kunstgewerblichen Arbeiten aus der Not der Sicherung des Lebensunterhaltes geboren schienen, wobei der freien Malerei jedoch der Vorrang gehörte, bahnt sich in der Folgezeit eine andere Entwicklung an. Im gleichen Jahr übernahm er als Nachfolger von Thorn Prikker die Klasse für „Wandmalerei, Glasmalerei, Mosaik und Gobelinweberei" an der Düsseldorfer Kunstakademie und widmete sich nun ganz der Lehre sowie zahlreichen Aufträgen für Glasfenster in Kirchen und öffentlichen Gebäuden. Seine „freie" Malerei, die er für sich weiterverfolgte, blieb von nun an vor den Augen der Öffentlichkeit verborgen.
Trotzdem engagierte er sich weiterhin für die moderne Kunst. Er hielt den geistigen Austausch und freundschaftlichen Kontakt mit anderen wichtigen Malerfreunden

Wie es Euch gefällt, erster und dritter Akt, 1924

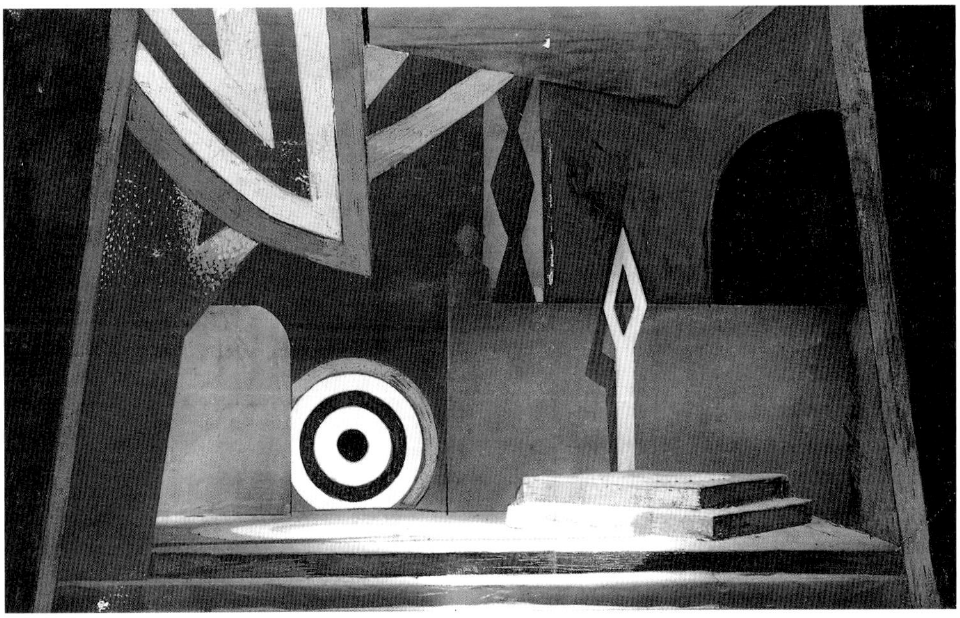

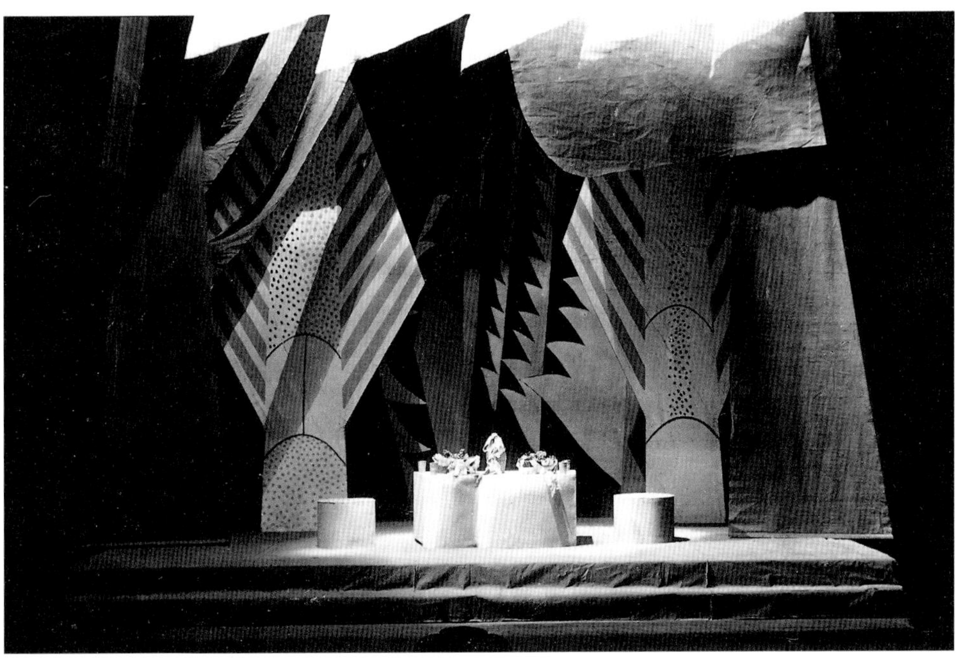

wie Paul Klee aufrecht, und er war u. a. auch an den Aktivitäten der „Société Anonyme" in New York beteiligt. Die internationale Vereinigung zur Förderung der zeitgenössischen Kunst hatte schon in ihrer ersten Ausstellung 1921, kurz nach der Gründung durch Katherine S. Dreier und Marcel Duchamp, Arbeiten von Campendonk gezeigt. 1925 organisierte sie die erste Einzelausstellung von Campendonk in den USA.[20] Ein Jahr später nahm er an der berühmten Ausstellung der Société Anonyme im Brooklyn Museum teil.[21] Obgleich er selbst nie in die USA reiste, blieb er über die Jahre hinweg, d. h. bis zur endgültigen Auflösung der Vereinigung 1950, neben Duchamp und Kandinsky der wichtigste Verbindungsmann von Katherine S. Dreier. So war zum Beispiel ab 1930 eine regelmäßig stattfindende internationale Ausstellung moderner Kunst geplant,[22] ein ehrgeiziges Projekt, das leider nicht verwirklicht wurde. Von seinen eigenen neueren Arbeiten hatte Campendonk jedoch nur noch ein Gemälde zur Ausstellung vorgesehen. An dieser Zurückhaltung änderte sich auch nichts, als Campendonk 1933 emigrieren mußte. Als Lehrer für Glasmalerei an der Rijksacademie in Amsterdam setzte er die in Düsseldorf begonnene Tätigkeit erfolgreich fort, ohne selbst seinen Schülern einen Einblick in sein sonstiges Schaffen zu gestatten. Wie noch im folgenden zu zeigen sein wird, entspricht dieser Situation auch eine Wandlung im wechselseitigen Verhältnis von „freier" und „angewandter" Kunst bei Campendonk: Während vor 1926 die verschiedenen Entwürfe für das Theater u. ä. von seiner Malerei beeinflußt schienen, bewirkt nun die intensive Beschäftigung mit den ästhetischen Bedingungen des Glasfensters auch eine Veränderung seiner Gemälde und Zeichnungen.

Glasfenster und späte Bilder

Mit seiner Hinwendung zur Monumentalkunst, d. h. der Wandmalerei und vor allem den Glasfensterarbeiten, folgte Campendonk künstlerisch und praktisch den Spuren Thorn Prikkers. Sowohl an der Folkwang-Schule in Essen, wo er schon 1923 einen Lehrauftrag erhielt, als auch an der Düsseldorfer Kunstakademie übernahm er die Nachfolge seines ehemaligen Lehrers. Die Glasfensterentwürfe Campendonks wurden von Gottfried Heinersdorff in Berlin und Hein Derix in Kevelaer ausgeführt, jenen Werkstätten also, mit denen auch Thorn Prikker von Anfang an zusammengearbeitet hatte. Dieser begann zwar erst 1910 mit der Glasmalerei, nachdem Campendonk die Krefelder Kunstgewerbeschule schon verlassen hatte, doch mußten ihm diese Arbeiten inzwischen gut bekannt sein, denn im Rheinland

137 Bühnenbildmodell für „Magie" von Chesterton, 1925

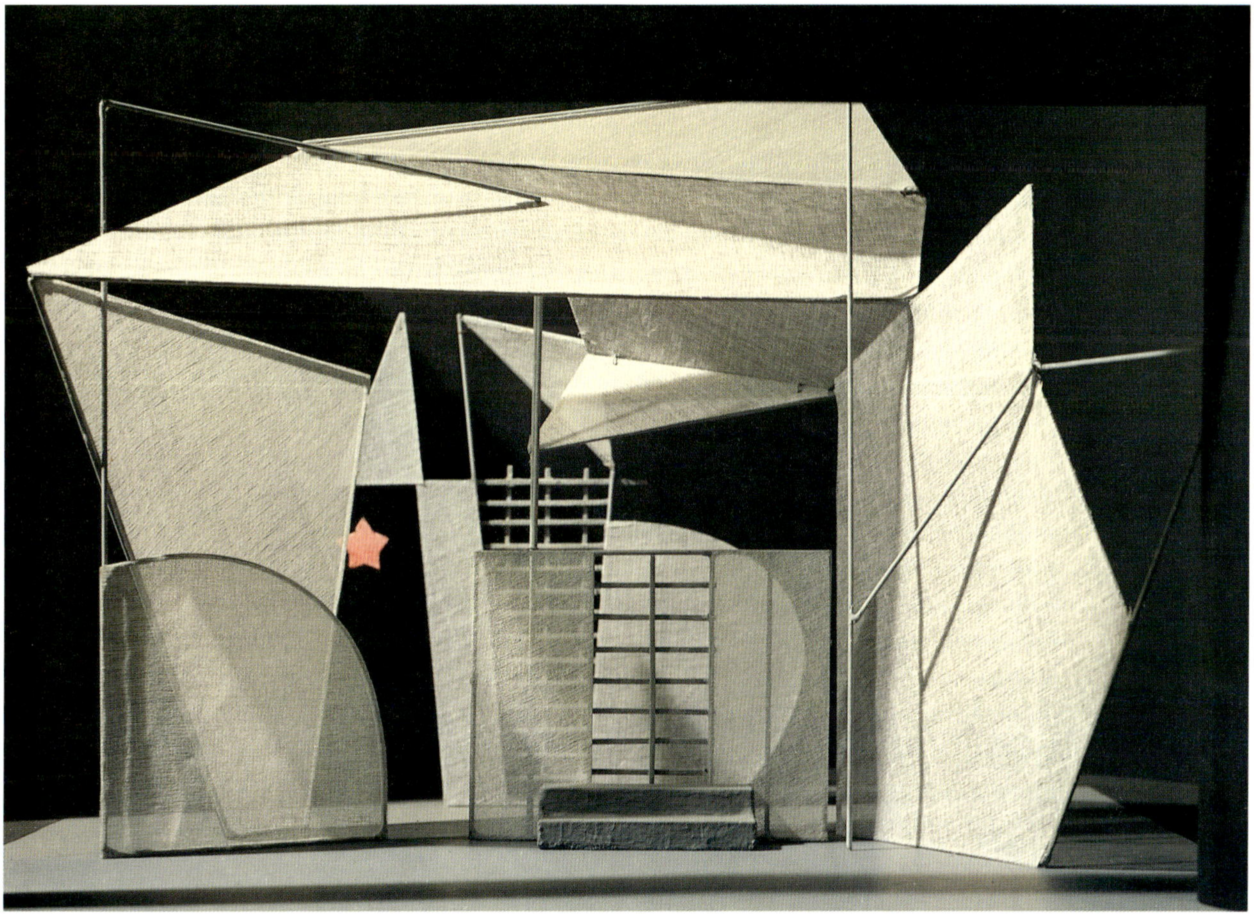

Campendonk in seinem Atelier in Amsterdam

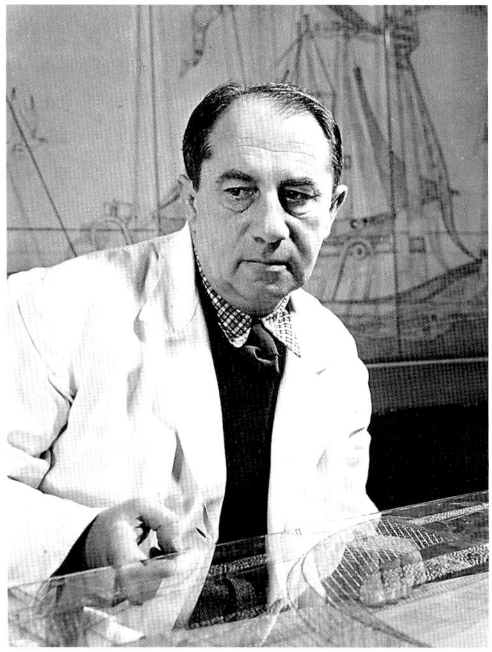

waren mittlerweile diverse Kirchen und öffentliche Gebäude von dem Niederländer ausgestattet worden.[23]
Tatsächlich orientiert sich Campendonk in den ersten Glasfensterentwürfen deutlich an den Arbeiten seines Lehrers. Das gilt besonders für zwei öffentliche Aufträge: 1927 ein Oberlicht für die Sparkasse Krefeld und 1930 ein Fenster für die Aula der Kunstakademie Düsseldorf (Kat.-Nr. 139).[24] Für beide Fenster wählte Campendonk eine abstrakte, fast konstruktivistisch wirkende Komposition aus verschiedenfarbigen, rhythmisch angeordneten Rechtecken, wie sie auch für viele Entwürfe Thorn Prikkers typisch ist.
Bis Mitte der dreißiger Jahre behält Campendonk noch die strenge abstrakte Gestaltung in einzelnen Entwürfen bei, manchmal verbindet er sie auch mit Symbolmotiven, wie z. B. in den Ornamentfenstern für die Krypta des Bonner Münsters 1931 (Kat.-Nr. 141) und die Kirche Maria im Grünen in Hamburg-Blankenese 1935 (Kat.-Nr. 142).[25] Doch wendet er sich bald wieder von der Abstraktion ab und bevorzugt einen monumentalen Figurenstil, den er häufig mit gegenständlich aufgefaßten Symbolmotiven kombiniert (Kat.-Nr. 143). Diese Tendenz, die in den Heiligendarstellungen der Kirchenfenster besonders zum Tragen kommt (vgl. Kat.-Nr. 140), zeigt sich schon 1929 in seinem vermutlich letzten großen Wandgemälde für

Wandgemälde in Schneidemühl, ehem. Westpreußen, 1929

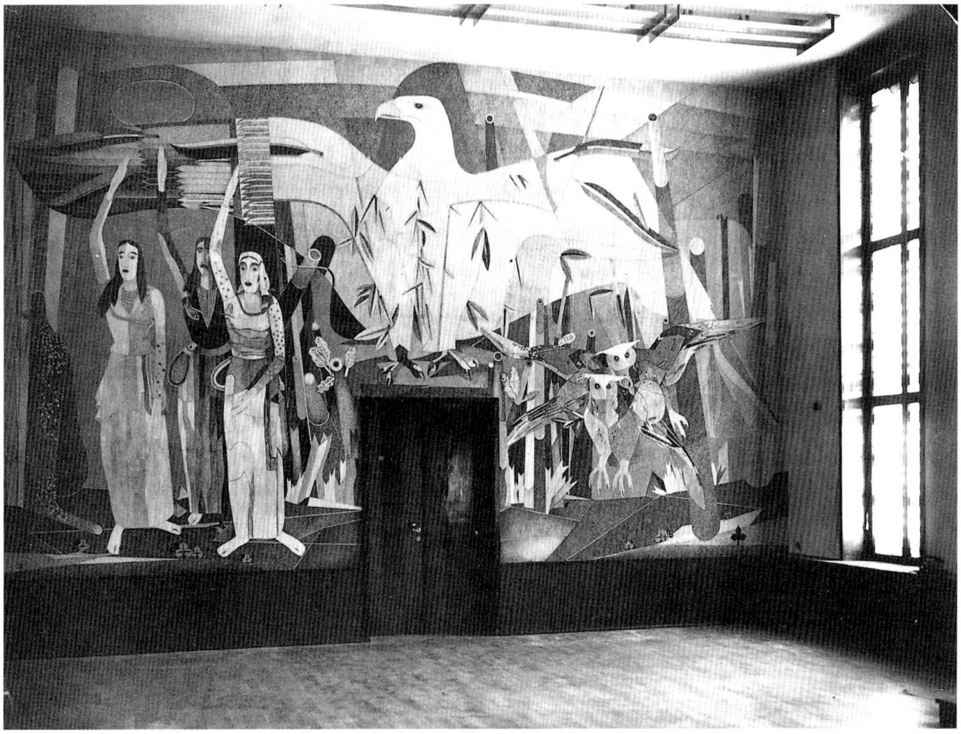

das Regierungsgebäude in Schneidemühl (Abb. S. 139). Es handelte sich hierbei um einen wichtigen staatlichen Auftrag der Grenzmark Posen-Westpreußen, mit dem Campendonk die Hoffnung verband, später auch für entsprechende Fresken im Reichstagsgebäude in Berlin herangezogen zu werden.[26] Er gewann den vorausgegangenen Wettbewerb mit der Darstellung eines riesigen Adlers, der seine Schwingen über die gesamte Wandfläche ausbreitet. Darunter vor einem abstrakten Hintergrund die Eulen der Weisheit und die drei Schicksalsgöttinnen, die die Hand zum Schwur erhoben haben.[27]

Die – trotz ihrer Gestik – wie erstarrt wirkende Körperhaltung und Mimik der menschlichen Gestalten, ihre groben Glieder und vereinfachten Gesichtszüge kennzeichnen schon die Figurendarstellung in einigen nach 1920 entstandenen Gemälden (vgl. Kat.-Nrn. 199, 93) und setzen sich später in den Kirchenfenstern der dreißiger Jahre fort. Der Figurenstil der frühchristlichen Mosaiken von Ravenna war hier richtungsweisend. 1920 hatte sich Campendonk endlich den Wunsch erfüllen können, die schon von Thorn Prikker als vorbildlich gepriesenen Mosaiken mit eigenen Augen zu sehen. In der Folgezeit machte sich ihr Einfluß

139 Probestück für Ornamentfenster, 1931

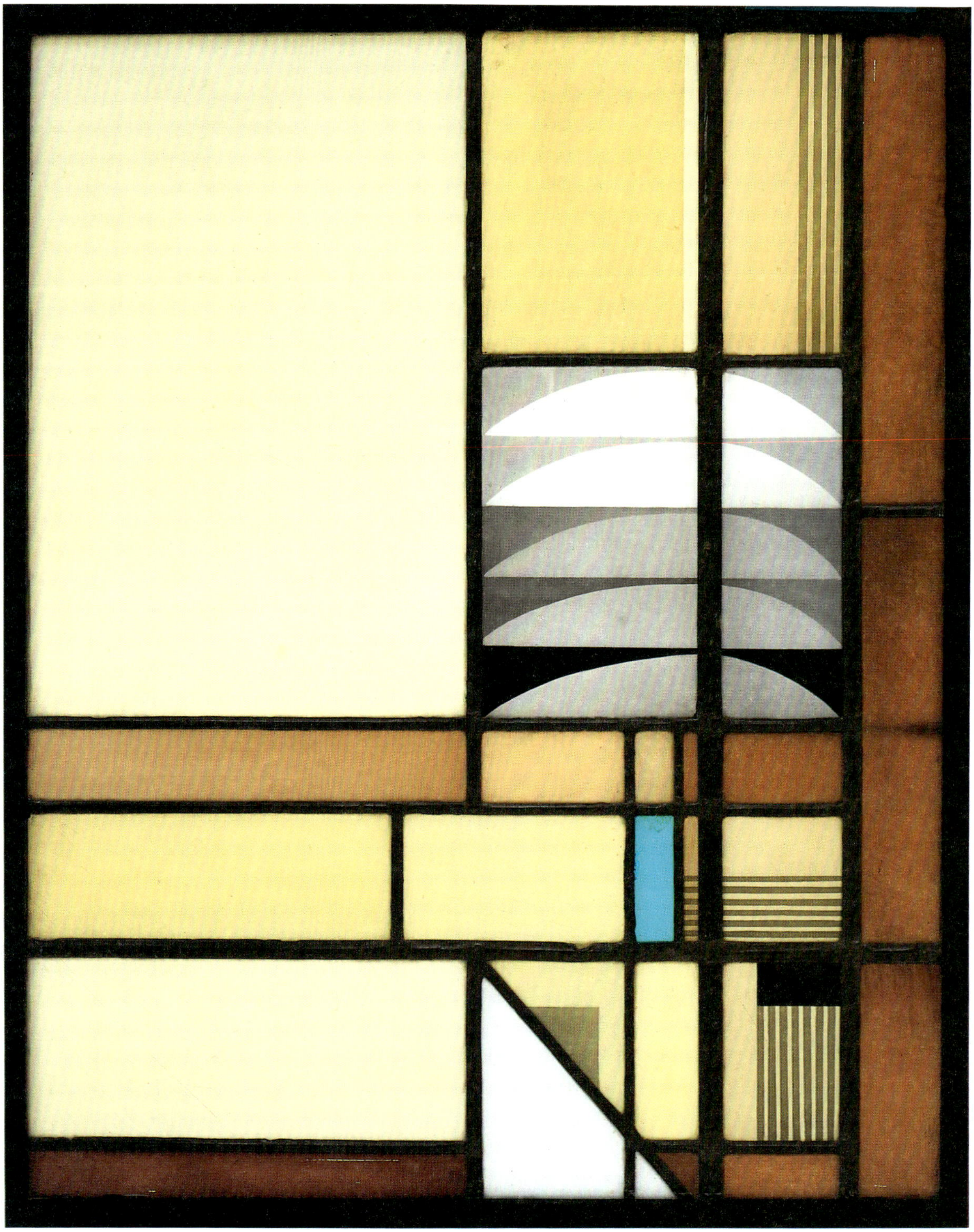

immer mehr bemerkbar, nach 1926 noch verstärkt durch die vorherrschende religiöse Thematik und Funktion der Glasfenster.
Parallel zu den zahlreichen öffentlichen Aufträgen entstand nun ganz im Privaten sein persönliches malerisches Werk. Es ist interessant, aus der heutigen Sicht, wo uns das Gesamtwerk vor Augen steht, zu beobachten, ob und inwieweit sich die Glasmalerei auf Campendonks freie Malerei ausgewirkt hat.
Zunächst fällt auf, daß sich der Maler in den dreißiger Jahren fast ausschließlich dem Aquarell und der Zeichnung zuwandte. Erst in der Mitte der vierziger Jahre setzte er sich wieder intensiv mit der Ölmalerei und vor allem dem Hinterglasbild auseinander, das seit der Zeit des „Blauen Reiter" zu seinen bevorzugten Techniken gehörte.
1932 und 1933 entstanden zwei malerisch besonders reizvolle Aquarellfolgen, in denen der Einfluß der Glasmalerei bereits spürbar ist (Kat.-Nrn. 105–110). Beide entstanden kurz vor der Emigration auf zwei glücklichen Reisen Campendonks mit seiner zweiten Frau, die ihn in karge, von einfachem bäuerlichem Leben geprägte Küstenlandschaften führten – in die Bretagne und auf die Inselgruppe der Lofoten in Norwegen.
Hafenansichten, Fischer und dörfliche Szenen sind in einfachen stilisierten Formen wiedergegeben. Die Farben erscheinen zurückhaltender und gebrochener als in Campendonks früheren Bildern. Trotzdem geht von ihnen eine eigentümliche kühle Leuchtkraft aus, bedingt durch die vorherrschenden Blautöne und die Transparenz der Farben. Das gleichmäßig verteilte Licht und die klar voneinander abgegrenzten Farbfelder mit ihren zarten Schattierungen suggerieren zusätzlich die glasfensterartige Wirkung der Blätter. Die punktierende Wiedergabe der Schatten erinnert deutlich an die Technik der Schwarzloteinschlüsse, wie sie in der Glasmalerei zur Schattierung eingesetzt wird.
Auch bei einer Reihe von großen Bleistiftzeichnungen aus dem Jahr 1934 orientiert er sich in der Formgebung an der Glasmalerei (Kat.-Nrn. 111, 112). Die bekannten Motive – Schiffe, Kuhstall und andere ländliche Szenen – faßt er zunächst streng linear auf, mit klaren Konturen, um ihnen dann in einem zweiten Schritt durch die exakt aufgetragene rasterartige Punktierung etwas Plastizität zu verleihen. Die Technik der Blätter, die präzise Ausarbeitung und nicht zuletzt ihre flächige Wirkung läßt sie wie Entwürfe für Fensterkartons erscheinen, ohne daß es für eine solche Funktion weitergehende konkrete Anhaltspunkte gäbe. Vielleicht hat hier Campendonk in der Zeit, als er sich um das Lehramt in Amsterdam bewarb, tatsächlich erste Ideen für profane Glasfensterarbeiten festgehalten?

In den Jahren 1937 bis 1940 erhält er auch in Amsterdam Gelegenheit, öffentliche profane Gebäude mit Glasfenstern auszustatten: Die Bank von Indonesien, das Verwaltungsgebäude der Elektrizitätswerke und den Bahnhof Muiderpoort.[28] Sie gehören zu dem Schönsten, was Campendonk an Glasmalerei geschaffen hat. Losgelöst von der ja oft vorgegebenen religiösen Thematik der Kirchenfensteraufträge, greift er wieder das Motiv auf, das ihn sein Leben lang beschäftigt hat – die kosmische Harmonie von Mensch, Tier und Natur. Der Mensch tritt dabei nur indirekt auf, als Betrachter des magischen Naturraumes, den die Fenster suggerieren. Besonders reizvoll ist die Gestaltung der Bank von Indonesien: Campendonk hat hier eine stilisierte Tropenlandschaft geschaffen, in der exotische Tiere und wuchernde Pflanzen miteinander verwoben sind. Die Farben sind jedoch genau wie in seinen Aquarellen jener Zeit recht kühl und zurückhaltend. Zart abgestufte Blau- und Graugrüntöne werden nur durch vereinzelte Farbakzente unterbrochen.

Bis zum Ende der vierziger Jahre variiert er – vor allem in der bevorzugten Aquarelltechnik – das Thema der Einheit von Pflanzen, Tieren und Mensch in ähnlicher Form immer wieder. Die Farben werden allmählich wieder kräftiger, doch die formale Verbindung mit den Glasfenstern bleibt bestehen.

Besondere Erwähnung verdient eine Reihe von Hinterglasbildern, der sog. „Vinkeveen-Zyklus" von 1948 (Kat.-Nrn. 126–129). Campendonk schuf sie anläßlich eines Aufenthaltes in der idyllischen Polderlandschaft des Vinkeveen in der Nähe von Amsterdam. Vor dunklem Hintergrund entfaltet der Maler hier eine traumartige Naturszenerie, die alle Elemente der Pastorale versammelt: den Hirten mit Flöte, friedlich weidende Tiere, weibliche Akte, die an die Nymphen der antiken Idylle erinnern, und die Wasserquelle im verwunschenen Garten. In helles Mondlicht getaucht, kostbar akzentuiert durch Gold- und Silbertöne, scheinen sie einer anderen mystischen Wirklichkeit anzugehören. In diesem Zyklus leben nicht nur die zehn Jahre zuvor entstandenen, oben beschriebenen Glasfenster wieder auf, sondern auch Gemälde aus wesentlich früherer Zeit, wie z. B. „Der Garten" von 1920 (Kat.-Nr. 84).

Obgleich Campendonk bis an sein Lebensende in seinen Bildern den Traum von der Harmonie von Mensch, Tier und Natur weiterträumt, ist in den letzten Gemälden doch eine leichte Melancholie spürbar. Sie schwingt vor allem bei der Wiedergabe bestimmter Motive mit: Der Gänseflug ist so ein häufig wiederkehrendes Thema. Schon im Bahnhof Muiderpoort und im „Vinkeveen-Zyklus" tauchen die großen, in die Ferne ziehenden Vögel auf, in späteren Bildern dann oft von den sehnsüchtigen Blicken der Menschen verfolgt (vgl. Kat.-Nr. 133). Doch auch das Bild des traurigen Pierrot erscheint wieder, dieses alte Symbol der Lebensweisheit und -verrücktheit zugleich. In einem seiner letzten Gemälde (Kat.-Nr. 135) hat Campendonk den Künstler an seine Stelle gesetzt, den ernsten Blick nach innen gewandt.

1 Vollständiger Wortlaut abgedruckt in: Krefelder Zeitung, 72. Jg., Nr. 317, 26. 6. 1926.

2 Die einzelnen Abteilungen der Ausstellung wurden in der Tagespresse ausführlich beschrieben; vgl. a.a.O. und Niederrheinische Volkszeitung, Nr. 443, 26. 6. 1926.

3 Vgl. ebenda und das „Programm zur Tagung des deutschen Werkbundes am 25. Juni 1926 in Krefeld".

4 Eine genaue Dokumentation des Projektes findet sich in der Dissertation von Walfried Pohl, Der Krefelder Architekt Karl Buschhüter 1872–1956, Krefeld 1987, S. 65f. und S. 150–156.

5 Nur 1910 war Campendonk schon einmal an der Ausmalung eines Gebäudes unmittelbar beteiligt gewesen, dem Dom von Osnabrück. In den Jahren danach hatte er sich ausschließlich der „freien" Malerei gewidmet.

6 Zit. in: Pohl 1987, S. 66. Gegen die wiederholten Beschimpfungen Buschhüters führte Campendonk 1926 erfolgreich einen Verleumdungsprozeß; siehe ebenda.

7 Die Möbel befinden sich heute im Städt. Museum Mülheim/Ruhr.

8 Die rote Katze, 1926, Öl/Lwd., 75,3 x 85 cm, Yale University, Dreier Bequest, Abb. in: Société Anonyme and the Dreier Bequest at Yale University, A Catalogue Raisonné, Hrsg. Yale University Art Gallery, New Haven und London 1984, S. 132.

9 Die Erinnerungen von Herbert Campendonk an die Zeit von 1922–1926 erscheinen im November 1989 in: Die Heimat, Krefelder Jahrbuch, Jg. 60, 1989.

10 Aus einem Brief von Nicola Moufang an Edith Campendonk-van Leckwyck vom 18. Juli 1957 (Nachlaß des Künstlers) geht hervor, daß die Entwürfe für Porzellanbemalungen nicht mehr erhalten sind.

11 Gerhard Reinboth, Crefelder Bühnenbildner, in: Crefelder Blätter für Theater und Kunst, 1. Jg., 12. Heft, S. 89.

12 Abbildungen finden sich u.a. in: Das Kunstblatt, hrsg. v. Paul Westheim, IX. Jg., 1925, S. 45; Das Theater, 1925, S. 80 und 281.

13 Rolf von Felner, Ernst Martin und das Crefelder Stadttheater, in: Rheinische Rundschau, Jg. 1, Heft 1, S. 29.

14 Eine Zusammenstellung der Kritiken findet sich in: Crefelder Blätter, a.a.O., 2. Jg., 19./20. Heft, S. 147.

15 Vgl. Helmut Grosse, Der szenische Konstruktivismus in Deutschland, in: Kat. Ausst. Raumkonzepte, Konstruktivistische Tendenzen in Bühnen- und Bildkunst 1919–1930, Frankfurt a.M. 1986, S. 207, vgl. auch ebenda S. 235f.

16 Ausgestellt und abgebildet in: Kat. Deutsche Theaterausstellung Magdeburg 1927, Magdeburg 1928, Tafel 46.

17 Abb. in: Das Theater, 1926, S. 178.

18 Vgl. oben Anm. 3.

19 Vgl. Société Anonyme, 1984, a.a.O., S. 128.

20 Vgl. dazu Société Anonyme, 1984, a.a.O., S. 7, 128 und 756.

21 Vgl. ebenda S. 9ff. und S. 128.

22 Die Ausstellung sollte von Campendonk und Max Creutz in Krefeld zusammengeführt werden und dann in mehrere Städte Europas wandern. Das Projekt, an dem zahlreiche namhafte Künstler beteiligt waren, wie z.B. Kandinsky und Schwitters, wird von Dreier in einem Brief an Campendonk vom 14. Mai 1929 ausführlich beschrieben, vollständig zitiert bei Paul Wember, Heinrich Campendonk, in: Die Heimat, 31. Jg., Krefeld 1960, Heft 1–4, S. 21–23.

23 Vgl. Paul Wember, Johan Thorn Prikker. Glasfenster, Wandbilder, Ornamente 1891–1932, Werkverzeichnis bearbeitet von Johannes Cladders, Krefeld 1966, S. 245ff.

24 Das Fenster der Kunstakademie wurde im Krieg zerstört, vgl. Mathias T. Engels, Campendonk als Glasmaler, mit einem Werkverzeichnis, Krefeld 1966, S. 81, Nr. 2. Bei Engels findet sich eine ausführliche Beschreibung von Campendonks Glasfensterarbeiten, weshalb ich mich auf wenige Hinweise beschränken möchte. Das Fenster für die Sparkasse Krefeld ist dort jedoch nicht aufgeführt. Erst vor kurzem wurde diese Arbeit bekannt, als im Archiv der Fa. Puhl und Wagner, Heinersdorff in Berlin zwei Werkkartons gefunden wurden (220 x 122 cm).

25 Abb. in: Engels 1966, S. 37.

26 So formuliert in einem Brief Campendonks an seine Frau aus Schneidemühl, 1929, der sich im Nachlaß des Künstlers befindet.

27 Vgl. Société Anonyme, 1984, S. 134; die Entwürfe befinden sich in der Sammlung der Yale University, vgl. ebenda, Nrn. 126 A, B und C.

28 Abb. in: Engels 1966, S. 42–47.

138 Kreuzigung, um 1926

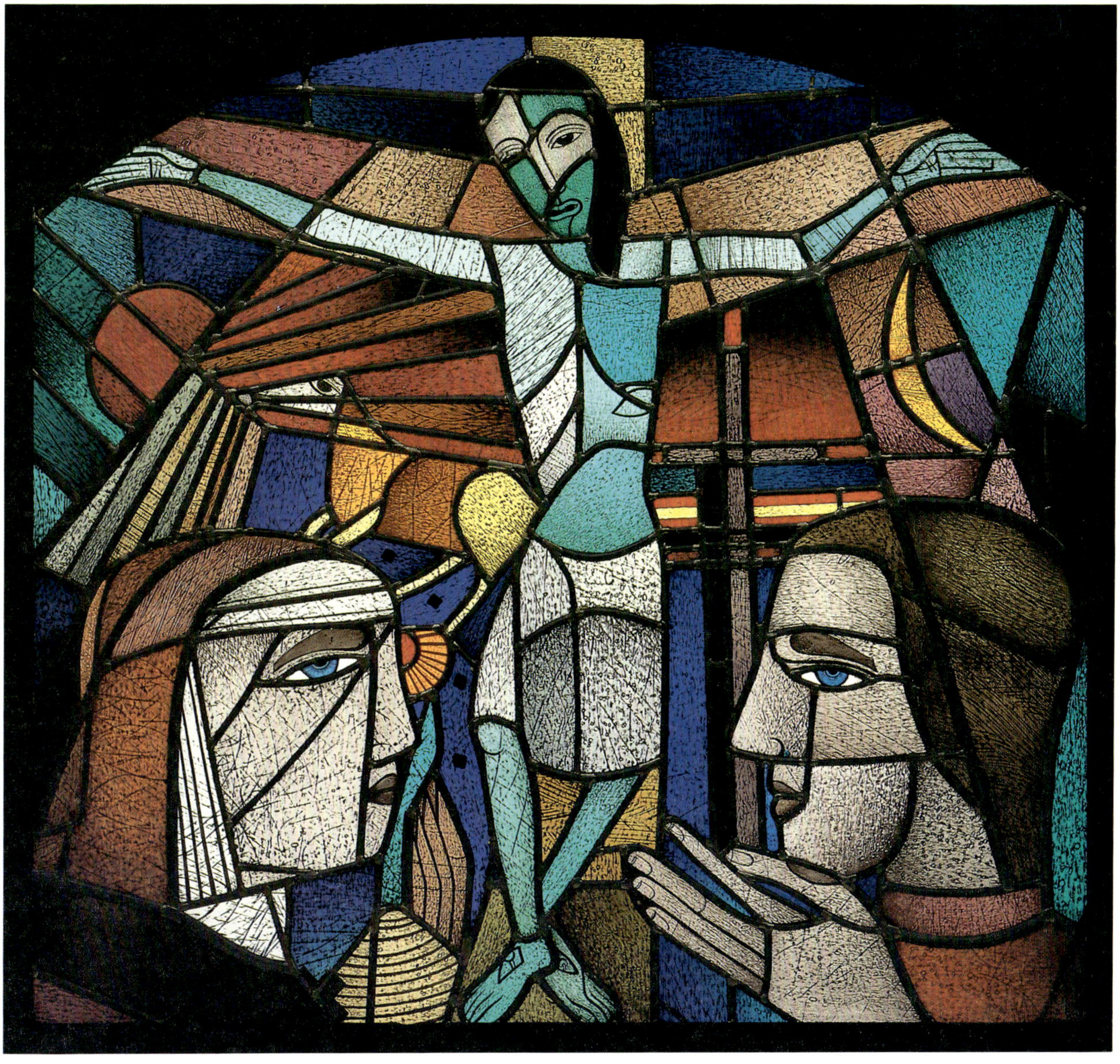

107 Bretonische Landschaft mit Kirche, 1932

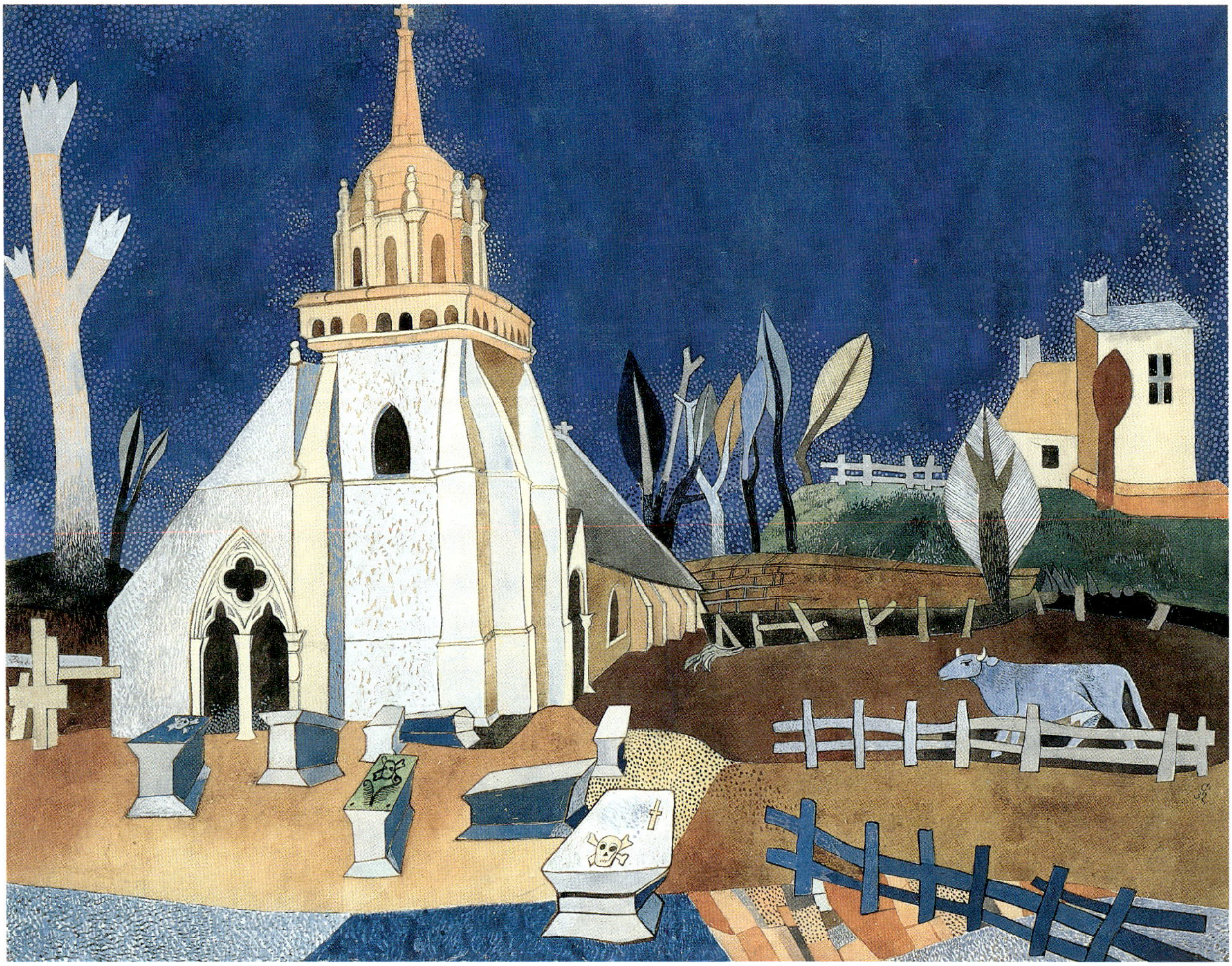

106 Bretonischer Friedhof mit Menhir und Bäumen, 1932

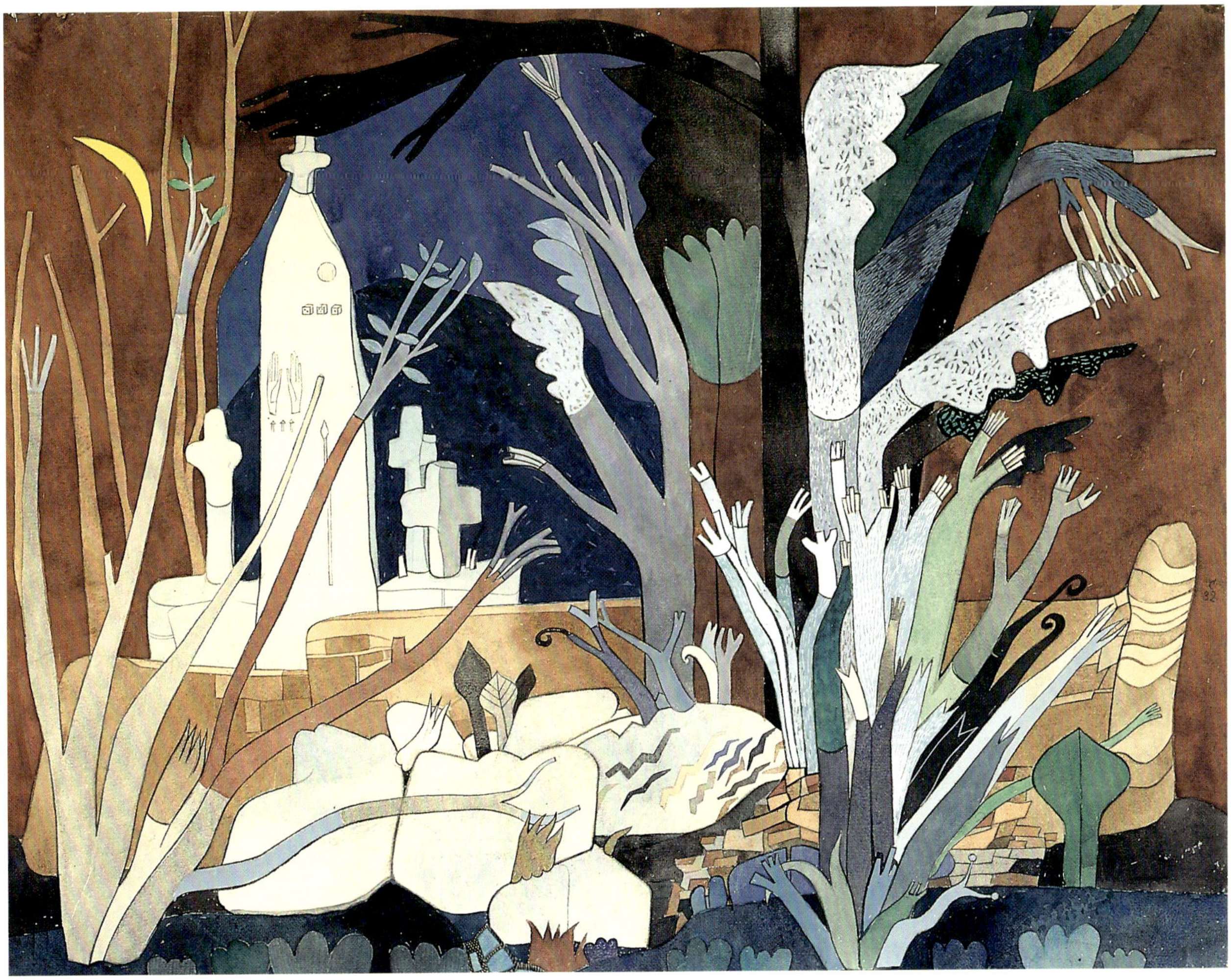

109 Lofotenlandschaft, 1933

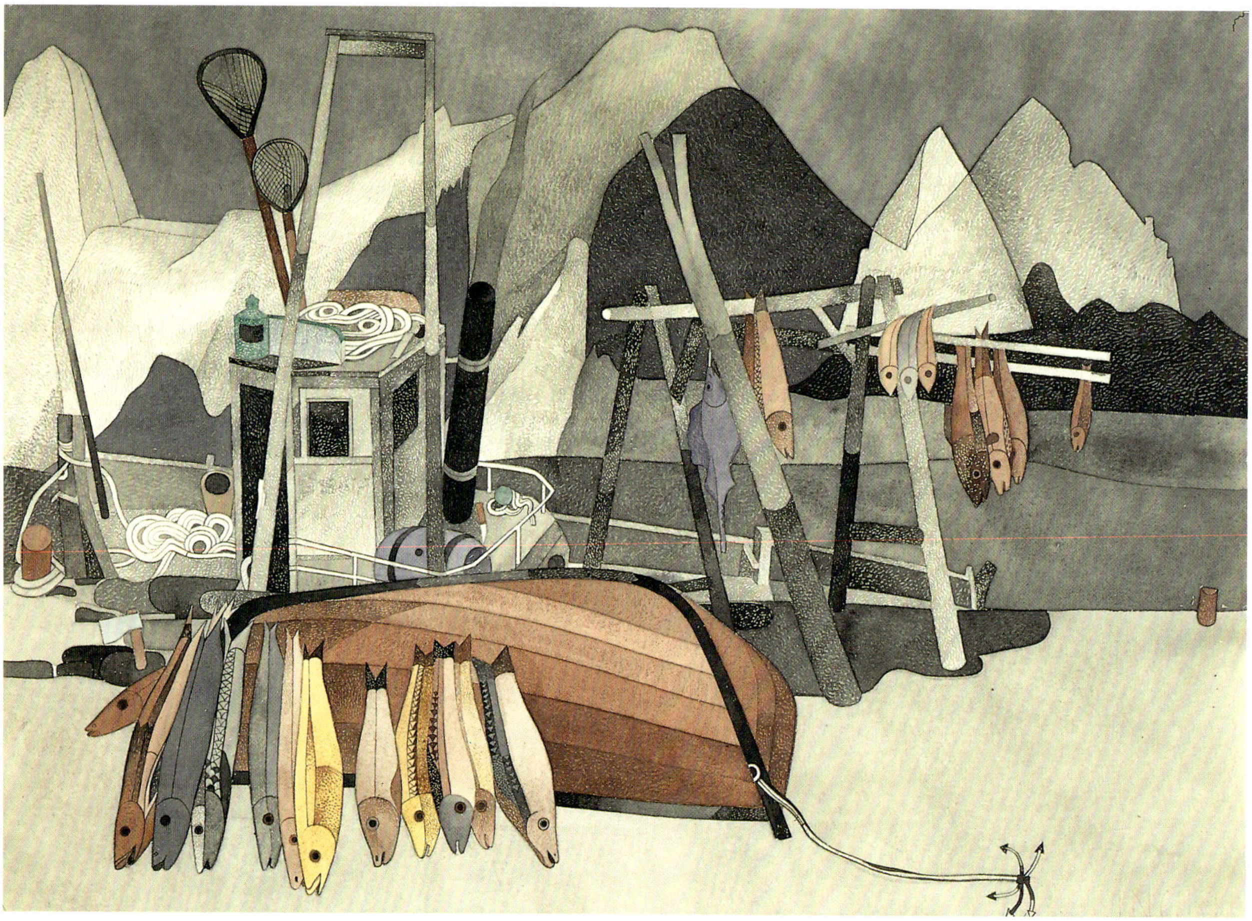

110 Hafen in Kristiansand, 1933

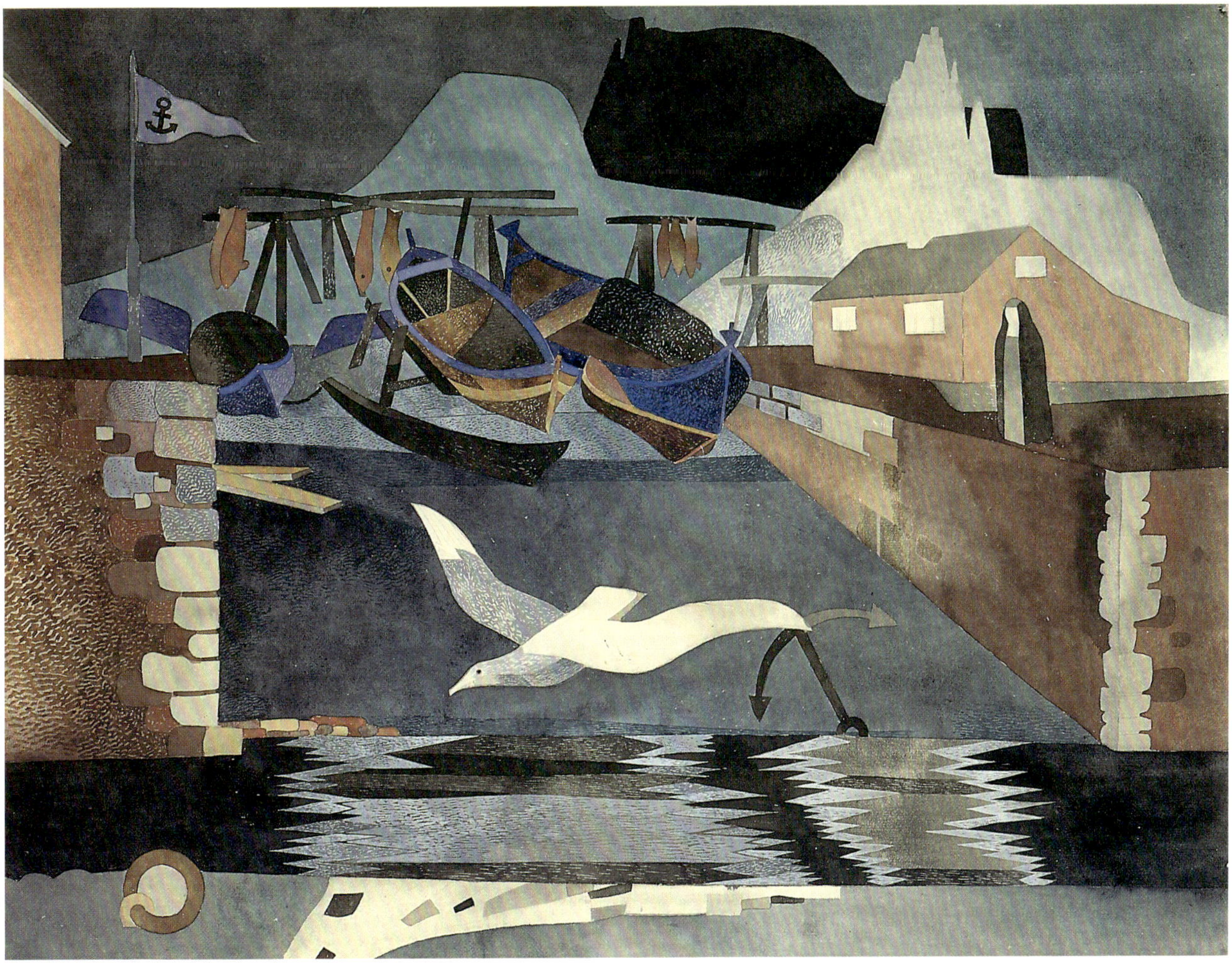

127 Garten am Abend, um 1948

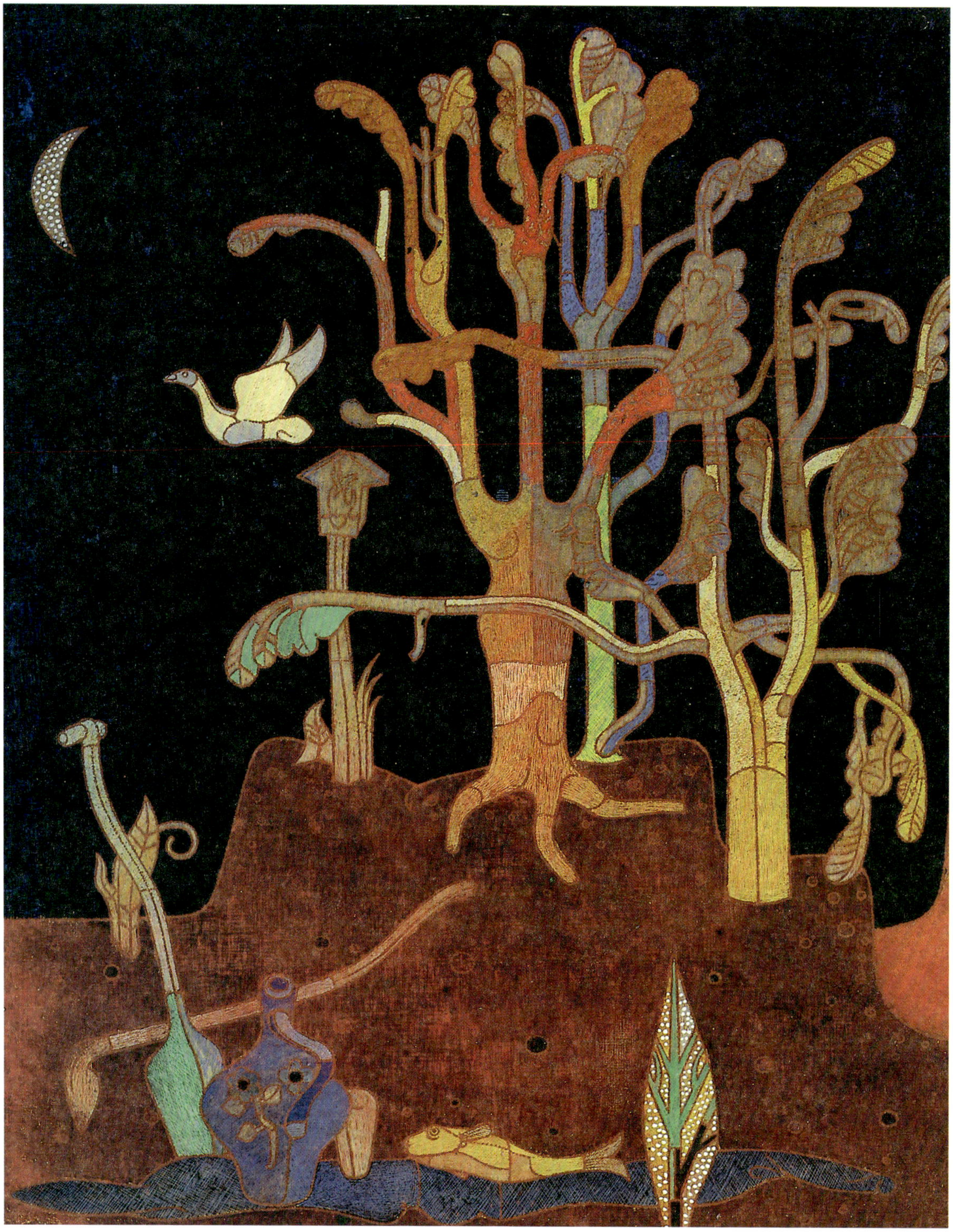

126 Kühe auf der Weide, um 1948

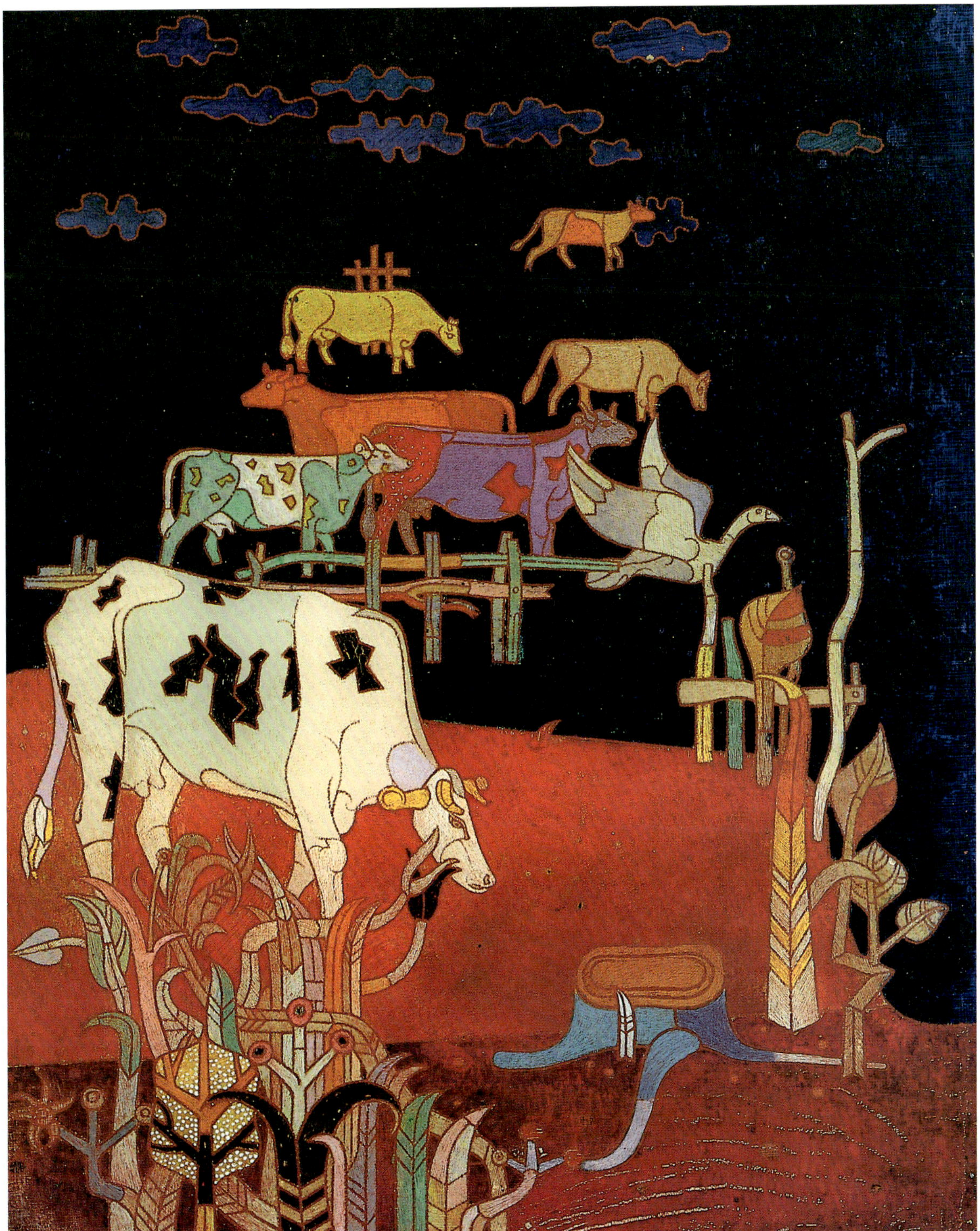

Verzeichnis der ausgestellten Werke

Gemälde und Aquarelle

Die folgenden Angaben basieren auf dem Werkverzeichnis von Andrea Firmenich, Heinrich Campendonk (1889–1957) – Leben und expressionistisches Werk. Mit Werkkatalog des malerischen Œuvre, Recklinghausen 1989.
Die entsprechende Nummer des Werkverzeichnisses ist der Katalognummer nachgestellt und mit AF gekennzeichnet.

1 AF 2 AD **Tausendfüßler (Musterzeichnung), 1905**
Aquarell und Deckfarben auf Papier
bez.u.r.: H.Campendonk
Privatbesitz

2 AF 3 AD **Schmetterling (Musterzeichnung), 1905**
Aquarell und Deckfarben auf Papier
Abb. S. 40
bez.u.M.: CH JAN.FEBR.05
Privatbesitz

3 AF 4 Ö **Stilleben mit Wasserkessel, um 1907**
Tempera über Kreide auf Leinwand, mit Pappe hinterlegt
52 x 58 cm, Abb. S. 52
bez.r.o.: H. C.
Privatbesitz

4 AF 9 Ö **Garten in der Moerser Straße, um 1907**
Öl auf Leinwand
65,5 x 77,5 cm, Abb. S. 51
Clemens-Sels-Museum, Neuss

5 AF 11 Ö **Baumstudie, um 1907**
Tempera, Pastell auf Papier
40 x 31,5 cm, Abb. S. 49
Privatbesitz

6 AF 23 AD **Stehender männlicher Akt, um 1907**
Aquarell und Deckfarben
196 x 60,5 cm, Abb. S. 43
Clemens-Sels-Museum, Neuss

7 AF 25 AD **Stilisiert, 1907**
Aquarell und Deckfarben auf Papier
Abb. S. 44
bez.o.l.: STILISIERT H.CAMPENDONK 07
Privatbesitz

8 AF 27 GP **Lesendes Mädchen, 1907**
Gouache und Pastell
46,1 x 31,4 cm
Clemens-Sels-Museum, Neuss

9 AF 48 Ö **Garben am Niederrhein, um 1909**
Öl auf Leinwand
55,5 x 60 cm
Privatbesitz

10 AF 115 Ö **Springendes Pferd, 1911**
Öl auf Leinwand
85 x 65 cm, Abb. S. 55
Saarlandmuseum, Saarbrücken

11 AF 117 Ö **Abstrakte Formen – Gebirgslandschaft, um 1911**
Öl auf Leinwand
60 x 75 cm, Abb. S. 57
Privatbesitz

12 AF 120 A **Kabarett, 1911**
Aquarell über Blei und Tusche auf Papier
45 x 56 cm
bez.r.o.: Zum Gedenken Juli 1911
Unser Liebsten
Verso: Bleistiftskizze – Zwei Kühe
Privatbesitz

13 AF 138 Ö **Stilleben mit Geige, 1912**
Öl auf Leinwand
100,5 x 80,5 cm, Abb. S. 61
Westfälisches Landesmuseum für Kunst und Kulturgeschichte, Münster

14 AF 139 Ö **Pferdekomposition, 1912**
Öl auf Pappe
63,5 x 81,5 cm, Abb. S. 60
bez.u.r.: H. Campendonk 1912
Städtisches Kunstmuseum, Bonn

15 AF 142 Ö **Selbstbildnis, um 1912**
Öl auf Leinwand
85,5 x 65,5 cm, Abb. S. 59
Haags Gemeentemuseum, Den Haag

16 AF 143 Ö **Pferde im Garten, 1912**
Öl auf Leinwand
75,5 x 60,5 cm, Abb. S. 8
Privatbesitz

17 AF 146 AD **Zwei Kühe vor Heuhocken, um 1912**
Aquarell auf Papier
16,3 x 12,9 cm
Privatbesitz

18 AF 150 A **Paar auf dem Balkon, um 1912**
Aquarell auf Papier
43 x 49 cm, Abb. S. 68
Privatbesitz

19 AF 154 AD **Katzen, 1912**
Aquarell und Deckfarben
43,2 x 54,3 cm
Haags Gemeentemuseum, Den Haag

20 AF 156 AD **Mann mit rotem Zylinder und Frau, um 1912**
Aquarell und Deckfarben auf Papier, auf Karton
52,5 x 44,5 cm, Abb. S. 15
Privatbesitz

21 AF 157 AD **Gaukler, um 1912**
Aquarell und Deckfarben auf Papier
46 x 40 cm, Abb. S. 21
Privatbesitz

22 AF 158 AD **Liebespaar (Adda und Heinrich), um 1912**
Aquarell und Deckfarben auf Papier
43 x 54,5 cm, Abb. S. 2
Privatbesitz

23 AF 160 ATP **Weiblicher Akt mit Baumstamm, um 1912**
aquarellierte Tuschpinselzeichnung über Blei auf Papier
58,8 x 43,5 cm, Abb. S. 26
Privatbesitz

24 AF 163 ATP **Tanz, 1912**
aquarellierte Tuschpinselzeichnung über Blei auf Bütten
46 x 40 cm, Abb. S. 23
bez.u.r.: H.Campendonk 1912
Privatbesitz

25 AF 171 ATP **Pastorale, 1912**
aquarellierte Tuschpinselzeichnung über Blei auf Papier
46,5 x 56,4 cm, Abb. S. 25
bez.u.r.: H. Campendonk 1912
Stedelijkmuseum, Amsterdam

26 AF 178 ATP **Frau mit Schildkröte, 1912**
aquarellierte Tuschpinselzeichnung über Blei auf Papier
45,3 x 39,5 cm
bez.u.l.: H. Campendonk 1912
Privatbesitz

27 AF 179 ATP **Hexen, 1912**
aquarellierte Tuschpinselzeichnung
54,5 x 43,4 cm
Franz-Marc-Museum, Kochel

28 AF 180 ATP **Zwei Akte mit Katze und Schlange, 1912**
aquarellierte Tuschpinselzeichnung über Blei auf Papier
43,2 x 32 cm, Abb. S. 22
bez.u.l.: H. Campendonk 1912
Privatbesitz

29 AF 188 TP **Zwei Akte mit Petroleumlampe, um 1912**
Tuschpinselzeichnung auf Bütten
42 x 33,8 cm
Privatbesitz

30 AF 203–327 **Skizzenbuch Nr. I, 1912–1913**
überwiegend Blei auf Papier
24,5 x 16,5 cm
auf der 1. Seite bez.: H.Campendonk – 23.Dez1912
Privatbesitz

31 AF 347 Ö **Grüner Kruzifix in Bayerischer Landschaft, um 1913**
Öl auf Leinwand
48 x 35 cm
Privatbesitz

32 AF 349–368 **Skizzenbuch Nr. III, 1912**
überwiegend Blei auf Papier
21 x 25,5 cm
auf dem Deckblatt bez.: Campendonk – 1912
Privatbesitz

33 AF 370 Ö **Bayerische Landschaft, 1913**
Öl auf Leinwand
86 x 75 cm, Abb. S. 71
Kaiser Wilhelm Museum, Krefeld

143 Fischreuse (als Taufsymbol), um 1940

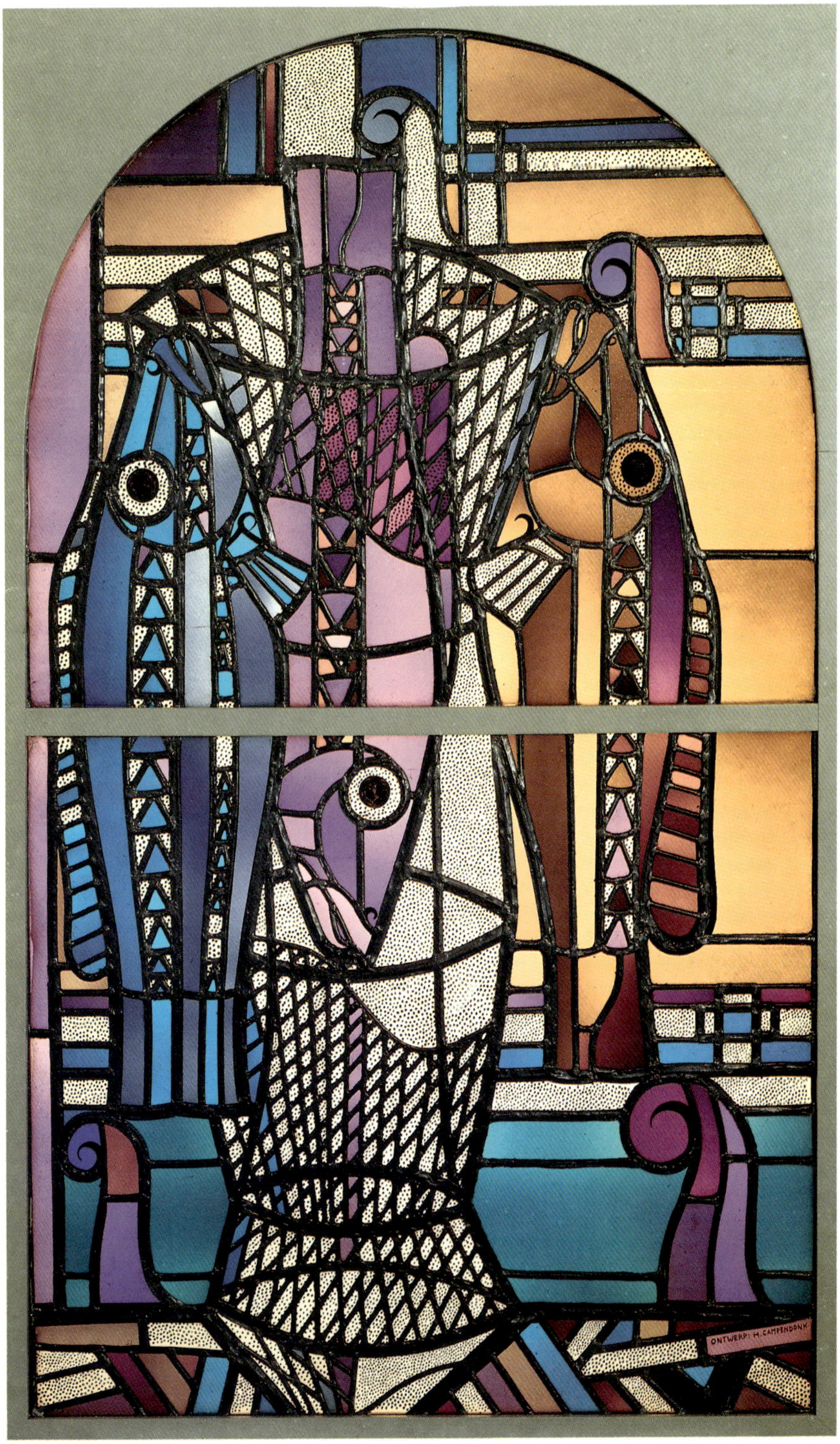

34 AF 383 AD **Drei weibliche Akte mit Pferd, 1913**
Aquarell, Deckfarbe, Pastell auf Papier
54,5 x 43,1 cm, Abb. S. 30
Städtische Galerie im Lenbachhaus, München

35 AF 384 AD **Landschaft mit Haus, 1913**
Aquarell
53 x 43,5 cm, Abb. S. 24
Privatbesitz

36 AF 390 AD **Die Katze, 1913**
Aquarell und Deckfarben auf Papier
54,5 x 43 cm
Privatbesitz

37 AF 391 AD **Kreuzigung, 1913**
Aquarell und Deckfarben auf Papier
55 x 44 cm, Abb. S. 63
bez.u.r.: H. Campendonk 1913
Städtisches Museum Abteiberg, Mönchengladbach

38 AF 392 AD **Circus, 1913**
Aquarell und Deckfarben auf Papier
42,5 x 53,3 cm, Abb. S. 65
bez.u.r.: C 1913
Privatbesitz

39 AF 397 G **Zwei Akte, 1913**
Gouache auf Papier
54 x 44 cm, Abb. S. 62
Clemens-Sels-Museum, Neuss

40 AF 400 G **Figur und kleines Fabeltier, um 1913**
Deckfarben auf Papier
54 x 43 cm
Privatbesitz

41 AF 402 G **Gelbweiße Kuh vor Häusern, um 1913**
Gouache auf Bütten
43 x 53,5 cm, Abb. S. 64
Städtisches Kunstmuseum Bonn

42 AF 403 G **Die Grüne Kuh, 1913**
Gouache über Blei auf Papier
35,7 x 44,2 cm
bez.o.r.: C 13
Stedelijkmuseum, Amsterdam

43 AF 442 Ö **Hohes Bild mit Pferden, um 1914**
Öl auf Leinwand
96 x 54 cm, Abb. S. 12
Privatbesitz

44 AF 443 Ö **Der Rote Mäher, 1914**
Öl auf Leinwand
80 x 90,5 cm, Abb. S. 77
Kurpfälzisches Museum der Stadt Heidelberg

45 AF 445 Ö **Frauen in Landschaft, 1914**
Öl auf Leinwand
81,7 x 70,7 cm
bez.o.r.: Campendonk 1914
Kurpfälzisches Museum der Stadt Heidelberg

46 AF 446 Ö **Kühe auf der Weide, um 1914**
Öl auf Leinwand, auf Karton
73 x 57 cm, Abb. S. 19
Kunsthalle Bremen

47 AF 447 Ö **Bauer mit Stier, um 1914**
Öl auf Leinwand
37,5 x 29,5 cm, Abb. S. 74
Privatbesitz

48 AF 450 Ö **Schalmeienbläserin, um 1914**
Öl auf Leinwand
54 x 32 cm, Abb. S. 75
Städtische Galerie im Lenbachhaus, München

49 AF 456 Ö **Familienbild, um 1914**
Öl auf Leinwand
91 x 121 cm, Abb. S. 86
Städtische Kunsthalle Bielefeld

50 AF 459 Ö **Der sechste Tag, 1914**
Öl auf Leinwand
100 x 130 cm, Abb. S. 87
bez.M.r.: Campendonk 1914
Wilhelm-Lehmbruck-Museum, Duisburg

51 AF 479 AD **Mädchen mit Reh, um 1914**
Aquarell und Deckfarben über Blei auf Papier
54,5 x 42,5 cm, Abb. S. 31
Kunstmuseum Düsseldorf

52 AF 480 AD **Der Karren, um 1914**
Aquarell und Deckfarben auf Papier
43,7 x 31,2 cm
Kunstmuseum Düsseldorf

53 AF 481 AD **Radfahrer E mit kleiner gelber Kuh, um 1914**
Aquarell und Deckfarben auf Papier
43,5 x 53,5 cm, Abb. S. 34
Märkisches Museum der Stadt Witten

54 AF 485 G **Stilleben mit Fisch, 1914**
Gouache auf Papier auf Karton
38 x 49 cm, Abb. S. 80
bez.u.r.: Campendonk 1914
Privatbesitz

55 AF 488 ATP **Idyll, 1914**
aquarellierte Tuschpinselzeichnung über Blei auf Papier auf Karton
41 x 27 cm
bez.u.l.: Campendonk
Kunstmuseum Düsseldorf

56 AF 490 ATP **Lästiger Besuch, um 1914**
aquarellierte Tuschpinselzeichnung über Blei auf Papier
31,5 x 42,8 cm
bez.u.r.: Campendonk
Kunstmuseum Düsseldorf

57 AF 492 TP **Zwei Figuren am Tisch, 1914**
Tuschpinselzeichnung auf Papier
38,8 x 27 cm
bez.u.l.: Campendonk 14
Staatsgalerie Stuttgart, Graphische Sammlung

58 AF 493 TP **Fliehende Kühe, 1914**
Tuschpinselzeichnung auf Japanpapier auf Karton
29,3 x 40 cm
bez.u.l.: Campendonk
Privatbesitz

59 AF 505 Ö **Bild mit Vögeln, 1915**
Öl auf Leinwand
39 x 49,5 cm, Abb. S. 83
bez.u.r.: C 1915
Privatbesitz

60 AF 514 A **Pferde am See, um 1915**
Aquarell auf Papier
43 x 53 cm, Abb. S. 35
Privatbesitz

61 AF 517 AD **Kegelspieler, um 1915**
Aquarell und Deckfarben auf Papier
48 x 42 cm
Privatbesitz

62 AF 519 AD **Tiere des Waldes und Jäger, 1915**
Aquarell und Deckfarben auf Bütten
55,5 x 41,5 cm, Abb. S. 85
bez.u.r.: Campendonk 1915
Städtisches Museum Gelsenkirchen

63 AF 562–567 **Skizzenbuch Nr. V, um 1915**
überwiegend Bleistift auf Papier
15 x 12 cm
Privatbesitz

64 AF 577–605 **Skizzenbuch Nr. VI, 1915**
überwiegend Bleistift oder Kohle auf Papier
13 x 17 cm
Privatbesitz

65 AF 606–626 **Skizzenbuch Nr. VII, um 1915**
Bleistift, Kohle und Tuschfeder auf Papier
10 x 15 cm
Privatbesitz

66 AF 627–658 **Skizzenblock Nr. VIII, um 1915**
überwiegend Bleistift und Kohle auf Papier
9,3 x 13 cm
Privatbesitz

67 AF 682 Ö **Wirtshaus, 1917**
Öl auf Leinwand
70,5 x 50,5 cm
bez.u.r.: C 17
Kaiser Wilhelm Museum, Krefeld

68 AF 691 Ö **Wald, Mädchen, Ziege, 1917**
Öl auf Leinwand
93 x 65 cm
bez.u.M.: C 17
Städtische Galerie im Lenbachhaus, München

69 AF 699 Ö **Tiere, 1917**
Öl auf Leinwand
60,5 x 76,5 cm, Abb. S. 88
bez.u.r.: C 17
Leopold-Hoesch-Museum, Düren

70 AF 700 Ö **Kühe im Stall, um 1917**
Öl auf Leinwand
55 x 56 cm, Abb. S. 89
Privatbesitz

125 Christus am Kreuz, um 1948

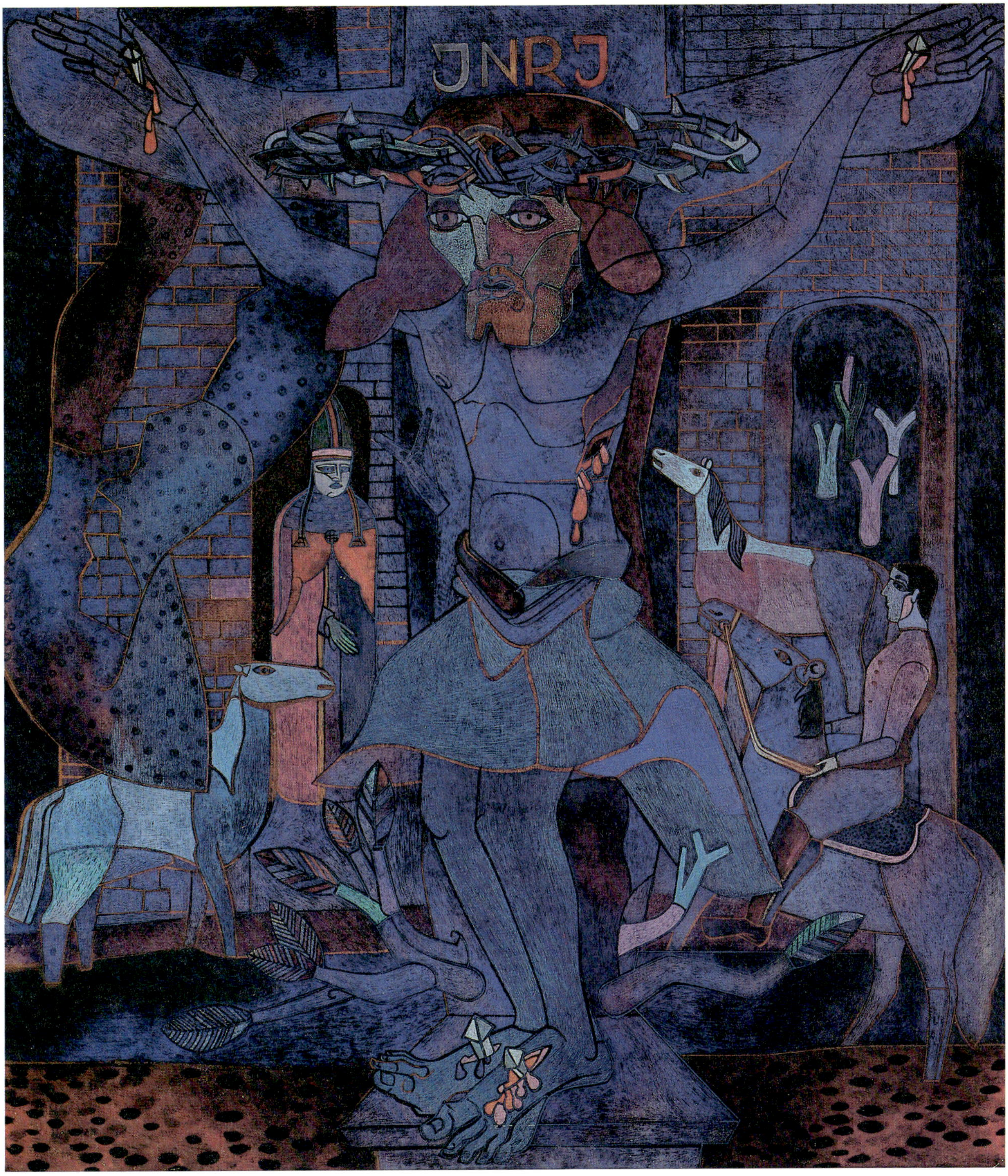

71 AF 705 HGB **Selbstbildnis in Oberbayern, 1917**
Hinterglasbild
39,5 x 29,5 cm
bez.u.r.: C 17
Clemens-Sels-Museum, Neuss

72 AF 713 Ö **Liegender Akt, 1918**
Öl auf Leinwand
60 x 125 cm, Abb. S. 104/5
bez.u.r.: Campendonk 1918
Privatbesitz

73 AF 716 Ö **Mann, Pferd, Kuh, um 1918**
Öl auf Leinwand
63,5 x 76,5 cm
Privatbesitz

74 AF 717 Ö **Die Armen, 1918**
Öl auf Leinwand
88 x 71,5 cm, Abb. S. 106
bez.u.r.: C 18
Kaiser Wilhelm Museum, Krefeld

75 AF 718 Ö **Mädchen mit Katze, 1918**
Öl auf Leinwand
95 x 49 cm, Abb. S. 93
bez.u.l.: C 18
Privatbesitz

76 AF 721 Ö **Große Landschaft, um 1918**
Öl auf Leinwand
74,3 x 99,4 cm, Abb. S. 91
Privatbesitz

77 AF 725 Ö **Selbstbildnis – Gelber Kopf, 1918**
Öl auf Leinwand, mit Spanplatte hinterlegt
61 x 57 cm, Abb. S. 95
bez.u.l.: C 18
Stedelijkmuseum, Amsterdam

78 AF 735 A **Penzberger Reiter, 1918**
Aquarell auf Papier
47 x 35,5 cm, Abb. S. 99
bez.u.r.: Campendonk 1918
Städtisches Museum Abteiberg, Mönchengladbach

79 AF 795 Ö **Melkerin, 1919**
Öl auf Leinwand
62 x 92,5 cm
Märkisches Museum der Stadt Witten

80 AF 805 A **Liebespaar, 1919**
Aquarell und Tempera auf Papier
39 x 35 cm, Abb. S. 101
Privatbesitz

81 AF 808 A **Die Barbarazeche – Penzberg, 1919**
Aquarell auf Papier
37,5 x 31,5 cm, Abb. S. 98
bez.u.l.: Campendonk 1919
Privatbesitz

82 AF 824 Ö **Bild mit Fisch, 1920**
Öl auf Leinwand, darunter übermalte Komposition
91 x 56 cm, Abb. S. 108
Privatbesitz

83 AF 830 Ö **Der Bauernhof – Hohes Bild, 1920**
Öl auf Leinwand
122,5 x 44 cm
bez.u.r.: C 20
Stedelijk Van Abbemuseum, Eindhoven

84 AF 835 Ö **Der Garten, 1920**
Öl auf Leinwand
93,5 x 71,5 cm, Abb. S. 107
bez.u.r.: C 1920
Staatsgalerie Stuttgart

85 AF 838 Ö **Hirte mit Kühen, um 1920**
Öl auf Leinwand
45,8 x 78,2 cm, Abb. S. 103
Städtische Galerie im Lenbachhaus, München

86 AF 839 Ö **Interieur mit roter Teekanne, 1920**
Öl auf Leinwand
65 x 53 cm
bez.o.r.: C+M+B 1920
Haags Gemeentemuseum, Den Haag

87 AF 841 Ö **Hirte mit Verdienstkreuz, 1920**
Öl auf Leinwand
59 x 94 cm
bez.u.r.: C 1920
Kaiser Wilhelm Museum, Krefeld

88 AF 844 Ö **Drei Akte mit Schildkröte, um 1920**
Öl auf Leinwand
49,3 x 49,9 cm, Abb. S. 109
Privatbesitz

89 AF 849 Ö **Kuhstall I, 1920**
Öl auf Leinwand
74 x 55 cm, Abb. S. 110
Privatbesitz

90 AF 851 Ö **Der Kuhstall III, um 1920**
Öl auf Leinwand
90 x 60 cm
Kunstmuseum Düsseldorf

91 AF 863 A **Kniender Mann und Engel, um 1920**
Aquarell auf Papier
41 x 50 cm
bez.u.r.: Campendonk
Clemens-Sels-Museum, Neuss

92 AF 877 Ö **Interieur mit Akt und Figuren, 1921**
Öl auf Leinwand
80 x 67 cm. Abb. S. 111
Privatbesitz

93 AF 894 Ö **Mann und Maske, 1922**
Öl auf Leinwand
115 x 132 cm
bez.u.l.: C 22
Städtisches Kunstmuseum Bonn

94 AF 905 Ö **Stilleben mit Krug und Schale, um 1923**
Öl auf Pappe
46,5 x 40,2 cm, Abb. S. 114
Leopold-Hoesch-Museum, Düren

95 AF 907 HGB **Gralsburg, um 1923**
Hinterglasbild
52 x 58 cm, Abb. S. 112
Privatbesitz

96 AF 908 HGB **Pierrot mit Schlange, um 1923**
Hinterglasbild
44 x 38,5 cm, Abb. S. 113
Kaiser Wilhelm Museum, Krefeld

97 AF 918 Ö **Braunes Stilleben, um 1924**
Öl auf Leinwand
72 x 59 cm
Privatbesitz

98 AF 923 Z **Bühnenbildentwurf – Wie es Euch gefällt, 1924**
Bleistift und Kohle auf grauem Papier
35 x 40 cm, Abb. S. 133
Privatbesitz

99 AF 926 Ö **Frau mit Petroleumlampe, um 1925**
Öl auf Holz
70 x 85,7 cm
Galerie Schwarzer, Düsseldorf

100 AF 927 Ö **Harlekin, um 1925**
Öl auf Holz
59,5 x 50,5 cm, Abb. S. 126
Privatbesitz

101 AF 928 Ö **Pierrot mit Sonnenblume, um 1925**
Öl auf Holz
95 x 59 cm
Kaiser Wilhelm Museum, Krefeld

102 AF 931 HGB **Frau mit Blume, um 1925**
Hinterglasbild
41,5 x 37 cm
Clemens-Sels-Museum, Neuss

103 AF 942 Ö **Der Rote Hirte, 1928**
Öl auf Leinwand
85 x 100 cm, Abb. S. 115
bez.u.l.: C 28
Städtisches Museum Abteiberg, Mönchengladbach

104 AF 943 Ö **Rotes Stilleben mit Fischen, 1928**
Öl auf Holz
83 x 100 cm
bez.u.r.: C 28
Kaiser Wilhelm Museum, Krefeld

105 AF 963 A **Bretonischer Friedhof mit Menhir und Brunnen, 1932**
Aquarell auf Papier
45 x 62 cm
bez.M.r.: C 32
Privatbesitz

106 AF 964 A **Bretonischer Friedhof mit Menhir und Bäumen, 1932**
Aquarell auf Bütten
48 x 62,6 cm, Abb. S. 147
bez.M.r.: C 32
Privatbesitz

133 Gänseflug, um 1950

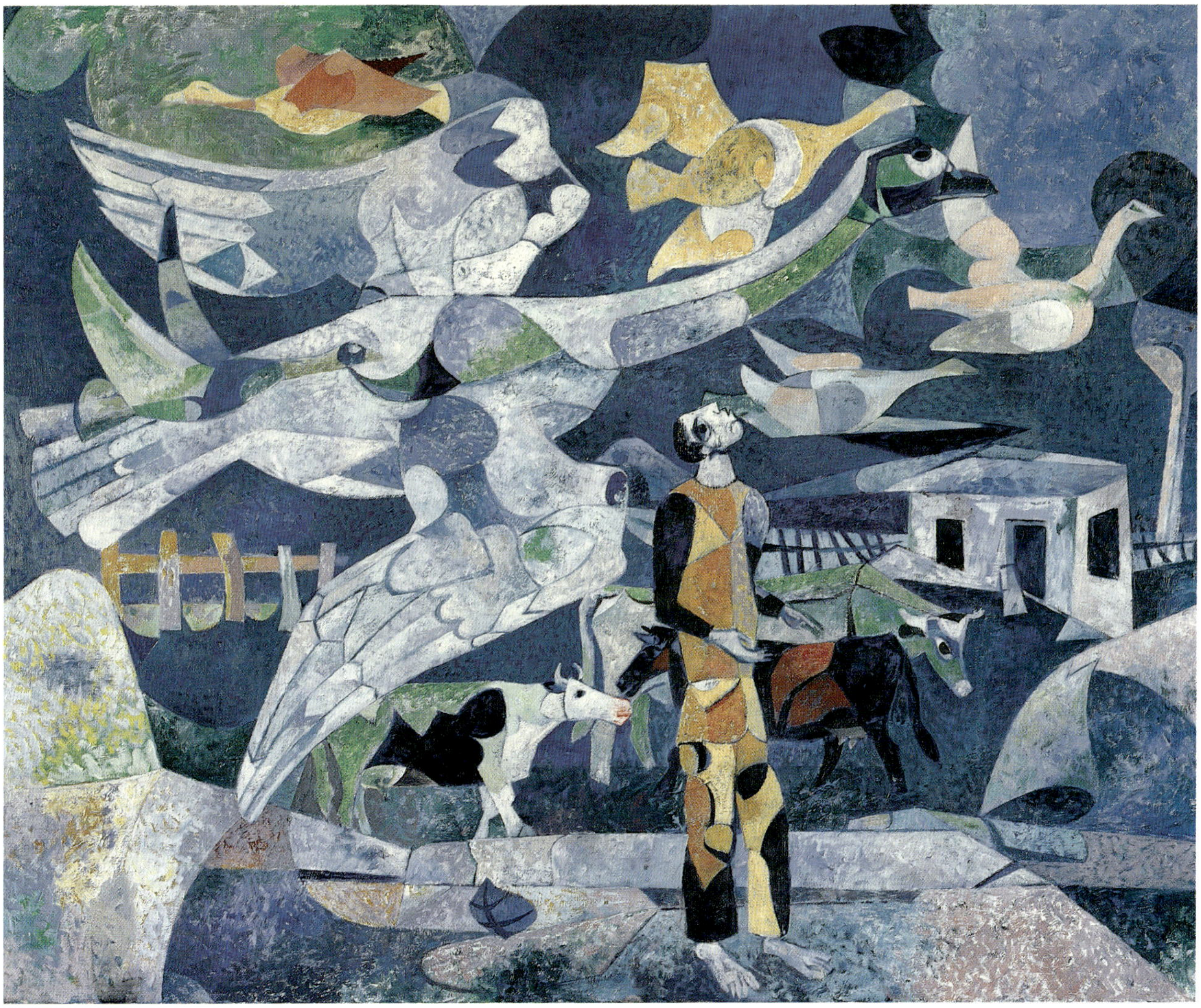

107 AF 968 AD **Bretonische Landschaft mit Kirche, 1932**
Aquarell und Deckfarben über Blei auf Papier
47 x 61 cm, Abb. S. 146
bez.u.r.: C 32
Clemens-Sels-Museum, Neuss

108 AF 969 A **Fischer in der Bretagne, 1933**
Aquarell auf Papier
47,5 x 62 cm
bez.u.r.: C 33
Privatbesitz

109 AF 971 A **Lofotenlandschaft, 1933**
Aquarell auf Bütten
44,7 x 62,1 cm, Abb. S. 148
Privatbesitz

110 AF 973 A **Hafen in Kristiansand, 1933**
Aquarell auf Bütten
47,5 x 62,5 cm, Abb. S. 149
Privatbesitz

111 AF 990 Z **Die Tauben, 1934**
Bleistift auf graugrünem Bütten
44 x 47,5 cm
bez.u.l.: C 34
Privatbesitz

112 AF 1005 Z **Die Garben, 1934**
Bleistift auf graugrünem Bütten
35,5 x 47,8 cm
bez.u.r.: C 34
Privatbesitz

113 AF 1015 Z **Nebel, 1934**
Bleistift und Deckfarben
32,5 x 50 cm
bez.: C 34
Privatbesitz

114 AF 1041 Ö **Kreuzigung (unvollendet), um 1946**
Öl auf Leinwand
80,8 x 106,8 cm
Privatbesitz

115 AF 1047 A **Pflanzen vor Mauer, 1946**
Aquarell über Blei auf Papier
22 x 20 cm
bez.u.r.: C 46
Privatbesitz

116 AF 1059 A **Kirche in der Bretagne, um 1946**
Aquarell über Blei auf Papier auf Pappe
25,2 x 21 cm
Privatbesitz

117 AF 1072 Ö **Netze und Fische, 1947**
Verdünnte Temperafarben auf Leinwand
25,5 x 37 cm
bez.u.r.: C 47
Privatbesitz

118 AF 1094 A **Fischer, 1947**
Aquarell auf Papier
44,6 x 21,4 cm
bez.u.r.: C 47
Privatbesitz

119 AF 1100 A **Schiffe im Hafen, um 1947**
Aquarell auf grauem Papier auf Karton
27,6 x 46 cm
Privatbesitz

120 AF 1121 A **Stilleben mit Regenschirm, 1947**
Aquarell und Feder auf Bütten auf Karton
27 x 42,4 cm
bez.u.r.: C 47
Privatbesitz

121 AF 1127 A **Blaues Stilleben mit Schirm, 1947**
Aquarell auf grauem Papier auf Pappe
24,5 x 31,3 cm
bez.u.r.: C 47
Privatbesitz

122 AF 1139 A **Die Singvögel, 1947**
Aquarell und Feder über Blei auf beigefarbenem Bütten auf Pappe
20,6 x 25,6 cm
bez.u.r.: C 47
Privatbesitz

123 AF 1143 AD **Mann und Frau mit fliegenden Gänsen, 1947**
Aquarell und Deckfarben auf Papier auf Karton
25 x 19,4 cm
bez.u.r.: C 47
Privatbesitz

124 AF 1146 Ö **Die Angler, um 1948**
Öl auf Leinwand
80 x 89 cm
Privatbesitz

125 AF 1151 HGB **Christus am Kreuz, um 1948**
Hinterglasbild
57 x 51 cm, Abb. S. 155
Privatbesitz

126 AF 1152 HGB **Kühe auf der Weide, um 1948**
Hinterglasbild
41,7 x 33,8 cm, Abb. S. 151
Privatbesitz

127 AF 1153 HGB **Garten am Abend, um 1948**
Hinterglasbild
41,7 x 33,8 cm, Abb. S. 150
Privatbesitz

128 AF 1154 HGB **Grüner Akt mit Kühen, um 1948**
Hinterglasbild
41,7 x 33,8 cm
Privatbesitz

129 AF 1155 HGB **Hirte mit Flöte, um 1948**
Hinterglasbild
41,5 x 33,8 cm
Privatbesitz

130 AF 1177 A **Pflanzen, um 1948**
Aquarell auf Bütten auf Karton
30,5 x 45,1 cm
Privatbesitz

131 AF 1187 Ö **Hirtin mit Kuhkopf, um 1949**
Öl auf Holz
48,5 x 42 cm
Privatbesitz

132 AF 1193 AD **Pflanzen und Vögel, um 1949**
Aquarell und Deckfarben auf grauem Papier
63 x 48 cm
Privatbesitz

133 AF 1198 Ö **Gänseflug, um 1950**
Öl auf Leinwand
61 x 76,5 cm, Abb. S. 157
Privatbesitz

134 AF 1200 HGB **Drei Harlekine mit Gans, um 1950**
Hinterglasbild
44 x 53,5 cm
Privatbesitz

135 AF 1209 Ö **Der Künstler, um 1951**
Öl auf Holz
60,5 x 73 cm, Abb. S. 160
Privatbesitz

Bühnenbilder

136 Modell des Bühnenbildes für „Wie es Euch gefällt" von William Shakespeare, Stadttheater Krefeld 1924
Regie: Ernst Martin
Theatermuseum der Universität Köln

137 Modell des Bühnenbildes für „Magie" von Chesterton, Stadttheater Krefeld 1925
Regie: Ernst Martin
52,5 x 70,5 x 63 cm, Abb. S. 137
Theatermuseum der Universität Köln

135 Der Künstler, um 1951

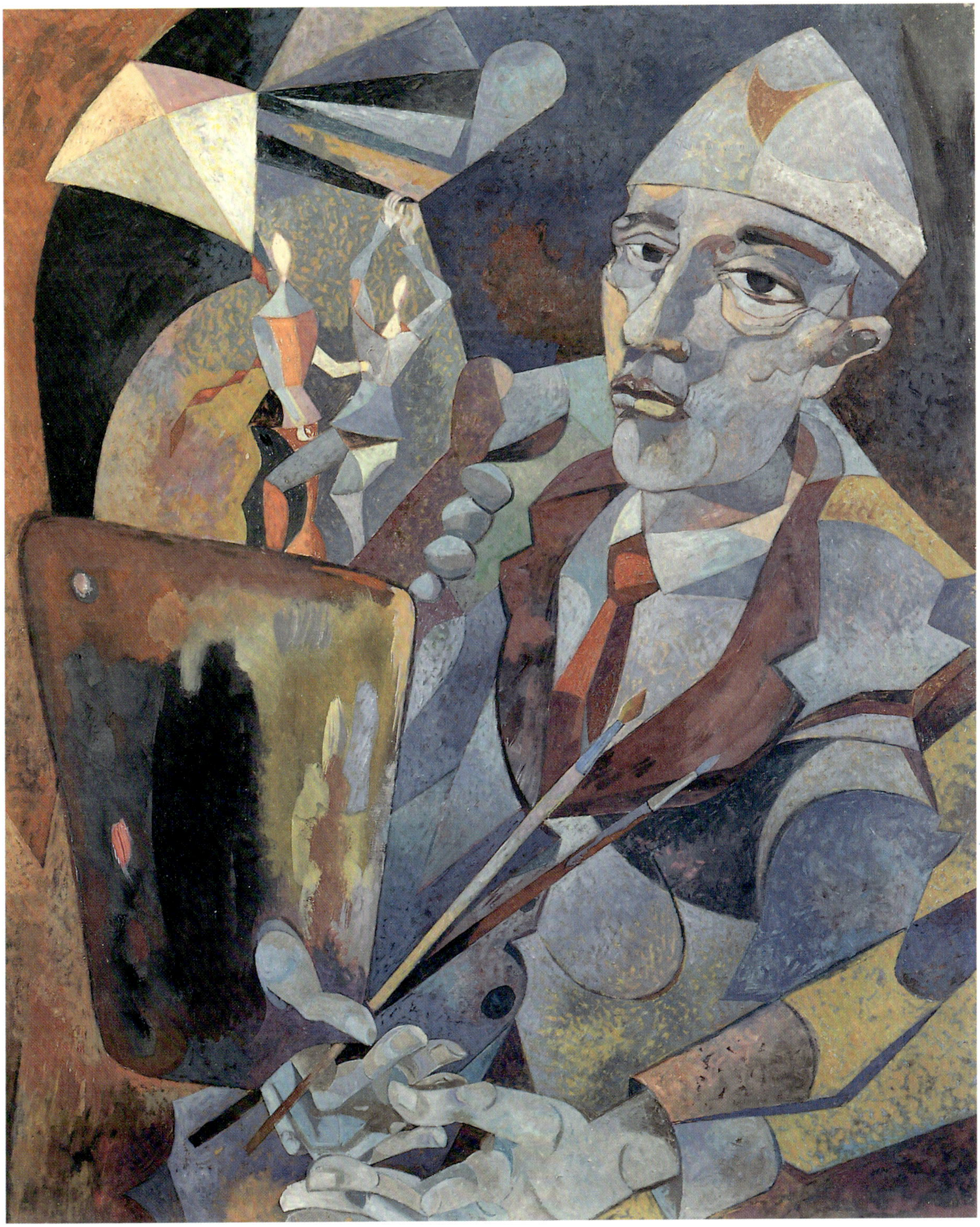

Glasfenster

138 Kreuzigung, um 1926
Marienthal, ehem. Augustinerklosterkirche, Kreuzgang
85 x 93 cm, Abb. S. 145
Zweitausführung
Fa. Hein Derix, Kevelaer

139 Probestück für Ornamentfenster in der Aula der Kunstakademie Düsseldorf, 1931
72 x 58 cm, Abb. S. 140
Fa. Hein Derix, Kevelaer

140 Cassius und Florentius, 1931
Krypta des Bonner Münsters
Zweitausführung von 1931
148 x 76 cm
Kaiser Wilhelm Museum, Krefeld

141 Symbolfenster, 1931
Krypta des Bonner Münsters
Zweitausführung
105 x 76,5 cm
Fa. Hein Derix, Kevelaer

142 Symbolfenster, 1935
Hamburg-Blankenese, Taufkapelle Maria im Grünen
Detail, 71 x 44 cm
Fa. Hein Derix, Kevelaer

143 Fischreuse (als Taufsymbol), um 1940
zweiteilig, 143 x 82 cm, Abb. S. 153
Kaiser Wilhelm Museum, Krefeld

144 Isaias, um 1954
Probestück für das Nordfenster des Kölner Domes
zweiteilig, 349 x 106 cm
Fa. Hein Derix, Kevelaer

Holzschnitte

Die nachgestellten und mit einem E gekennzeichneten Nummern beziehen sich auf das Werkverzeichnis der Holzschnitte in: Mathias T. Engels, Campendonk, Stuttgart 1959

145 E 1 **Prometheus (Tanzender Bauer), 1912**
27,5 x 25,2 cm, Abb. S. 117
bez.u.r.: H. Campendonk
Kaiser Wilhelm Museum, Krefeld

146 E 2 **Halbakt mit Katze, 1912**
koloriert, 27 x 28,2 cm
bez.u.r.: H. Campendonk/1912
Städtische Galerie im Lenbachhaus, München

147 E 7 **Sitzende Frau mit Pferden, 1916**
13,2 x 18,4 cm
bez.u.l.: Probedruck No. 3
Städtische Galerie im Lenbachhaus, München

148 E 8 **Zwei Mädchen mit Ziege und Hund, 1916**
21 x 32 cm
Clemens-Sels-Museum, Neuss

149 E 10 **Liegender weiblicher Akt mit Blumen und Bäumen, 1916**
20,1 x 17,4 cm
Clemens-Sels-Museum, Neuss

150 E 13 **Komposition mit Schaf, Reh und Ziege, 1916**
19 x 24 cm
Clemens-Sels-Museum, Neuss

151 E 14 **Komposition mit Tieren, um 1916**
25 x 32,2 cm, Abb. S. 118
bez.u.r.: Campendonk Nr. 8
Kaiser Wilhelm Museum, Krefeld

152 E 15 **Der Tiger, 1916**
25 x 32 cm
bez.u.l.: Campendonk
Städtische Galerie im Lenbachhaus, München

153 E 16 **Sitzendes Mädchen mit Hirsch, 1916**
33 x 25,6 cm, Abb. S. 119
bez.u.l.: Campendonk
Kaiser Wilhelm Museum, Krefeld

154 E 17 **Erschaffung der Tiere, 1916**
33 x 20 cm
Clemens-Sels-Museum, Neuss

155 E 18 **Knabenakt mit Fischen, 1916**
21 x 16,1 cm
Clemens-Sels-Museum, Neuss

156 E 24 **Frösche und Schmetterling, 1917**
mit zarten Tupfen koloriert
12,1 x 17,9 cm
bez.u.l.: Campendonk, u.r.: 1917
Kaiser Wilhelm Museum, Krefeld

157 E 27 **Pferde, 1917**
22 x 25,8 cm
Clemens-Sels-Museum, Neuss

158 E 28 **Leda mit Schwan, 1917**
21,7 x 21,9 cm, Abb. S. 120
bez.u.l.: Campendonk
Kaiser Wilhelm Museum, Krefeld

159 E 29 **Männlicher Akt mit Fischen, 1917**
27 x 16,1 cm, Abb. S. 122
bez.u.l.: Campendonk, r.dat.: 1917
Kaiser Wilhelm Museum, Krefeld

160 E 30 **Nacktes Mädchen mit Katze, 1917**
27 x 18 cm, Abb. S. 123
bez.u.l.: Campendonk, r.dat.: 1917
Kaiser Wilhelm Museum, Krefeld

161 E 32 **Frau mit Blume, 1918**
17,9 x 12,2 cm, Abb. S. 124
seitenverkehrt bez.u.l.: Campendonk
Kaiser Wilhelm Museum, Krefeld

162 E 36 **Interieur mit 2 Akten, 1918**
26 x 22 cm
bez.u.l.: Campendonk
Kaiser Wilhelm Museum, Krefeld

163 E 23 **Auf dem Meeresgrund, 1918**
24 x 23 cm, Abb. S. 121
bez.u.l.: Campendonk, dat.u.r.: 1918
Kaiser Wilhelm Museum, Krefeld

164 E 45 **Begebenheit, 1920**
koloriert, 31,8 x 24,8 cm
bez.u.l.: Campendonk
Städtische Galerie im Lenbachhaus, München

165 E 47 **Der Hirt mit der großen Ziege, 1920**
koloriert, 32,1 x 25 cm
Clemens-Sels-Museum, Neuss

166 E 49 **Stehender Mann mit Sichel, 1920**
33 x 21,2 cm
Clemens-Sels-Museum, Neuss

167 E 54 **Jean Bloé Niestlé, 1921**
koloriert, 34,2 x 28,6 cm
Städtische Galerie im Lenbachhaus, München

168 E 59 **Sitzender Harlekin, 1922**
37,7 x 29,2 cm
bez.u.l.: Campendonk
Kaiser Wilhelm Museum, Krefeld

169 E 63 **Adam und Eva, um 1925**
koloriert, 32 x 29,8 cm
Privatbesitz